(Conserver la Couverture)

LOUIS MALOSSE

Impressions d'Égypte

Paris, 5, rue de Mézières
Armand Colin & Cie, Éditeurs
Libraires de la Société des Gens de Lettres.

IMPRESSIONS D'ÉGYPTE

LOUIS MALOSSE

Impressions d'Égypte

Paris, 5, rue de Mézières
Armand Colin & Cie, Éditeurs
Libraires de la Société des Gens de lettres
1896
Tous droits réservés.

DU MÊME AUTEUR

POÉSIE

LA CHANSON DES CHOSES. . . . .   1 volume
LES CHIMÉRIQUES. . . . .   1 volume

Droits de traduction et de reproduction réservés pour tous les pays, y compris la Hollande, la Suède et la Norwège.

PREMIÈRE PARTIE

IMPRESSIONS D'ÉGYPTE

I

LES PREMIÈRES IMPRESSIONS

Pantagruel et l'Afrique. — L'ahurissement du début. — Terre familière — Le débarquement. — Le troisième acte de *l'Africaine*. — Portefaix et cochers. — Les Alexandrines. — Le mal de terre. — A travers le Delta. — La poussière. — Les ennemis de la rue. — Un peuple de désœuvrés. — Le communisme résolu en Égypte. — Le règne de la somnolence. — Un carnaval perpétuel. — Les fâcheux. — Les mots nécessaires. — Angleterre et France. — Les nuits étoilées.

« Afrique, dit quelque part Pantagruel, est coutumière de toujours produire choses nouvelles et monstrueuses. »

Ce que virent les compagnons du héros rabelaisien dans leur grand voyage à la recherche de l'oracle de la Dive Bouteille fut certes merveilleux au plus haut point, et il n'est plus donné désormais, aux voyageurs les plus intrépides comme aux touristes les plus audacieux, de le revoir. Comme le phénix qui renaît sans cesse de ses cendres, les spectacles se renouvelaient d'eux-mêmes devant leurs yeux, toujours plus grandioses, toujours plus variés dans leur étrangeté.

L'Égypte, qui dut avoir droit à une large part dans cet hommage plein d'admiration et d'étonnement que rendait à la grande terre d'Afrique le fils de Gargantua, y a droit encore. Ses paysages, ses mœurs, ses coutumes sont, pour l'étranger qui débarque, encore nouveaux pour la plupart; et, sans vouloir les dire monstrueux, on peut toutefois les qualifier de bizarres.

L'Égypte, en ce qui concerne du moins l'impression première, est une vaste école d'ahurissement.

L'impression seconde modifie heureusement ce jugement. On est ahuri à jet continu pendant les premiers jours, et cet ahurissement, en vertu de la vitesse acquise, vitesse due à une impulsion très forte, tend à subsister indéfiniment, alors même qu'il devrait diminuer.

Ce n'est pas que l'œil soit tout d'abord frappé de stupéfaction, comme s'il éprouvait la sensation de choses jamais vues. Au contraire, le pays semble presque familier, comme si l'on avait vécu là, autrefois, dans sa jeunesse. Les relations de voyage ont été trop nombreuses, les gravures ont été trop répandues, les photographies ont trop traîné à toutes les devantures de magasins, pour se croire, nouveau Robinson, descendu dans une terre inconnue.

Les palmiers dressés vers le ciel comme de gigantesques plumeaux, les mosquées avec leurs minarets sveltes et blancs, les villages aux maisons basses et sales faites de terre glaise séchée au soleil, les collines sablonneuses, désolantes par leur nudité, postées çà et là dans des champs de blé, de coton ou de maïs comme des sentinelles avancées du désert, les femmes au visage voilé, les longues files de chameaux à la démarche lente et régulière suivant un canal bourbeux, les Arabes au visage impassible récitant leur chapelet appuyés contre un mur, semblent de vieilles connaissances. On est tenté de leur sourire, comme à des amis que l'on revoit.

L'ahurissement n'est donc point là. Il est autre part.

Il commence, avant le débarquement même, par une scène rappelant de très loin, avec moins de cruauté, mais avec tout autant de cris, l'abordage d'une galère chrétienne par des corsaires barbaresques, ou, avec la richesse de costumes en moins, le troisième acte de *l'Africaine*, l'invasion du navire de Vasco de Gama par les compatriotes de Nelusko et de Sélika.

Le bateau n'est même pas entré dans le port d'Alexandrie, le passager n'est même pas sorti de la triste méditation dans laquelle le plonge la vue des côtes égyptiennes, aussi sèches, aussi désolées, aussi jaunes, aussi dénuées de végétation que peut l'être le site le plus sauvage de la Libye, que des gens, aux pieds nus, à la mine rébarbative, noirs, bruns ou bronzés, vêtus de longues robes bleues, rouges ou vertes, s'en viennent sur des barques, escaladent le pont, se précipitent dans les cabines, bousculant les voyageurs, se bousculant eux-mêmes, baragouinant des langues aussi variées qu'incompréhensibles, s'emparent des valises, des cannes, des couvertures, sous les yeux effarés de leurs propriétaires, et font un vacarme tel, avec une assurance telle qu'on les laisse faire.

Les valises, ordinairement, suivent les voyageurs ; ici, ce sont les voyageurs qui, ahuris, suivent leurs valises.

La tour de Babel, elle-même, ne vit pareille confusion.

Après les portefaix, les cochers. Des voitures, en nombre considérable, sont là sur le quai, en cercle, barrant le chemin. Sur les sièges, des gens bronzés, bruns ou noirs toujours, sont debout, brandissant des fouets, hurlant et gesticulant. L'indigène à mine rébarbative qui s'est emparé de vos bagages et que vous suivez docilement les jette sur l'une d'elles ; les malles sont mises sur le siège ; le cocher se hisse dessus, fait claquer son fouet et la voiture part.

Le brouhaha diminue, mais le cocher hurle toujours, on ne sait pas pourquoi. Il va comme le vent, fouettant son cheval, interpellant les passants, les Arabes travaillant dans leurs cases, les femmes prenant l'air sur leurs portes, les enfants jouant dans les rues, frôlant les uns, égratignant même les autres, tapant sur les chevaux qui viennent en sens inverse, accrochant les voitures, sans souci de son client qui se demande avec effroi si la folie n'est pas dans l'air, si la course n'est pas macabre et si le sort doit le faire tomber ainsi pendant longtemps d'ahurissement en ahurissement.

Hélas ! le sort le veut.

Alexandrie n'est pas une ville où l'on reste. Elle donne trop encore l'impression d'une ville européenne, d'une ville d'affaires. On a soif d'autre chose, on veut voir du nouveau. Le voyageur est charmé cependant de ses belles rues, de son beau port, et surtout des nombreux et jolis visages féminins qu'il rencontre. Les Alexandrines ne faillissent pas à leur renom d'élégance et de beauté. Égyptiennes, Grecques et Levantines, elles forment un ensemble qui est plein d'une grâce extrême.

Le touriste préfère visiter Alexandrie à son retour, avant de s'embarquer pour l'Europe. Les quelques heures qu'il y passe fatalement ont ceci de bon, qu'elles suffisent à faire fuir un mal qu'on peut appeler le *mal de terre*, et qui consiste à troubler le voyageur au point qu'il croit voir les maisons tanguer, les rues rouler, le sol manquer sous ses pas, comme si une mer furieuse s'agitait sous la ville. Aussi l'allure s'en ressent-elle, et plus d'un qui n'a navigué que ces cinq jours pendant sa vie a-t-il la démarche balancée et hésitante des vieux loups de mer.

* * *

L'Égypte, on l'a dit et redit, est le pays de la plus désolante uniformité. Elle donne une impression d'immense monotonie, comme d'un pays mort, abandonné ou dévasté par des légions de bêtes ou d'hommes.

La plaine s'étend parfois au loin, à perte de vue, sablonneuse, avec de rares palmiers par-ci par-là, jetant une note gaie dans cette tristesse infinie des choses sans horizon. Des eaux stagnantes croupissent près de villages désolés, près de huttes grises se confondant avec le limon sur lequel elles sont construites, paraissant être la demeure de gens en état de somnolence perpétuelle. Entre des monts de terre jaunâtre, des coins apparaissent, mornes, dont le soleil a dû, depuis des siècles, brûler jusqu'au dernier arbuste.

Parfois quelque chose bouge dans cette solitude. C'est une caravane dont la longue file de chameaux, silencieux et lents, s'harmonise avec l'aridité des lieux.

La mort semble régner sous ce ciel bleu éclatant; et, devant cette solitude, malgré de temps en temps les villes qui surgissent avec leurs coupoles et leurs minarets, la végétation qui apparaît autour d'elles, les champs couverts d'épis ou les canaux bordés de joncs, les coins riants ombragés par les baobabs et les mimosas, qui se présentent à l'œil comme de vastes oasis dans ce petit désert, on comprend l'horreur instinctive qu'avait inspirée aux Égyptiens, depuis les époques les plus reculées, cette couleur jaune uniformément répandue sur les choses et symbole de toute désolation.

La Bible parle de douze plaies qui s'abattirent momentanément sur le royaume des Pharaons. Il en est une terrible, qui malheureusement y règne d'une façon constante : c'est la poussière.

Que l'on soit à pied, à cheval, à âne, en voiture, sur les routes ou sur les campagnes, elle se manifeste partout, implacable et insupportable.

C'est en chemin de fer qu'elle triomphe. D'Alexandrie au Caire, le train file enveloppé d'un gigantesque tourbillon blanc dont les molécules grisâtres se glissent à travers les portières pourtant closes, s'infiltrent dans les wagons, formant sur les banquettes une couche poussiéreuse rapidement épaisse. Les chapeaux, les manteaux, les vêtements prennent bientôt cette teinte terreuse, uniforme à toutes les choses d'Égypte.

Des gens moroses s'enfouissent dans leur coin, pareils bientôt à quelque masse informe recouverte de sable. D'autres, plus gais, tracent avec le doigt leurs initiales sur leur chapeau. Quelques-uns vont même jusqu'à marquer leur place en y dessinant leur nom.

Les yeux et les gosiers sont rapidement irrités ; les uns deviennent très rouges, les autres très secs.

Les choses désagréables ont toujours leur côté comique. Quand le train s'arrête à une station, les portières s'ouvrent, les voyageurs, avides d'air et de rafraîchissements, se précipitent sur les quais. Alors, des indigènes, armés de grands plumeaux, passent auprès d'eux, époussetant les vestons, les robes, les chapeaux, les visages même, promenant avec la même indifférence leurs instruments sur les vêtements comme sur les figures.

Tel plumeau qui a dépoussiéré une face blanche déblanchit une face noire. C'est charmant !... et c'est ainsi qu'on voyage en Égypte et qu'on fait son entrée au Caire, *pulvere regnante.*

La poussière, voilà l'ennemi ; le moustique, aussi ; la mouche, de même ; l'ânier, également ; le cocher, surtout ; le cireur de bottines, encore plus ; le marchand de cannes, le vendeur de chapelets... et bien d'autres encore.

*
* *

Ce qui frappe tout d'abord au Caire, dans le quartier arabe comme dans le quartier européen, c'est l'animation assez grande en somme qui existe dans les rues, non pas une animation active, bruyante, de gens affairés, comme à Londres ou à Paris, mais une animation factice, sans but, qui marque un état de désœuvrement général.

Que font tous ces indigènes que l'on rencontre ?... Où vont-ils ?... Pourquoi vont-ils ?... Nul ne le sait et ils l'ignorent eux-mêmes.

Leur visage trahit cette indifférence d'esprit, cette nonchalance, cette non-préoccupation de tout, même de l'existence, qui sont la caractéristique des foules orientales. A leur démarche alanguie, on sent qu'ils vont sans savoir où.

Tout peuple a un mobile supérieur qui l'agite, le pousse au travail, le fait vivre. En Europe la lutte pour la vie jette des millions d'hommes dans une fièvre continuelle. Ici, rien.

Aussi quelqu'un a-t-il pu dire que ce pays n'avait pas d'âme.

Toute une partie de la population vit sans qu'on sache

comment, sans qu'elle sache, elle, pourquoi. Les conditions d'existence, seules, expliquent cette paresse générale. L'indigène n'a pas de besoins ; il vit de rien : un peu de pain, quelques dattes. De là, cette immense inactivité, ces allées et venues de gens qui errent le cœur léger dans cet état de parfaite insouciance.

Une mouche les distrait ; un rien les arrête.

Tout est prétexte à groupements, à stations prolongées dans la rue. Le portier d'une maison, le marchand de dattes qui s'établit le long d'un trottoir, le mendiant qui s'accroupit contre une borne, le vendeur de maïs ou de galette qui s'appuie contre une grille de jardin, le rouleur de cigarettes qui s'installe sous un arbre, deviennent autant de centres de ralliement pour tous ces désœuvrés qui finissent par s'acclimater dans un endroit et par le fréquenter régulièrement.

Chaque maison n'a qu'un portier, mais quand on sort dans la journée, on voit quatre ou cinq gaillards assis devant la porte ; quand on rentre la nuit, on voit quatre ou cinq grands corps roulés dans des couvertures et étendus sur les dalles du corridor. Les domestiques d'Européens ont eux-mêmes souvent des domestiques arabes pour faire leurs courses et porter leurs paquets.

Les gens qui ont une occupation quelconque, si minime qu'elle soit, arrivent ainsi à se former — comme autrefois les patriciens romains — une clientèle de cinq ou six individus qui s'attachent à eux. Au bout de quelque temps, il est très difficile de déterminer exactement quel est celui qui fut le portier, le propriétaire des dattes, du maïs, des galettes, des cigarettes, ou le mendiant initial.

L'Égyptien a résolu le problème communiste.

*
* *

Les îles de la mer Erythrée, dit-on, exhalaient des parfums qui couraient sur les flots et volaient au-devant des navires. On pourrait dire de l'Égypte que l'air qu'on y respire est saturé de souffles languissants qui endorment la pensée, étouffent l'action, paralysent les sens, jettent le trouble dans l'âme, la paresse dans le cerveau, l'indifférence dans le cœur, plongent le corps dans une somnolence incessante qui fatigue, épouvante même, parce qu'on la devine invincible.

L'homme qui vit dans cette atmosphère essaye de lutter contre cette torpeur ; celui qui y est né ne lutte plus.

De là, cette passivité silencieuse de l'Égyptien, cette docilité inouïe, cette patience qui lui fait supporter tout, cette nonchalance qui l'empêche de travailler, à moins de nécessité absolue, cette profonde résignation qu'il porte toujours empreinte sur son visage, soit qu'il s'accroupisse contre un mur, qu'il fume sa chibouck, qu'il dise son chapelet, soit qu'il dorme sur une pierre ou qu'il passe sur son chameau, rêvant au désert.

Cet air de résignation ne manque pas d'une certaine majesté. Il est des visages d'Arabes aussi beaux par une mélancolie résignée que par une orgueilleuse impassibilité.

La variété incalculable de costumes que porte la population indigène fait croire à une immense mascarade, à un carnaval perpétuel. Les couleurs les plus disparates se donnent rendez-vous sur le même corps.

L'homme du peuple a généralement pour tout bien une petite calotte rousse pareille à la moitié d'une noix de coco, et une longue chemise brune, verte, bleue ou rouge. Quelques-uns, plus distingués, mettent sur la chemise un pardessus européen ; ceux-là sont grotesques. Ils ne sont ni chien ni loup et perdent tout caractère.

Je ne dirai rien du tarbouch ou fez qui, bien porté, ne manque pas d'une certaine élégance ; ni des femmes, presque toutes vêtues de noir, que l'on ne rencontre qu'en nombre infime dans les rues.

Tout carnaval, hélas ! a ses trouble-fêtes.

La présence de l'Européen a créé dans cette foule une multitude de métiers dont le but apparent semble être la vente d'objets ou de marchandises quelconques, mais dont le mobile caché est de causer le plus de désagréments possible au voyageur, de l'obséder, de l'énerver, et dont le résultat final est de l'ahurir et de le rendre fou.

L'indigène qui vit de l'étranger a perdu toutes les qualités de sa race et n'a pris de la civilisation européenne que les défauts. Il devient fourbe, querelleur, âpre au gain surtout. De ce fait que les largesses du touriste l'ont habitué à gagner en quelques minutes ce que ses coreligionnaires gagnent avec peine en un jour, il devient exigeant, n'est jamais content, réclame toujours, insulte même.

Donnez le juste prix, il ne dit rien ; donnez trop, il flaire un naïf et crie, hurle au besoin.

L'indigène satisfait, voilà l'oiseau rare.

Oh ! l'immense comédie des *Fâcheux* qu'un Molière pourrait faire ici !... Ils ne sont pas dix, ils sont cent, ils sont mille, ils sont légion ; ils sont trop, surtout.

Il y a le marchand de tapis, le marchand de tables, le marchand de plateaux, le marchand de porcelaines, le marchand de rideaux, le marchand de cadres, le marchand de peaux d'ours ou de panthère, le marchand d'éventails, le marchand de nattes, le marchand de cannes, qui encombrent les cafés et les trottoirs et s'éternisent autour de leur victime.

Il y a le vendeur de chapelets qui, si vous ne lui achetez rien, s'étonne de votre impiété. Il y a l'homme qui se promène avec un singe, et la femme qui escamote un lapin, qui trouvent stupéfiant que les piastres ne sortent pas de votre poche. Il y a le brosseur qui s'attache à vos pas avec l'intention bien arrêtée de cirer vos bottines, malgré leur impeccabilité. Il y a le mendiant qui, devant votre indifférence, crache par terre entre lui et vous et vous maudit. Il y a les marchands de bougies pour les lanternes de votre voiture. Il y a le cocher qui vous racole, puis qui vous vole, n'ayant pas le tarif et n'admettant pas que vous le connaissiez. Il y a l'ânier enfin qui vous suit comme votre ombre, flanqué de son animal et murmurant sur vos pas, pendant toute l'heure de votre pérégrination : « Bon baudet — Moi, connaître français, mosquées, citadelle. — Bon baudet ! bon baudet ! »

Il y a même des vendeurs de colliers d'âne qui vous harcèlent. Pourquoi ? Mystère !

Ali-Baba n'avait qu'un mot à dire pour pénétrer dans la caverne merveilleuse. L'Européen doit en savoir au moins trois et les répéter sans cesse, à toute minute, à chaque pas, pour se débarrasser de toute cette armée d'intrus : « *La balach, amchi !* — Non, c'est inutile, fiche-moi la paix ! » — sont les seuls mots de la langue arabe d'une utilité immédiate.

*
* *

Ce pays possède bien des choses bizarres, comme des réverbères en forme de palmier, des poteaux télégraphiques en forme de pal, des arbres dont les fruits suspendus à de longues tiges sans feuilles ressemblent à d'énormes saucissons, des voitures de poste rouges comme des homards ou comme les uniformes des soldats anglais, des corbillards ornés de larges dentelles jaunes, des vautours qui planent sur la ville et rasent parfois le sol, enlevant des immondices et nettoyant ainsi les rues ; mais rien n'est plus excentrique que la gallophobie outrée de certains sujets de Sa Majesté britannique.

Le jour de mon arrivée au Caire, deux d'entre eux, assis à côté de moi à table d'hôte, interpellant le maître d'hôtel avec arrogance, ont demandé d'une voix haute et sèche que le menu fût désormais écrit en anglais, non en français.

Les Anglais ont beau faire, ils n'empêcheront pas que le Français en Égypte se sente un peu chez lui, parce que tout — les enseignes des boutiques, les affiches des murs, les réclames, les avis, ceux des ministères même, les moindres documents enfin, rédigés tous dans sa langue — lui rappelle sa patrie. Rien n'est fait pour le dépayser. Les spectacles ont lieu en français. Le théâtre khédivial, malgré tous les efforts tentés pour le rendre italien ou anglais, a une troupe française qui joue des opéras français.

Un souffle de notre pays semble être derrière chaque chose. Les Anglais ont cherché à tout angliciser ; ce sont eux qui ont dû apprendre notre langue. Car, à part l'arabe, on peut dire qu'en Égypte on parle anglais un peu, italien beaucoup, français énormément.

***

Les poètes ont chanté les soirs radieux, les couchers de soleil féeriques, évocateurs de spectacles ignorés, d'édens mystérieux. Leurs vers ne diront jamais assez combien les nuits d'Orient sont belles. Elles arrivent, calmes, majestueuses, chassant la fatigue, endormant les ennuis, berçant les cœurs endoloris. Les mille futilités énervantes de la journée disparaissent dans un immense enchantement.

L'ahurissement fait place à l'admiration.

Les yeux contemplent, émerveillés ce spectacle jusqu'alors inconnu d'un ciel aux colorations changeantes, tour à tour bleu, rose, rouge vif, doré, violet même, dans lequel fuit un astre éblouissant qui disparaît comme dans une apothéose.

Ce pays de sable, si sec, si aride, si triste pendant le jour, resplendit dans la beauté de ce soleil couchant.

Puis, la nuit s'illumine. Les étoiles scintillent, plus grosses, semble-t-il, que celles d'Europe, colorées comme ces coins de ciel qui viennent à peine de disparaître. On en voit des rouges, des bleues, des vertes. L'homme se croit le jouet d'une illusion; mais non. Ces scintillements ne sont pas trompeurs ; l'étoile que son œil fixe a bien cette couleur qui l'étonne.

La merveillosité du spectacle porte à la rêverie, fait penser aux temps fabuleux, aux époques bibliques, et l'on songe que ce dut être par une de ces nuits éclatantes, sous ces grands sycomores frôlés par des vols d'aigles, que les trois rois mages, sentant à leur enthousiasme soudain qu'un miracle était proche, s'éprirent de l'étoile magique qui marchait dans le ciel vers la ville bénie.

II

TOUT LE LONG DES RUELLES ARABES

Le Caire. — Flânerie au quartier arabe. — Un labyrinthe inextricable. — Les mouches. — Ville morte et ville en effervescence. — La foire des races. — Ruines et décombres. — Le règne de la vétusté. — Les bons baudets. — Don Quichotte et Sancho Pança — Les échoppes et les bazars. — La populace marchande. — L'apathie générale. — La lutte contre le soleil. — La pluie inconnue. — Le jeu et les joueurs. — Le dieu Thoth. — Les cafés. — La foule qui passe. — Arroseurs et vendeurs de boissons. — Saïs et aveugles. — Ce que pense le santon. — Le Caire à la nuit tombante. — Le drapeau de la citadelle.

Flâner est doux, mais que de choses il faut pour flâner agréablement.

L'insouciance d'esprit est bonne camarade ; elle apporte beaucoup de charme à toute promenade errante, mais peu d'intérêt. L'évoquer dans les solitudes, dans les lieux où l'on rêve, aux bois, aux champs, à la mer, au désert, est presque d'une nécessité absolue ; la traîner avec soi dans le vacarme des villes inconnues où tout est nouveau, où tout frappe l'œil et amuse l'esprit, serait un crime.

La flânerie qui cherche la vie et non l'oubli se complaît aux mille petits incidents qui surgissent suivant les hasards de la route, aux angles de chaque maison comme aux coins de chaque rue, à l'animation de la foule, joyeuse ou mauvaise, affairée ou indifférente, à la variété des figures, des costumes, des types, aux manifestations les plus étranges de mœurs nouvelles, aux sensations éprouvées devant tout ce que l'œil voit pour la première fois.

Le Caire, par son cosmopolitisme outré, a de quoi satisfaire le flâneur le plus avide d'impressions neuves. Non pas le Caire européen, les quartiers Ismaïlieh et de l'Ezbékyeh, l'un avec ses avenues larges, coupées à angle droit et plantées de grands acacias, ses villas aux styles les plus divers, bâties au milieu d'une luxuriante végétation, rappelant les allées de Passy ou des Champs-Élysées ; l'autre avec ses rues droites, ses maisons à arcades, hautes et spacieuses, pareilles à celles de la rue de Rivoli, son jardin dont les allées, les massifs, le bassin, la grotte artificielle, les kiosques font penser aux Tuileries ou aux Buttes-Chaumont, tout cela a trop l'air d'une ville de France, laissée là par mégarde ; mais le Caire arabe, avec ses ruelles étroites, ses bazars, ses marchands accroupis dans des échoppes, sa populace disparate, ses spectacles bizarres, tout ce qui lui donne un cachet particulier, lui conserve l'aspect de ville musulmane d'Orient encore épargnée quelque peu par la rage civilisatrice.

*
* *

L'histoire conte que l'immense palais de granit que le pharaon Amenemhat III se fit construire au centre du lac Mœris contenait une quantité si prodigieuse de chambres reliées par une série de couloirs si étroits et si tortueux que nul ne pouvait s'y aventurer sans guide.

L'architecte du labyrinthe de Mœris a fait des élèves. On dirait que tous ceux qui, dans ces quartiers arabes du Caire, ont participé à la construction des maisons, à la formation des rues, ont tenu, comme pour les soustraire à une influence étrangère, à en rendre l'accès difficile, à y multiplier les zigzags, les angles et les détours, à faire croire à un fouillis inextricable de ruelles aux sinuosités trompeuses, propres à égarer le moins imprudent des curieux.

Là, l'irrégularité règne en souveraine maîtresse.

C'est un enchevêtrement de voies étranglées, d'impasses, de couloirs, de passages, de rues obliquant sans cesse à droite et à gauche, paraissant à chaque instant se terminer en cul-de-sac et ne finissant jamais. Parfois, ébahi, l'on s'arrête, prêt à revenir sur ses pas, aucune issue possible ne s'offrant à l'œil. Mais non !... une arcade s'ouvre dans la dernière maison, on passe sous une voûte, on débouche dans une nouvelle rue qui n'est que la suite de la première.

On poursuit sa route. Où est-on ? Où va-t-on ?... Peu importe !... On continue à tourner, indifférent bientôt aux angles comme aux obstacles. On sait qu'en somme il faudra bien que cela finisse, puisque tout chemin mène à Rome, et l'on est tout étonné, après quelques heures de cette marche inconsciente, de se retrouver souvent à l'endroit d'où l'on est parti.

Résoudre ce problème serait aussi inutile qu'impossible. Dédale lui-même n'y parviendrait pas.

Thésée, qui força le labyrinthe de Crète, avait le fil d'Ariane. Ici, point n'est besoin d'autre chose que d'un peu de patience, de bonne humeur et d'impassibilité. Le mutisme le plus absolu et l'indifférence la plus profonde sont les deux grands soutiens du flâneur contre la multitude de gêneurs de toute espèce qui surgissent de chaque coin comme des diables d'une boîte.

Les mouches seules, hélas ! sont invincibles.

* *

Deux voyageurs pourraient se promener une heure dans la ville arabe et, à leur retour, s'écrier avec la même bonne foi, l'un : « C'est une ville morte ! » l'autre : « C'est une ville en effervescence ! »

Ces deux impressions sont contradictoires, mais justes.

Elles sont ressenties par tous ceux que le hasard a guidés dans ces mille petites ruelles où, tour à tour et parfois brusquement, l'animation la plus bruyante fait place à la plus triste des solitudes, où un silence morne succède soudain à un vacarme insolite. Il suffit, en effet, de quelques pas, d'un crochet fait à droite ou à gauche, pour avoir ces deux sensations bien distinctes : d'une foire immense où une multitude d'hommes de races diverses, Coptes, Turcs, Grecs, Barbarins, Bédouins, Fellahs, Soudanais, Nubiens, se seraient donné rendez-vous, se coudoiraient, hurlant, gesticulant, s'agitant, s'interpellant, plus remuants qu'affairés, plus avides d'air que de travail, ou d'un lieu dévasté, abandonné à la suite de quelque fléau sinistre ou de quelque invasion barbare.

La ville arabe semble, en effet, en certains endroits, être une ville déserte.

Des poutres, des pierres, des matériaux de toutes sortes gisent sur le sol, épars, vestiges de constructions depuis longtemps écroulées. Des toitures disloquées semblent peser lourdement sur des maisons aux assises chancelantes. Des pans de murs abritent des monceaux de décombres. Par des fenêtres encore intactes on aperçoit des planchers lézardés, prêts à s'effondrer à la moindre secousse. Sur le plafond d'une échoppe où travaille un menuisier ou un tourneur, apparaît un amas de briques et de terre, restes de ce qui fut un premier étage.

Notre indifférence pour les ruines de la Cour des comptes est dépassée par celle de l'Égyptien qui laisse ainsi s'accumuler les décombres autour de lui, résolu à ne quitter la place qu'après un complet écroulement.

Le long de ces demeures désolées, de ces murailles affaissées, se glissent silencieusement des femmes enveloppées de voiles noirs, ou des fellahs aux longues robes bigarrées.

On n'entend pas un bruit, pas un cri.

On dirait que les choses communiquent aux êtres cette tristesse infinie des villes qui ne sont plus. On se tait, comme si l'on avait peur de réveiller quelqu'un.

De temps à autre, au-dessus d'une vieille porte s'allonge une poutre de bois en forme de potence supportant mal une énorme lanterne crevée dont la lumière blafarde rend plus sinistre, la nuit, la désolation de ces lieux. Un minaret penchant se dresse parfois au-dessus d'une mosquée délabrée aux pierres rouges et grises, prêt à tomber, comme tout ce qui l'entoure.

Ce même air de vétusté enveloppe d'ailleurs tout le quartier arabe.

Les maisons semblent de carton. On a la sensation qu'au moindre tremblement de terre, à la moindre pluie torrentielle un peu longue, tout s'abîmerait dans un effondrement général.

Brusquement, un bourdonnement pareil à celui d'une ruche d'abeilles en activité s'élève dans cette solitude. Une rue apparaît, plus large, avec ses alignements d'échoppes devant lesquelles s'agite une foule bruyante ; des femmes passent, portant sur leur tête des marchandises qu'elles crient d'une voix gutturale ; cinq ou six âniers se précipitent avec leurs bêtes ; le vacarme recommence : c'est le Caire arabe mouvementé, l'animation incessante avec ses charmes et ses ennuis.

Oh ! ces âniers !...

Leur obsession dépasse tout ce qu'on peut rêver. Ce sont de véritables sangsues.

Quand ils ont jeté leur dévolu sur un promeneur, ils sont comme Vénus, « tout entiers à leur proie attachés ». Ils ne le quittent plus. Ils se trouvent devant lui, lui barrant la route, le forçant à contourner leurs bêtes, quand il veut traverser une rue ; derrière lui, quand il l'a traversée ; à ses côtés, quand la circulation le permet ou qu'il s'arrête, répétant toujours ce refrain monotome : *Bon boudi ! bon boudi !* (bon baudet !) avec cette interjection finale agaçante « hein ! » qui n'est dite que pour provoquer une réponse.

Tout le monde a plus ou moins l'air ridicule sur ces ânes.

Les gens maigres font tous l'effet de don Quichotte, les gros de Sancho Pança. Ceux qui ne sont ni maigres ni gros n'en ont ni plus fière mine, ni meilleure façon.

Et pourtant, il faut l'avouer, si les âniers n'existaient pas, il faudrait les inventer. Le Caire sans eux serait comme une guitare sans cordes. Ils jettent une note originale dans ce milieu cosmopolite qui emplit les rues de la ville. Puis, il doit leur être beaucoup pardonné, parce qu'ils ont beaucoup trotté. Au moindre coup de bâton, ils partent comme une flèche. Ils trottent, trottent...

Ah ! si leurs confrères d'Europe pouvaient les voir !...

*
* *

Ces rues où, dans de petites cases, s'entassent des marchandises de toutes sortes au milieu desquelles s'accroupit le vendeur dont on n'aperçoit que le turban ou le tarbouch, sont extrêmement curieuses.

Elles sont comme un perpétuel marché où le Cairote vient s'approvisionner. Il y trouve tout ce dont il a besoin.

Les étalages les plus disparates se touchent, se succèdent dans cette longue file d'échoppes qui suivent les sinuosités de la rue.

D'énormes piles de tapis effleurent des pyramides de galettes. Des colonnes de tarbouchs s'élèvent comme des obélisques à côté de monceaux de cruches en terre. Des bouquets de bananes suspendus à des fils font vis-à-vis à des rangées de babouches rouges posées sur des étagères. Des chaudrons de cuivre resplendissant sous les rayons du soleil précèdent des étoffes de soie et de velours, des tentures d'Orient, des écharpes blanches ou bleues, que suivent des sacs de grains, des balles de coton, des paniers de grenades, d'olives noires ou d'oranges vertes. Des tailleurs, accroupis au milieu de morceaux de drap, cousent sans relâche à côté de forgerons qui frappent sur des enclumes, d'étameurs qui roulent entre leurs mains de grands bassins de cuivre, d'ébénistes qui travaillent le bois merveilleusement. Des graveurs liment de grands plateaux de métal suivant les dessins tracés à l'avance. Des fileuses, armées de longs fuseaux, filent le lin. Des fileurs font passer le coton sous le pouce de leur pied et l'étirent avec leurs doigts.

Près d'un scribe copte qui écrit sous la dictée d'un fellah, des Bédouins tournent à deux mains de vastes moulins à café. Sur quelques planches abritées par une toile, un raseur indigène barbouille de savon une chevelure d'homme ou d'enfant et la rase complètement ; la tête ainsi rasée apparaît bientôt, sinistre, entre les mains de l'opérateur, pareille à une noix de coco collée sur une épaule.

Les tourneurs sont très habiles. Les morceaux de bois qu'ils font, assis par terre, tourner entre deux pointes, prennent sous leur ciseau, qu'ils manient avec la main et le pied, les formes les plus artistiques, les aspects les plus variés. Les confiseurs et les fruitiers élèvent sur leurs planches des monuments d'architecture. Des cônes de pommes et de grenades frôlent de larges tours construites avec des brioches ou des petits pâtés. Des concombres, des pastèques, des figues, des amandes s'entassent à côté de pâtes gluantes et visqueuses, faites de dattes agglomérées, écrasées dans le voyage à dos de chameau.

Parfois, une odeur de cuisine, horrible, innommable, s'élève d'une échoppe, entre des panoplies d'armes soudanaises et des étalages de porcelaines : c'est l'échoppe d'un restaurateur. Là, sur des grils, sur des réchauds, sur des poêles, cuisent des saucisses, des morceaux de viande, des poissons, des galettes, des boulettes informes, des beignets aux couleurs bizarres faits on ne sait comment. Sur de grands plateaux s'étalent des fromages blancs immenses, des masses pâteuses vertes et jaunes, des blocs de nougat, des pâtes sucrées.

Aux heures des repas, chacun vient chercher là sa nourriture.

Des Arabes grillent du maïs à côté d'autres qui, sur des pots de terre, font rôtir des marrons. Au fond de leurs cases, des marchands d'étoffes inoccupés fument béatement leurs narghilés ou lisent avec gravité le Koran.

Et devant toutes ces échoppes, tous ces vendeurs, toutes ces marchandises, une foule se meut sans cesse, plus flegmative qu'active, prête à rire, à crier, à se bousculer, à s'amuser, à faire la sieste, effroyablement indifférente.

Cette foule si docile, si peu inoffensive malgré son extrême densité, est l'une des choses les plus intéressantes qu'il y ait dans le pays, plus intéressante même que bien des monuments pharaoniques dont on fait grand bruit en Europe et qui ne font éprouver au voyageur qu'un seul sentiment : la désillusion.

Elle, au contraire, ne leurre jamais.

Les spectacles qu'elle offre varient chaque jour. On ne se lasse pas de la voir, de la frôler, de respirer son air, de vivre quelques heures de sa vie.

Certes, il en est peu où le labeur soit moins à l'ordre du jour. Je me rappelle, lors de ma première excursion dans les quartiers arabes, avoir été particulièrement frappé de cette apathie presque générale, se traduisant par un nombre considérable d'oisifs assis tout le long de ces ruelles, au pied de ces échoppes, bavardant avec les vendeurs ou regardant passer d'autres oisifs.

S'il en est qui travaillent, et qui travaillent bien — car tous ces ouvriers, tourneurs, fileurs, forgerons, cordonniers et autres étonnent par leur habileté — il en est beaucoup plus qui regardent travailler. Chaque boutique a son cercle de curieux établis là, par terre, sa clientèle de désœuvrés.

Pour un qui peine, dix qui ne font rien.

La faute en est à ce climat chaud, affadissant, tueur de toute initiative, de toute activité, à ce soleil de plomb qui depuis des siècles darde ses rayons sur ces races et les plonge dans un engourdissement qu'elles ne peuvent vaincre que par un suprême effort aux heures fatales.

L'Européen lui-même se laisse aller après quelques années à cette fatigue comme l'indigène. Quant à l'étranger, quelques jours suffisent pour qu'il proclame bien haut les douceurs de la sieste, compagne inéluctable.

*
* *

L'Égyptien cherche constamment à se mettre à l'abri de ce soleil qui l'accable. Aussi un grand nombre de ces ruelles, de ces passages étroits, sont-ils recouverts de toiles, de planches ou de treillages qui tamisent la lumière du jour, répandent sur les murs et sur les gens une demi-obscurité bienfaisante.

Ces toitures légères sont parfois pittoresques. Des peintures bizarres ornent quelques-unes des poutres accumulées entre deux rangées de maisons; des pailles s'entrelacent dans les treillis, les toiles ont des dessins aux couleurs variées, sont même souvent des rideaux ou des tentures. Bons contre la chaleur, ces abris seraient mauvais contre l'orage.

A la longue, tout s'use. Des déchirures apparaissent, des ouvertures se pratiquent çà et là. Peu importe! Il ne pleut jamais; la pluie est presque une inconnue. Heureusement! car, aux moindres gouttes, la poussière qui s'accumule sur le sol se transforme en une boue gluante et visqueuse qui se colle aux chaussures, enlise les pieds, rend la circulation impossible.

Le Caire n'ayant pas d'égouts, il faut que l'eau qui tombe s'évapore ou s'infiltre dans la terre.

C'est dans ces rues que sont installés les bazars et la plupart des cafés arabes. Ces derniers sont d'une simplicité rare : quelques bancs de bois appuyés contre le mur en plein air, quelques petites tables; sur ces bancs, des gens, assis à l'orientale, lisant, fumant ou rêvant, tous avec ce même air d'immense lassitude, les yeux pleins de cette profonde indifférence, les uns disant des chapelets, les autres se contant mutuellement des histoires; aux petites tables, des groupes jouant aux cartes, aux dominos, au tric-trac, aux échecs; tous tranquilles et ne buvant rien ni les uns ni les autres.

Les clients sont nombreux, mais les consommateurs sont rares. L'habitude fait que les tenanciers n'y voient pas d'inconvénients.

Si les Égyptiens sont sobres, ils sont joueurs. On ne peut pas traverser une rue sans en voir plusieurs assis autour d'une table, maniant des jetons, des dominos ou des cartes. Le tric-trac surtout est en honneur parmi eux. Cette passion leur vient de loin, car la légende veut que Thoth, l'un des dieux de l'ancienne Égypte, jouant aux dames avec la Lune, lui gagna les cinq jours épagomènes qui furent ajoutés à l'année égyptienne, composée alors de 360 jours seulement.

Les cafés sont ainsi un peu, comme les églises anciennes, lieux d'asile. On s'assied là une heure ou deux, on écoute les sons mélancoliques qu'un adolescent, debout contre une borne, tire d'un roseau percé de quelques trous, et on regarde la foule qui va et vient incessamment dans ce dédale de rues.

Des enfants sales, couverts de robes trouées, bleues, blanches, grises, aux yeux très noirs, aux dents très blanches, aux cheveux ébouriffés comme ceux de petits Apaches, courent pieds nus après un promeneur, demandant, d'une voix plaintive, mais persistante, un bagchich que le promeneur refuse avec la même persistance. Des femmes, aux yeux en amande, au menton tatoué de trois lignes vertes, aux ongles rougis par le henné, passent, une cruche sur la tête, rappelant Rebecca et la légende biblique. D'autres vont, portant leurs enfants à la manière du pays, c'est-à-dire à califourchon sur une seule épaule, l'une des jambes pendant sur la poitrine, l'autre sur le dos. Quelques-unes se tiennent fièrement droites malgré l'immense corbeille pleine de vases ou d'amphores en équilibre sur leur tête.

Des marchands de chapelets font sentir aux passants des chapelets imprégnés d'encens à l'avance qu'ils essayent de vendre comme faits de bois précieux.

Des Barbarins, au dos pliant sous le poids d'une énorme cruche remplie d'eau de réglisse, font d'une main, avec deux petites coupes de cuivre qu'ils agitent comme des castagnettes, un bruit de cymbales, offrant de l'autre un verre plein d'un liquide brunâtre, véritables fontaines Wallace ambulantes auprès desquelles se rafraichissent les indigènes altérés. D'autres, au lieu de cruche, portent une immense outre faite d'une peau de bouc à laquelle on a laissé les pattes, se promènent, pressant d'une main l'une de ces dernières, la seule qui ne soit pas cousue, retenant l'eau prête à s'échapper, avec laquelle ils doivent arroser le sol.

Des désœuvrés rongent des cannes à sucre, sucent cette moelle blanche au goût d'eau tiède sucrée qui donne aux dents une blancheur éclatante. Des vieillards circulent avec, sur un plateau, une cafetière et quelques tasses, offrant du café aux allants et venants. Des essaims d'enfants courent et chantent au milieu d'un tourbillon de mouches qui mangent leur visage, abîment leurs yeux, couvrent leurs joues de croûtes, indifférents qu'ils sont depuis leur naissance à leurs attaques incessantes, ne se donnant pas la peine de les chasser.

Des chameaux, disparaissant sous des chargements formidables de fagots, s'avancent, précédés de Bédouins maigres, à la peau bronzée, au visage dur, pareils parfois dans leur démarche hautaine à ces antiques prophètes qui s'en venaient des oasis désertes.

Des saïs, avec leurs culottes blanches bouffantes, leur chemise aux larges manches recouverte de la petite veste brodée d'or, leur tarbouch au gland de soie noir tombant sur les épaules, fendent la foule, une longue baguette à la main, précédant la voiture de leur maître et faisant ranger les passants.

On trouve d'abord un peu barbare cette coutume de faire ainsi courir devant des chevaux un ou deux indigènes aux poumons ne devant jamais manquer de souffle, puis on réfléchit qu'elle est d'une barbarie si pittoresque qu'il faut l'excuser, et l'on pense à autre chose, à l'Arabe, par exemple, qui, sans crainte du ridicule et sans souci du monde, se jette à genoux dans un coin de rue et dit sa prière, faisant force oraisons et génuflexions, à ces poulets efflanqués, très élégants dans leur plumage tacheté de raies vertes, trottinant si fièrement entre toutes ces jambes qui se meuvent, qu'ils détiennent, on peut le dire, le record du chic dans la gent pouletière universelle, à ces mendiantes si pelotonnées contre une borne qu'on dirait un paquet de vieux chiffons jeté aux ordures, à ces aveugles qui pullulent dans la ville arabe et qui, pareils à des ascètes, graves, se tenant très droits, silencieux ou marmottant quelques versets du Koran, s'avancent, sans crainte, sans danger, appuyés seulement sur un grand bâton, à travers cette multitude qui les aime et les respecte.

*
* *

Le soir, à la nuit tombante, les lampions suspendus aux portes des mosquées s'allument, les énormes lanternes de chaque échoppe jettent dans ces ruelles sombres et étroites des feux étincelants, d'une intensité très grande, à la lueur desquels cette populace paraît encore plus curieuse et plus animée.

La ville arabe, vue le soir, prend un aspect joyeux de fête foraine, sauf dans les quartiers déserts où l'obscurité ajoute encore à la tristesse des lieux, où la solitude devient plus désolée, plus effrayante. Là, dans ces coins de rue perdus au milieu d'un tas de décombres, entre des murailles délabrées et des colonnes chancelantes, à l'heure où le soleil disparu empourpre encore l'horizon, l'effet est saisissant.

Les dernières lueurs de l'astre font le ciel d'un rouge vif qui se reflète sur les choses. Tout flamboie. Comme devant un incendie géant, ces ruines prennent des colorations sinistres qui troublent, font croire à quelque mystère grandiose, évoquent des scènes de légendes.

Le décor devient satanique.

Et l'on se dit que le vieux santon, l'ermite sacré qui vit à la belle étoile dans les sables du Mokattam, doit bien souvent quand, du haut de son rocher, il contemple la ville étendue à ses pieds avec ses minarets, ses coupoles et ses toits, plus rouge sous ce ciel de feu que la Rome incendiée de Néron, tendre, plein d'un enthousiasme farouche, un poing furieux vers cette gigantesque citadelle léguée par le sultan Saladin, où dans le drapeau qui flotte aux jours de fête il ne reconnaît pas celui dont les plis rouges fouettés par le khamsin laissent entrevoir parfois le croissant et l'étoile.

III

LES PYRAMIDES ET LE SPHINX

Un Anglais sceptique. — L'œuvre de Dieu. — Déception première. — La route des Pyramides. — Le charme du paysage. — Le khédive Ismaïl et l'Impératrice Eugénie. — Les quémandeurs de bagchich. — Les guides. — L'évocation du passé. — De Chéops à Napoléon. — Une idée de Méhémet-Ali. — Loin de la verdure. — Mena-House. — Un funiculaire. — La terrasse de l'Hôtel. — L'ascension de la Grande Pyramide. — Victime des Bédouins. — La plate-forme. — Un panorama splendide. — La descente. — Une fantastique smala. — L'intérieur de la Pyramide. — La chambre de Chéops. — Le Sphinx. — L'heure féerique —

J'ai connu un Anglais qui avait parcouru le monde et qui se plaisait à dire que rien dans l'œuvre de Dieu ne l'avait frappé d'étonnement. Le créateur, selon lui, n'avait en aucun pays, sur aucune terre, produit une merveille. Les récits des voyageurs et les légendes des poètes lui avaient fait espérer autre chose. Il n'emportait des sites qu'il avait visités qu'une amère déception, des couchers de soleil et des nuits étincelantes qu'il avait contemplés qu'un souvenir médiocre. Vraiment, il s'était attendu à mieux.

L'Anglais n'était évidemment ni un observateur, ni un poète, ni un artiste. Il avait l'âme froide d'un sceptique ou d'un indifférent. Il n'avait tout simplement peut-être pas regardé de tous ses yeux les spectacles splendides de la nature que le hasard faisait défiler devant lui. Peut-être aussi n'avait-il vu de l'Égypte que le canal de Suez ?... Je crois qu'il est difficile à l'homme qui a vu les Pyramides campées à la lisière du désert de Libye et de la plaine fertile du Nil, avec, dans le fond, le Caire et tous ses minarets gardant comme des sentinelles la colline sablonneuse du Mokattam, de formuler une appréciation aussi sèche et aussi décevante. Je ne parle pas des pyramides vues un matin dans une brusque et première apparition. Elles désillusionnent plutôt. Je crois qu'aucun esprit, même le plus prévenu, n'est à l'abri de cette impression quelque peu triste qui se traduit souvent pour beaucoup par cette phrase désenchantée : Comment !... ce n'est que ça !...

Nos lectures nous ont trop représenté les pyramides comme des masses fabuleuses, pour qu'elles nous satisfassent tout d'abord. L'Anglais sceptique ne les avait probablement vues que sous ce jour. Il avait oublié qu'en Orient la nuit est la grande réparatrice des choses, que c'est elle qui fait paraître sublimes les spectacles qui sont moroses dans la journée. Il ne savait pas que l'Égypte est un pays qu'il faut voir à l'approche de la nuit, après le soleil couchant, à l'heure où tout prend des proportions fantastiques, où il n'est rien qui ne revête une apparence magique. S'il avait vu les pyramides rougies par les derniers reflets de l'astre et grandies démesurément dans ce flamboiement du ciel et du désert par une puissance invisible, il se serait incliné devant les splendeurs de la nature, il aurait proclamé la grandeur du créateur qui sut préparer de tels cadres aux futures œuvres grandioses de l'homme.

*
* *

Les pyramides s'élèvent sur le dernier degré de la chaîne libyque qui s'abaisse en pente douce et se termine par un plateau de sable très peu élevé au-dessus de la plaine du Caire. Elles ne sont qu'à quelques kilomètres de la ville d'où on les aperçoit, majestueuses en pleine aridité, dès que l'on monte sur un minaret, sur une terrasse, ou sur les hauteurs de la citadelle. De loin, elles sont imposantes. De près, elles ne produisent pas au premier abord l'effet monumental que l'on attend de ces colosses qui trouvèrent leur place dans les sept merveilles chantées par les auteurs antiques. Elles ont toutefois un aspect étrange qui frappe et surprend. On ne les avait pas rêvées ainsi, on les croyait faites autrement.

La route qui va du Caire aux Pyramides est une route délicieuse. Je connais peu de promenades aussi agréables que celle-là. Les rêveurs et les désœuvrés s'y donnent rendez-vous, car là l'air est d'une pureté exquise, le ciel d'une transparence charmeuse, la plaine et le désert d'une sérénité reposante. La route franchit le Nil sur l'énorme pont de Kasr-el-Nil qui s'ouvre deux heures par jour pour laisser passer les grandes barques aux voiles triangulaires qui viennent des cataractes et descendent vers le Delta. Elle longe le fleuve sur sa rive gauche, passe devant le joli jardin de Gizeh, puis devant le musée où sont rassemblées toutes les merveilles trouvées dans les fouilles des temples et des hypogées, fait enfin un coude brusque qui l'éloigne du Nil et se dirige en ligne droite, à perte de vue, vers la lisière de sable où se dressent les trois masses géantes.

Cette immense avenue, de plusieurs kilomètres de longueur, est bordée d'acacias qui versent sur elle une ombre douce et protectrice. Elle fut, selon la légende, tracée en quelques jours sur les ordres du khédive Ismaïl par des milliers de fellahs réquisitionnés dans les provinces. L'impératrice Eugénie ayant, paraît-il, manifesté le désir de visiter les célèbres monuments de Chéops, de Chéphren et de Menkérah, le vice-roi d'Égypte, qui recevait alors la souveraine à l'occasion des fêtes d'inauguration du canal de Suez, n'aurait pas voulu que l'impératrice fût exposée aux cahots de chemins impraticables et aurait ordonné la construction de la superbe route carrossable qui fait aujourd'hui l'admiration des étrangers.

La route s'achemine vers le désert entre des champs de coton, de maïs et de luzerne. Un canal qui conduit dans ces terres l'eau fertilisante du fleuve court au milieu des cultures parallèlement à la route. De grands palmiers se réfléchissent dans l'eau bourbeuse du canal. Des villages de terre s'échelonnent au milieu de ces champs, avec leurs maisons basses et sales s'étageant sur des monticules pour échapper à l'inondation périodique du fleuve. Ces agglomérations de huttes rappellent toutes les villes fortes d'autrefois, les forteresses du moyen âge. Des hommes nus travaillent dans les terres. Des ânes ou des chameaux chargés de marchandises vont d'un pas lent le long du canal, suivis de leurs maîtres qui marchent silencieux, s'appuyant sur un long bâton. Au loin, le sable doré par le soleil marque la limite de la bande verte, annonce des étendues mystérieuses et désertes, forme un horizon splendide qui ne lasse jamais, qui exerce sur les yeux une attirance invincible.

Cette route, à l'heure où la sieste est finie, où la lourde chaleur de l'après-midi fait place à une exquise douceur de l'atmosphère, est un refuge propice à ceux qui veulent s'affranchir de la poussière de la ville, des bruits de la multitude, des tristesses quotidiennes. Le spectacle fait oublier tous les ennuis. A travers les fins branchages des acacias, on aperçoit dans un fond de sable les trois silhouettes grises des Pyramides, grandissant à mesure que l'on s'avance vers elles. Elles apparaissent comme des masses informes, aux surfaces, non pas lisses, comme on se l'imagine, mais rocailleuses, hérissées d'angles et d'arêtes faisant saillie. Les pierres dont elles sont formées semblent d'abord petites, de simples gros pavés. Comme l'on sait par les guides que c'est par ces pierres disposées en gradins que l'on monte au sommet, on se demande avec anxiété ce que va être cette ascension, on doute que les pierres offrent un marchepied suffisant. Par la suite, ces pierres deviendront d'énormes blocs de granit sur lesquels le pied se posera avec facilité, sans danger de vertige ou de perte d'équilibre. De près, la Pyramide donnera l'impression d'un gigantesque escalier, aux marches larges, mais irrégulières.

La route, dès qu'on approche du désert, est encombrée de fâcheux. Ceux qui ne font qu'une promenade d'agrément rebroussent chemin avant de devenir leurs victimes. La dernière partie de la route est insupportable. C'est un supplice que d'aller jusqu'au bout. Des multitudes d'enfants de tout âge et de tout sexe, nus ou couverts de haillons, attendent les voitures et leur font pendant les derniers kilomètres une escorte obsédante et criarde. Ils suivent le galop des chevaux dans une course effrénée où leurs poumons font des prodiges de résistance, et leur jambes de légèreté. Les uns s'accrochent à la voiture, d'autres tendent les mains vers les portières. Tous, d'une voix gutturale qui trahit l'essoufflement, scandent les deux syllabes de ce mot qui est devenu le seul cri de la populace des rues et des chemins : *bagchich*. A chaque tour de roue, la même plainte s'élève de chaque côté, continue et fatigante, énervante surtout. Bag... chich? — Bag... chich! — Le cocher fouette ses chevaux. La course redouble. La mélopée impitoyable ne s'arrête jamais. Il semble que la troupe turbulente des petits quémandeurs de bagchichs ne respire chaque fois que pour relancer avec plus de force son éternel cri. La générosité ne met pas fin à la poursuite. L'étranger qui donne ne se débarrasse pas de ces importuns. Leur nombre augmente au contraire. Celui qui jette quelques piastres voit, comme par enchantement, surgir des ravins et des fossés une multitude de petits indigènes qui se joignent aux autres, renforcent l'armée terrible. Les oreilles sont assourdies et les yeux restent indifférents au paysage dont le côté pittoresque s'affaiblit, mais dont le côté grandiose croît prodigieusement.

Puis, le cauchemar semble prendre fin. Les cris s'éteignent peu à peu. Hélas!... Les enfants sont remplacés par des hommes qui courent avec la même agilité, ne demandent plus bagchich, mais, en des langues diverses, s'offrent aux touristes pour leur servir de guides et leur montrer les attractions de Gizeh. Tous les refus, toutes les colères se brisent contre leur impassibilité, contre la certitude qu'ils ont de vaincre par leur ténacité et leur mépris des rebuffades. Les derniers arbres disparaissent. Un vide éblouissant se fait devant les yeux. Et brusquement, les trois masses de pierre barrent la vue, stupéfient par leur volume, surgissent comme des fantômes oubliés un instant dans l'ennui des clameurs et des supplications, mais produisant une impression plus grande après cet oubli, après cet énervement des dernières minutes...

* * *

Certes, les Pyramides sont intéressantes par elles-mêmes. Elles le sont encore davantage cependant par les souvenirs qu'elles évoquent. Des siècles d'histoire revivent en elles et par elles. On voit comme à travers une lueur les âges reculés où elles furent édifiées à la gloire d'un pharaon. La longue série des dynasties gravitant autour d'elles comme le point central de la civilisation égyptienne, comme le plus ancien monument de l'art pharaonique, se déroule dans un réveil brusque du passé. Puis, viennent les conquérants, ceux de Perse et ceux de Syrie, ceux de Grèce et ceux de Rome. L'esprit rappelle les Ptolémées, les légions de Pompée et celles d'Antoine, les hordes fanatiques accourues de la Mecque, puis les chevaliers des croisades, et enfin les brigades françaises, les vétérans des armées de la République, ceux mêmes qui, enflammés par le mot sublime de leur général en chef, anéantirent devant les trois colosses de l'antiquité la cavalerie des mamelucks.

Cette accumulation de pierres ordonnée par un pharaon autour de la chambre qui lui servira de tombeau semble fabuleuse. Le mystère qui plane sur les moyens employés pour la construction grandit encore la fable. Le génie de ces hommes, de ceux qui firent exécuter comme de ceux qui exécutèrent ces colossaux hypogées, reste impénétrable. On se sent écrasé par cette œuvre de granit qui a défié le temps et les destructeurs. Et pourtant, il s'en fallut de peu que l'une s'écroulât sous la main des hommes.

Au commencement de ce siècle, le grand vice-roi Méhémet-Ali eut l'idée étrange d'employer les pierres de cette pyramide au barrage qu'il rêvait de faire construire sur le Nil. Le général Kourchid-pacha s'opposa violemment à cette idée barbare. « Vous allez détruire le plus ancien monument des hommes, dit-il à son souverain, vous serez réprouvé du monde entier. » Et comme Méhémet-Ali persistait dans sa résolution, Kourchid-pacha fit intervenir le consul de France, qui obtint heureusement la révocation de l'ordre. Quel ressentiment n'aurait pas justement gardé la postérité contre l'homme qui aurait fait disparaître en un jour, par une fantaisie inconcevable, l'œuvre de granit qui avait bravé plus de cinq mille années la rage des tempêtes et des peuples...

Les colosses de Memnon qui sont à Luxor ont perdu de leur grandeur parce que la verdure a envahi le sol sur lequel ils s'élevaient. La luzerne pousse au pied même de leur socle, frôle leurs jambes de pierre. Il faut à tous ces monuments de l'antiquité égyptienne la sécheresse du sable. Le désert seul leur convient comme décor. Les masses de pierre ne s'harmonisent sous ce grand soleil de feu qu'avec le sable doré ou rougi par lui. Les pyramides sont restées hors des atteintes du Nil. Le limon fertilisant n'est pas allé jusqu'à elles. Comme au temps où elles furent bâties, elles reposent toujours sur des rochers de granit ensevelis sous les sables du désert. Derrière elles s'étend toujours l'immense plaine morne.

Et pourtant, là, sur cette limite des deux mondes,

le désert et la plaine verte, au pied de cette falaise rocheuse qui supporte les plus célèbres monuments du passé, des spéculateurs ont construit à la hâte, dans la fièvre du gain, sans souci de la légende antique et de la grandeur du site, un hôtel plusieurs fois agrandi, où les jeunes misses trouvent à cinq heures le thé qui leur est cher, et les jeunes sportsmen le lawn-tennis où ils peuvent exercer leurs muscles et leur adresse. Le progrès n'a rien épargné. Une société industrielle n'a-t-elle pas récemment demandé la concession d'un funiculaire conduisant au sommet de la Grande Pyramide!...

Cette idée d'hommes d'affaires a rencontré une opposition générale. Si l'hôtel des Pyramides — Mena-House — n'est pas honni au même point, c'est qu'il occupe un emplacement délicieux, c'est qu'il offre un abri incomparable aux touristes qui veulent, la nuit, jouir de la beauté du Sphinx éclairé par les étoiles ou de l'étrangeté des Pyramides, tragiques quand l'obscurité les couvre, aux malades et aux inconsolés qui cherchent un repos à leurs souffrances, aux artistes qui veulent un spectacle propre aux pensées vastes et aux méditations infinies.

De la terrasse garnie de plantes qui est sur la face opposée aux Pyramides, on oublie le granit et l'histoire, on goûte seulement le charme exquis de la grande plaine verdoyante qui va jusqu'au fleuve, derrière lequel apparaissent les pointes menaçantes de la citadelle dominant les maisons blanches de la ville. La muraille de sable à laquelle celle-ci est adossée met une barrière au rêve, arrête la pensée, la fixe sur les choses vues, la force à s'égarer sur les points noirs qui se meuvent au milieu des terres vertes, hommes ou bêtes attelés au rude labeur du sol...

***

L'ascension de la Grande Pyramide est à la fois l'une des choses les plus drôles et les plus terribles que je connaisse. Les distractions qu'elle offre égalent les désagréments auxquels on est en butte. Ce n'est pas qu'il y ait péril à se hisser jusqu'au sommet. Le danger est à peu près nul. La fatigue seule est considérable. La vue que l'on embrasse de la plate-forme extrême ne justifie guère cette pénible ascension, qui ne trouve son excuse que dans le désir secret qu'a chaque visiteur « d'être monté au haut de la pyramide ». Cette satisfaction intérieure est facile à obtenir. Elle est le seul mobile de l'ascension. On ne connaît qu'un exemple contraire, celui de ce maestro italien qui planta une tente au sommet et y passa trois jours et trois nuits, en compagnie de son seul violon, pour faire sur le désert une *improvisazione*.

La garde des Pyramides a été confiée par le gouvernement égyptien à une tribu de Bédouins. Ces Bédouins — au nombre d'une soixantaine — sont responsables des accidents. Leur existence est assurée par la taxe de dix piastres qu'ils exigent des touristes, soit pour faire l'ascension de la Pyramide, soit pour pénétrer à l'intérieur. Celui qui se livre à une visite consciencieuse du monument devient, pour une heure au moins, la propriété absolue de ces Bédouins. Ils forment une masse grouillante et turbulente qui s'agite continuellement au pied de la Grande Pyramide, jetant des regards inquisiteurs sur la route, attendant les étrangers avec anxiété. Dès que quelques touristes arrivent, le scheik de la tribu s'avance à leur rencontre. Les conditions de la visite sont réglées sans qu'il y ait besoin de parlementer longuement. Le scheik désigne alors pour chaque personne deux Bédouins. A ces deux Bédouins se joignent bientôt par raccroc deux autres indigènes, dont l'un porte une gargoulette de terre pleine d'eau. Il y a donc pour chaque Européen qui gravit la Pyramide quatre indigènes.

L'ascension commence.

Les blocs de la Pyramide sont énormes. Ils constituent une série de marches dont la hauteur dépasse encore les plus élevées qui restent praticables à une enjambée humaine. Il est donc impossible à un homme de passer seul d'une pierre à l'autre. Les indigènes cependant réussissent à résoudre ce problème d'agilité. Les deux Bédouins sont toujours d'une marche en avance sur l'Européen qui leur est confié. Celui-ci tend vers eux ses deux mains. Chacun en saisit une. Dans un effort désespéré, l'Européen levant sa jambe le plus haut possible pose son pied sur le bloc supérieur. Les deux Bédouins le tirent par les bras. Un troisième placé sous lui le soulève avec l'épaule ou les mains. De ces efforts combinés résulte une poussée violente qui porte le touriste à la marche désirée. Ce mouvement se répète deux cents fois environ. On comprend sans peine que l'Européen, arrivé au sommet de la Pyramide, ait les jambes moulues, les bras écartelés, le souffle épuisé, les membres brisés. Il est d'ailleurs un jouet entre les mains des Bédouins qui le manipulent avec autant de délicatesse que s'ils se passaient de l'un à l'autre une couffe pleine de matériaux inutiles.

Si l'on jette un regard vers le ciel ou vers la terre, on reste terrifié. La hauteur de la Pyramide grandit à mesure que l'on en fait l'ascension. Le sol s'éloigne terriblement et le sommet recule toujours. La sensation du but impossible à atteindre est désormais la seule que l'on ait. Et pourtant il n'est qu'à 137 mètres de la base. Des frissons de vertige passent sur le corps. Le malaise commence. Les quatre indigènes dont on est la chose se font un plaisir de faire tout ce qu'il faut pour qu'il augmente. L'Arabe a le don de savoir harceler et ahurir l'Européen. Il y a des moments où l'on a envie de leur demander grâce, persuadé que l'on est d'être tombé entre les mains d'une tribu sauvage.

On vient à peine de gravir quelques marches que déjà les Bédouins se prétendent fatigués. Premier arrêt. Chacun s'assied sur le granit. L'étranger se figure qu'il va pouvoir admirer la vue. Hélas !... Les deux Bédouins sortent de leurs poches des scarabées, des monnaies, des figurines prétendus antiques, et se livrent à un assaut habile de leur victime. Ils mettent leurs objets dans ses mains, lui en font valoir le prix et la rareté, se refusent à les reprendre, lui déclarant que tous les voyageurs sans exception achètent et emportent ces souvenirs des Pyramides. Le troisième indigène lui annonce qu'il est « le docteur ». Il lui tâte les jambes, lui fait tendre les muscles, lui frappe sur le front, écoute les battements de son pouls. Le quatrième qui porte la gargoulette verse de l'eau sur son front pour le rafraîchir et faire fuir le vertige. Tous l'assaillent, l'ahurissent, le rendent fou. Il n'y a plus de Nil, plus de Pyramides. plus de désert, pour lui. Il n'y a plus que des importuns qui chuchotent à son oreille des phrases vagues dont il ne saisit que ces mots : Scarabée... pas cher... trois, quatre shillings...

Les gens faibles ne savent pas résister. Ils achètent n'importe quoi pour avoir la paix. Ils ne l'ont pas davantage, moins même que ceux, plus malins, qui prétextent un éblouissement pour fermer les yeux, avoir l'air de dormir et échapper ainsi aux sollicitations tout en promettant de nombreux achats pour le sommet de la Pyramide. Il y a ainsi plusieurs arrêts. Et chaque fois, la même comédie recommence. C'est exaspérant et désespérant, d'autant plus que chacun est hanté de la crainte terrible d'être abandonné par ces hommes, s'il ne se montre pas d'une générosité convenable. Cette crainte est vaine, mais elle est invincible.

L'extrême pointe de la Pyramide a été détruite. Des blocs ont été enlevés. La masse de granit se termine par une plate-forme où trente voyageurs peuvent se mouvoir aisément. En atteignant cette plate-forme, les Bédouins crient trois fois : Bravo ! — La vue est belle, mais n'est pas supérieure à celle que l'on a de la base. Néanmoins, le spectacle de la plaine et du désert impressionne. On s'assied sur la pierre pour jouir de la vue. Cette jouissance même est impossible. Les scènes qui ont caractérisé la montée recommencent avec plus de force. Tous les Bédouins font cercle autour des visiteurs et renouvellent leurs offres. Ils demandent des prix fantastiques pour des objets de valeur médiocre. On cherche à les écarter, on voudrait contempler les choses d'alentour, goûter les délices de la solitude. C'est inutile. Les impressions disparaissent peu à peu. Une seule reste bientôt, une impression d'énervement causée par cette obsession, suivie d'un désir violent de s'en aller, d'échapper, coûte que coûte, à ces horribles marchandages. On bouscule les assaillants, on les insulte, on vocifère des imprécations contre eux. Rien n'y fait. Ils continuent à faire des propositions abracadabrantes. Pour un shilling, l'un d'eux déclare qu'en dix minutes il dégringolera de la plate-forme où nous sommes jusqu'à terre, puis qu'il gravira la seconde Pyramide et se laissera glisser sur la face lisse du sommet à la base. Un autre présente des médailles antiques : ce sont des sous grecs et des sous américains. Leur antiquité, selon l'indigène, rend leur valeur inestimable. Un vieux à barbe blanche, aux yeux froids d'usurier, essaie, mais en vain, de changer contre des piastres des pièces d'argent italiennes. Un plus jeune, obséquieux, murmure d'une voix mielleuse : Quarante siècles..... Napoléon !... Il y en a un de plus !... et tend la main pour recevoir bagchich.

Enfin, la troupe se lasse. Ils s'éloignent, s'asseyent en rond. Le plus vieux conte une histoire, très drôle assurément, car tous rient aux éclats. Puis, ils chantent, tapent dans leurs mains. Ces indigènes sont de vrais enfants. L'Européen est libre enfin de laisser courir sa pensée au gré de sa fantaisie.

Sous un ciel uniformément pur et bleu avec des teintes exquises et délicates de turquoise du côté de l'Orient, le désert s'étend à perte de vue, donnant plus que la mer l'impression d'immensité. Il est bien lui-même d'ailleurs comme un océan avec ses vagues de sable prêtes à être soulevées par le premier khamsin. Qu'un vent souffle sur lui, et tous ces monticules, ces vallons, ces collines, faits de poussière jaune, s'effondrent, disparaissent. Dans le bouleversement de l'orage, il s'en forme d'autres à d'autres places. Du jour au lendemain, la surface change d'aspect, n'est plus la même que la veille. Elle reste toujours pareille à une peau de zèbre, rayée par les bandes noires et grises que forment les crevasses et les élévations. Le Delta est comme un triangle de verdure pénétrant par un angle dans l'étendue de sable. Le Nil se perd en de nombreux méandres à l'horizon, toujours majestueux et calme, père de cette verdure. Les Pyramides de Sakkarah et de Dachour semblent les rivales de celles de Gizeh. Aussi loin que l'œil regarde vers l'Occident, le Sud ou l'Orient, il ne voit que du sable. Le spectacle a de la grandeur. On voudrait pouvoir le contempler longtemps, malgré le soleil qui brûle tout, s'abîmer dans une admiration profonde des choses de la nature... Hélas ! les Bédouins sont là qui vous rappellent à la réalité, aux choses humaines, au bagchich promis.

*
* *

La descente effraie tout d'abord. Elle n'est cependant pas plus périlleuse que la montée. L'un des Bédouins déroule son turban blanc dont il se fait ainsi une longue écharpe avec laquelle il ceint l'Européen. Il saisit fortement l'autre extrémité de cette écharpe, et retient ainsi par derrière le touriste dont l'ardeur à descendre pourrait entraîner sa chute. Deux autres Bédouins le conduisent par la main, font en même temps que lui les sauts et les enjambées. L'indigène porteur de la gargoulette montre le chemin. De loin, l'étranger qui saute de marche en marche, ainsi retenu par le Bédouin à l'écharpe, ressemble à un criminel qu'on mène au supplice ou à un parlementaire qu'on conduit à l'ennemi. Les mêmes arrêts qu'à l'ascension se reproduisent avec les mêmes étalages de scarabées et de figurines. On n'échappe de nouveau aux sollicitations importunes qu'en bondissant comme un jeune chamois de bloc en bloc et en entraînant avec soi ses insatiables acolytes.

A terre, on se croit débarrassé de tous les fâcheux.

Pas encore!...

Une infinité de Bédouins qui, de loin, ont vu s'opérer la descente sur la face opposée de la Pyramide, accourent avec des chameaux et des ânes. Ils entourent les voyageurs et leur offrent leurs montures pour revenir à l'entrée de la Pyramide. Généralement, ils se heurtent à un refus. La plupart de ceux qui descendent de la plate-forme préfèrent marcher pour se dégourdir les jambes. La troupe des Bédouins marche avec eux, n'interrompt jamais la longue litanie des offres et des propositions. L'un barre le passage avec sa bête et essaie de discuter. Un autre harcèle les touristes. Celui-ci les saisit par le bras, celui-là les tire par leur vêtement. D'autres, naturellement, réclament bagchich.

Je me suis amusé un jour à compter le nombre d'indigènes et de bêtes suivant comme une smala trois ou quatre touristes. Il y avait vingt-huit hommes, six chameaux et huit ânes. C'était plus qu'une caravane, c'était un exode.

On cesse d'être leur proie en entrant dans la Pyramide.

On accède à l'intérieur de la masse de pierre par une ouverture étroite et un long boyau en pente. Le plafond est si bas qu'il faut se courber sans cesse, se mettre à genoux par endroits. Un bloc de granit obstrue bientôt le passage. Il faut se coucher à plat ventre et passer dessous. L'opération est rude. De là, une galerie montante, plus spacieuse, mais aussi dangereuse, aboutit à une chambre centrale, la chambre du roi, celle où dans un sarcophage de granit et d'albâtre reposait la momie du pharaon Chéops. Le sarcophage est toujours à sa place, mais vide. Le roi ne dort plus au sein de cette Pyramide qu'il avait crue impénétrable et inviolable.

La chaleur est étouffante dans cette chambre sépulcrale. Il semble que l'on a sur les épaules le poids de ces milliers de blocs superposés sur le plafond. Les fronts ruissellent. L'air est rare. La poussière qui vole entre les parois hâte l'asphyxie. Un Bédouin avec une bougie et un fil d'aluminium produit une lumière intense qui éblouit. Bientôt, le souffle manque. On fuit éperdu dans le vestibule de pierre, on passe sous le bloc de granit, on remonte le boyau. Une bouffée d'air pur rafraîchit, rend à la vie. On sort de ce trou, noirci, sali, déchiré, malade. C'est épouvantable. Les vingt-huit hommes, les six chameaux et les huit ânes n'ont pas bougé. Ils sont toujours là, impassibles, devant l'entrée. L'assaut recommence. On a presque envie de rentrer dans ce boyau, de subir un nouvel étouffement. Tout, plutôt que ces importuns !...

Il vaut mieux se soumettre, enfourcher un âne ou un chameau, et aller au Sphinx.

⁎

Le Sphinx, corps de lion à tête humaine, est enfoui dans le sable. Le visage seul est visible. Encore faut-il chaque année faire des travaux de déblaiement assez considérables, le désert, sous la violence des khamsins, jetant ses tourbillons de sable sur ce monument qui serait le plus ancien de ceux que nous ont légués les Pharaons. Son existence serait antérieure à celle de Chéops ; il aurait été consacré à la gloire d'un dieu solaire. La face a été meurtrie ; le nez et les joues sont mutilés. Néanmoins, l'expression du visage est toujours belle.

Le Sphinx doit être contemplé par un clair de lune.

Sa face, devenue blanche et pâle, semble énigmatique et comme voilée à la façon de ces princesses turques qui se cachent le visage derrière un fin tissu transparent de mousseline blanche. Les meurtrissures disparaissent. Le bruit qui se fait autour de lui le laisse impassible. Les clameurs des touristes, de leurs guides, de leurs bêtes, ne le troublent pas. Il a vu des tempêtes plus fortes, des calamités plus terribles, depuis le siècle qui l'a vu naître. Il ne connaît qu'un ennemi, qu'un vainqueur : le sable. Là, l'homme vient à son secours, repousse le désert envahisseur. Il inspire une crainte indéfinissable, angoissante, tant son masque reste indéchiffrable, tant il semble garder dans sa carcasse de pierre de choses ignorées et terribles. On reste stupide devant lui. Dans ses yeux pourtant sans expression, on devine un regard inquisiteur ; dans ce regard imaginaire, on voit plus de cinquante siècles écoulés. De cette contemplation, l'histoire apparaît comme la grande science, trésor inépuisable de faits et de légendes. L'imagination se met en mouvement, découvre des temps inconnus, des âges lointains, des multitudes mystérieuses. Cette face éclairée par la lune est inoubliable. On sent qu'elle revivra dans les souvenirs des années les plus lointaines, qu'elle est gravée à jamais dans la mémoire. Le problème de l'antiquité est une énigme dont la solution semble n'être connue que de ce témoin, muet à tout jamais...

*
* *

L'heure de la féerie suit celle qui voit le soleil disparaître derrière l'horizon de sable. Les trois masses de granit deviennent prodigieusement énormes. Elles se détachent alors très noires sur un fond pourpre. Il se produit un phénomène d'incendie lointain se développant autour des colosses de plus en plus sombres. Un tel spectacle épouvantait jadis les peuples envahisseurs qui le voyaient pour la première fois. Il confond encore notre admiration. Il impose, malgré ce qu'a pu dire un voyageur sceptique, un enthousiasme juste pour l'œuvre de la nature.

IV

LE CHARMEUR DE SERPENTS

La verge d'Aaron. — Les psylles. — Maxime du Camp et Geoffroy Saint-Hilaire. — La chasse aux reptiles. — Un charmeur. — L'incantation. — Fascination réelle ou supercherie.

Ceux que la transformation de la verge d'Aaron en serpent, racontée dans un passage de la Bible, a frappés d'étonnement, peuvent voir se renouveler le même miracle tous les jours dans les rues du Caire. Devant les hôtels ou devant les cafés, des hommes se promènent, portant sous leurs bras des corbeilles remplies de reptiles empilés les uns sur les autres. Ce sont des charmeurs de serpents, des psylles.

D'un brusque mouvement ils saississent la bête par la tête, compriment celle-ci entre leur pouce et leur index, plongent ainsi le serpent dans un état de rigidité et d'immobilité parfaites qui le font ressembler à une tige de fer ou à une baguette de bois. Pour le faire sortir de sa catalepsie, ils le prennent par la queue, l'agitent au-dessus du sol ou le jettent par terre. Le serpent retrouve ses sens, perd cette raideur qui peut réellement faire supposer à des gens simples ou non prévenus qu'il n'était qu'une verge entre les mains du charmeur. Ces animaux sont d'ailleurs inoffensifs, leurs crochets venimeux ayant été soigneusement arrachés par ceux qui les élèvent et qui vivent de ce charlatanisme curieux, qui était en honneur chez certains peuples.

Il m'a été donné d'assister à un spectacle que je qualifierais d'étrange et d'intéressant si je ne craignais d'avoir été, comme plusieurs me l'ont affirmé, victime d'une supercherie. En tout cas, s'il y eut escamotage, il fut bien fait. D'autres que moi s'y sont laissé prendre. Maxime du Camp et Geoffroy Saint-Hilaire, qui ont vu identiquement la même scène, la croient dénuée de toute préparation, ont foi dans la sincérité du talent et de l'habileté du charmeur qu'ils ont vu à l'œuvre. Jusqu'à preuve positive du contraire, je persiste dans ce que je crois être la vérité, je reste étonné devant la merveilleuse adresse de ces psylles et devant la fascination qu'ils exercent sur les reptiles enfouis dans quelque coin obscur d'une habitation ou d'un jardin.

Certaines maisons servent quelquefois de refuge à des serpents. On en a fréquemment trouvé dans les sous-sols humides, parfois même sur le bord des fenêtres. Le meilleur moyen de se débarrasser de ces hôtes dangereux est de faire venir un charmeur et de lui confier le soin d'attirer par ses chants ou ses imprécations les reptiles égarés. J'ai été témoin de l'une de ces chasses.

L'homme, un grand diable à la peau brûlée par le soleil, n'avait d'étrange dans sa personne qu'une seule chose : ses yeux. Ils étaient très grands, très expressifs, sortaient presque des orbites, avaient un réel pouvoir magnétique. Il marchait pieds nus, n'avait sur le corps qu'une large galabieh bleue dont il s'enveloppait les jambes et les épaules. Un indigène ayant insinué qu'il tenait des serpents cachés sous son vêtement et enroulés à sa ceinture, l'homme, d'un mouvement vif, avait rejeté loin de lui sa galabieh et était apparu complètement nu, n'ayant pas plus de reptiles sur la peau que dans la main.

La recherche avait commencé par une inspection rapide des chambres de l'office et des caves. L'homme tout en marchant poussait des sifflements prolongés. Soudain, devant une porte basse, il s'était arrêté, avait étendu son bras vers le mur blanchi à la chaux dans laquelle elle était pratiquée et par quelques gestes significatifs nous avait fait comprendre que la bête était là. Alors, s'étant accroupi sur ses jambes au milieu de la pièce, les yeux fixés sur la paroi, il s'était mis à siffler doucement d'une façon continue, imitant le sifflement du reptile. Puis, s'étant redressé brusquement, il avait arpenté la chambre, poussant des cris, parlant sur un ton impérieux et dur à l'animal caché, saccadant ses phrases, vociférant des paroles cabalistiques. L'incantation terminée, il avait passé son bras à travers l'ouverture et grattant du doigt le plâtre surmontant la porte de l'autre côté, il avait amené, avec des précautions infinies, un serpent que, saisissant par le milieu du corps, il avait d'un coup sec jeté sur le sol. Un chien qui se trouvait là s'enfuit à la seule vue du reptile en poussant des aboiements craintifs. Comme le serpent se mouvait par terre et rampait avec rapidité vers les assistants en se tordant en spirales, le charmeur, avec une adresse rare, avait posé son pouce sur la tête, l'avait pressée entre ses deux doigts et, prenant la queue de l'autre main, avait par une morsure brusque broyé une partie du corps entre ses dents et séparé la tête du reste de l'animal.

J'étais stupéfait, je l'avoue. La scène n'avait pas duré cinq minutes. De trucs de prestidigitateur il ne pouvait être question. L'homme n'avait pas de reptiles sur lui.

Une poursuite identique recommença dans le jardin, près d'une grille cachée par du lierre et de la vigne sauvage. L'homme s'assit sur le gazon, siffla de même, fit la même incantation et extirpa du fouillis de verdure un énorme serpent qu'il enferma aussitôt dans son sac de cuir. Cette fois, il avait opéré au grand jour, en plein air, sous les regards inquisiteurs de spectateurs inquiets, tourmentés par le doute en présence de l'indéniable réalité de cette chasse fascinatrice aux reptiles.

Le charmeur en attira trois encore, reçut les quelques piastres qui lui étaient dues, les jeta au fond de son sac avec les serpents qu'il avait attrapés et s'en alla.

On m'a assuré plus tard que nous avions été le jouet d'une comédie, que les serpents avaient été préalablement placés aux endroits voulus par le charmeur lui-même. Je ne sais. Cette supposition même n'impliquerait pas que l'homme fût dénué de toute espèce de pouvoir sur les reptiles, car il n'en reste pas moins vrai que ceux-ci se sont glissés le long des murs à sa voix, ont été attirés par ses appels impératifs, puis fascinés par lui.

L'habitude que ces psylles ont de cracher dans la bouche du serpent, tout en prononçant leurs imprécations, pour l'immobiliser, est, je crois, une comédie qui ne sert qu'à frapper l'imagination du spectateur et à détourner ses yeux de la pression de la tête par leurs deux doigts. La scène est curieuse, vraie ou fausse. Qu'il y ait magie, ruse ou adresse, elle mérite d'être vue. Elle n'est désagréable que pour le maître de maison que la vue de tant de reptiles rampant sur ses murs n'a pas lieu de réjouir.

V

UN MARIAGE PRINCIER

L'évocation des *Mille et une nuits*. — Comment la fête devrait être. — L'imagination européenne. — Le rôle de la fable en Orient. — Le respect des traditions. — Comment la fête est. — Le palais du khédive. — Les jardins de Koubbeh. — Lampions, tentes et chanteurs arabes. — Les mœurs d'Orient. — La séparation des sexes. — Réception des hommes. — Réception des femmes. — Les appartements nuptiaux. — Le cortège féminin. — La chasse aux sequins. — Les soupers en plein air. — La reconstitution des couples. — Le départ. — Mélancolie. — Une fantaisie de khalife.

« Par ordre de Son Altesse la Khédivah mère, le grand-maître des cérémonies du khédive a l'honneur de prier M. M... de vouloir bien assister à la soirée qui sera donnée au palais de Koubbeh, mercredi 8 janvier 1896, à dix heures du soir, à l'occasion du mariage de S. A. la princesse Nimat Allah Hanem, sœur de S. A. le Khédive, avec S. A. le prince Mohamed Gamil pacha Toussoun. »

**

J'imagine cette fête par l'une de ces soirées délicieuses du printemps égyptien où la chaleur torride n'a pas encore fait fuir cette douceur d'atmosphère qui fait le charme des pays toujours ensoleillés, où, dans un ciel sombre, mais pur malgré sa noirceur, les étoiles, plus grandes et plus brillantes que nos malheureuses petites étoiles d'Europe, évoquent des souvenirs miraculeux, remémorent les légendes anciennes où il est tant parlé d'elles, où l'air très doux, encore tiède de son contact avec les sables surchauffés du désert, n'a pas besoin des parfums de plantes rares ou des soupirs d'oiseaux endormis pour répandre une exquise griserie dans les âmes ; j'imagine un peu plus de modernité se mêlant à ces curieuses traditions des cérémonies arabes, une plus grande pénétration de notre esprit civilisé ennemi des séparations entre les sexes, qui peuvent porter un certain cachet d'originalité, mais qui entraînent une mélancolie instinctive, créatrice de l'ennui, amoindrissant l'effet du spectacle charmeur qu'offrent ces fêtes khédiviales...

J'imagine tout cela et je dis que, dans ce cadre merveilleux d'un jardin royal, avec ses bosquets côtoyant des allées, droites ou tortueuses, indéfiniment illuminées par des milliers de petits lampions bleus, blancs, verts, rouges, qui scintillent dans l'ombre comme des astres terrestres, avec ses pelouses vertes d'où s'entendent des mélopées étranges échappées des lèvres de chanteurs arabes cachés sous des tentes bariolées, qu'accompagnent fébrilement des cistres, des guitares et des tambourins, on ne pourrait rien rêver de plus féeriquement enchanteur que cette fête nuptiale, unissant un prince avec une princesse, dont le récit évoquerait alors un récit mystérieux de conteur oriental, dont la description rappellerait une de ces descriptions éparses au livre des *Mille et une nuits*...

L'imagination européenne surexcitée par le souve-

de tout ce qu'a su produire l'imagination orientale éprouve malheureusement une désillusion.

Elle doit descendre des hauteurs du rêve qu'elle avait formé et s'abîmer dans la triste réalité d'une fête qui, donnée sur les rives du Nil, n'est pas encore semblable à celles qui se déroulent sur les bords de la Seine ou de la Tamise, mais n'est plus pareille à celles dont les paroles des vieux conteurs nous ont transmis les splendeurs à travers les siècles. L'amour de la fantaisie, du décor, du luxe, de l'irréel et du fabuleux qui régna longtemps sur ces terres d'Orient paraît avoir disparu, sinon complètement, du moins dans la partie qui avait toujours eu le don de frapper nos esprits, celle de l'enchantement des yeux et des âmes.

Le regret est d'autant plus cuisant que l'on a la sensation très nette que ces récits d'autrefois ne sont pas une fable vaine due à l'imagination d'un artiste, que ce qui fut jadis pourrait être aujourd'hui à cause de l'immuabilité des choses de la nature qui furent toujours l'auxiliaire le plus précieux de ces fantaisies de khalife.

Ceux qui ont la garde du passé et des antiques traditions, qui assument la charge de les faire revivre si une renaissance paraît devoir séduire quelques esprits, peuvent se dire que l'effort à faire est très faible, qu'une impulsion légère est seule nécessaire.

La part de l'homme, dans cette résurrection d'une époque charmeuse, n'est pas considérable.

Ce seul fait que, l'an dernier, dans le même palais et à un même mariage, Son Altesse le khédive s'était abstenue de paraître officiellement, préférant se mêler dans les jardins à la foule des invités comme un simple curieux et se rendant compte, sous le couvert de l'incognito, de l'allure générale de la fête, **avait suffi** pour éveiller l'imagination endormie de quelques fervents d'un autre âge, avait ajouté une saveur particulière aux attractions de la soirée, avait évoqué pour quelques-uns ces nuits mystérieuses où un grand khalife déguisé parcourait avec son grand vizir les rues de sa capitale ou les jardins de ses sujets.

La fable jouera toujours un grand rôle dans ces pays, parce que le ciel est un ciel fabuleux, parce que toutes les choses prennent à certaines heures des proportions fabuleuses. La conservation des cérémonies, des usages et des coutumes qui furent en honneur chez les ancêtres est aussi intéressante et aussi respectable que celle des vieux monuments historiques.

L'Égypte garde religieusement ceux-là ; qu'elle pense un peu aux autres !

La célébration d'un mariage princier, faite avec la vision des légendes arabes, plairait à tous ceux qui ont le goût de tout ce qui fut, l'amour de ce qui a pu être, la religion de ce qui entraîne à la rêverie qui berce.

*
* *

J'ai dit ce qu'une telle fête pourrait être. Il me reste à dire ce qu'elle a été.

Le palais de Koubbeh, où résident le khédive, la khédivah-mère et la jeune khédivah, est dans la campagne à quelques kilomètres du Caire. C'est une grande bâtisse présentant comme tous les palais égyptiens un aspect extérieur plutôt laid et désagréable, mais réservant aux visiteurs la surprise de salons somptueux, de couloirs décorés avec luxe, d'appartements riches par la profusion des tapis et des grandes plantes aux larges feuilles dentelées qui, dans des coins moelleux, malgré les tentures et les bibelots, donnent l'impression d'un refuge de verdure égaré dans la maison.

Le palais en lui-même n'est rien.

Les jardins qui l'entourent, l'horizon qui les borne, le ciel qui les domine sont tout.

La végétation n'est pas luxuriante. Sur cette terre brûlée par le soleil, les arbres n'ont pas ce feuillage épais de nos arbres d'Europe, les branches ne sont pas garnies, les feuilles n'ont ni la fraîcheur ni l'humidité qui leur donnent cette teinte verte aimée des peintres. Les sycomores et les acacias s'allongent indéfiniment vers le ciel avec leurs grands troncs tordus et noueux, leurs branchages nus, leurs rares feuilles sèches et poussiéreuses.

L'herbe est inconnue. Les pelouses n'existent pas. Les arbustes, les plantes et les fleurs ont l'air de sortir d'une terre qui ignore la douceur de la mousse, du gazon, de l'herbe folle, de la fleur des champs. L'aridité se fait jour incessamment à côté de la verdure.

Néanmoins, les fleurs sont belles, leurs parfums embaument l'atmosphère, les plantes plaisent par leur étrangeté, les arbres n'ont rien qui soit désagréable à la vue, les bosquets ont un charme original, toute cette végétation qui pousse près du sable et sous la poussière est une végétation qui apparaît comme superbe, parce qu'elle s'harmonise avec les choses qui sont autour d'elle, parce qu'elle est la végétation nécessaire de ce soleil ardent, de ce ciel très haut et très pur, de ce sol brûlé, de cet horizon de feu, de ces étendues de désert vues au loin.

Les jardins de Koubbeh, merveilleusement entretenus, sont dans la plaine qui s'étend sur la rive droite du grand fleuve égyptien, non loin du lieu où, se séparant en deux branches, il coule vers la mer en formant le Delta. Les collines de sable des chaînes libyque et arabique bornent l'horizon. Les pyramides de Gizeh se profilent à l'ouest, grandies par la distance, bien campées sur la lisière du désert. La ville du Caire, adossée contre le Mokattam, apparaît dans le lointain avec sa citadelle et sa grande mosquée de Méhémet-Ali aux minarets dressés comme de longues aigrettes.

Quel décor pour une fête que ce cercle de sable doucement éclairé par une lune très pâle, avec ces étranges monuments de pierre aux aspects fantastiques dès qu'une lumière nocturne les fait vaguement se dessiner dans l'obscurité d'une nuit d'Orient !

Une fête arabe comporte essentiellement une multitude de lampions de toutes couleurs disséminés dans les arbres, dans les bosquets ou sur des échafaudages spéciaux, un certain nombre de tentes larges et spacieuses faites à l'aide de grandes toiles aux dessins variés et multicolores formés par des losanges, des carrés ou des cercles d'andrinople cousus les uns au milieu des autres, des groupes de chanteurs assis en rond au fond de ces tentes, n'interrompant jamais la suite interminable de leurs étranges mélopées.

Sans chanteurs, sans tentes et sans lampions, la fête perdrait son cachet d'originalité orientale.

Les jardins de Koubbeh sont donc brillamment illuminés. Des points les plus obscurs jaillissent des lumières vertes, jaunes, rouges, blanches, qui paraissent autant de vers luisants perdus dans la nuit sombre. Les allées se dessinent dans l'obscurité à l'aide de ces faibles lueurs multicolores.

Parfois une grande clarté surgit, des gémissements se font entendre comme venant de très loin. C'est, au milieu d'un groupe de palmiers, une de ces tentes aux dessins bizarres où, paresseusement étendus sur des coussins, des conteurs aux yeux hagards, à la mine inspirée, au corps soumis à un machinal balancement, psalmodient une légende ou des versets du Koran sur un rythme plaintif et lent.

*
* *

L'étranger qui pénètre dans ces jardins par la grande avenue, subit d'abord le charme de l'impression première due à la nouveauté du spectacle, aux souvenirs qu'il évoque en lui, à l'attrait des merveilles pressenties. Le charme s'attiédit singulièrement quand il s'aperçoit que la fête entrevue dans une lueur soudaine d'imagination n'est qu'un rêve, que celle qui va être la réalité ne diffère que très peu d'une fête moderne européenne.

Les invités arrivent soit en voiture, soit par un train spécial mis à leur disposition à la gare du Caire.

Devant le grand escalier du palais s'effectue la séparation des sexes. Les mœurs d'Orient ne permettent pas aux hommes d'aller plus loin.

Les dames seules gravissent les marches qui conduisent aux salons de la vice-reine, la khédivah-mère, veuve du khédive Tewfik, qui reçoit là les invitées, assistée de la jeune khédivah et de la nouvelle épousée. La présentation de la jeune princesse, la visite des appartements nuptiaux, l'exposition des cadeaux, la distribution par poignées des sequins d'or, les quelques coutumes anciennes conservées, tout ce qui constitue la partie intéressante de la soirée est réservée aux dames. La porte des harems ne se referme que sur les toilettes éblouissantes. Aucun œil masculin ne pourra errer sur les détails de la cérémonie.

Ce qui se passe au sommet de ce grand escalier resterait même un mystère pour ceux qu'une inflexible loi tient à distance, s'il n'y avait pas quelques-unes des aimables privilégiées fort heureuses de conter le lendemain ce qui ne fut vu que d'un petit nombre.

Les hommes sont reçus dans une autre aile du palais par le prince Méhémet-Ali, frère du khédive, et le fiancé.

Ce qu'ils voient, rien. Ce qu'ils font, pas grand'chose.

Ils causent entre eux, fument ou restent assis mélancoliquement dans des fauteuils moelleux. Cinq ou six salons s'alignent devant eux en enfilade. Ils ont la faculté de se promener, de former des groupes, de voir un certain nombre de visages connus ou inconnus, de passer d'un salon dans un autre, d'un divan sur un canapé, d'un canapé sur des coussins. Les uns bavardent, les autres rêvent. C'est un va-et-vient incessant d'habits noirs rendus plus noirs et plus tristes par l'absence de robes claires, de visages souriants.

L'uniformité du sexe n'a rien d'attrayant.

La fumée bleuâtre des cigarettes égyptiennes monte en spirales autour des lustres. Ceux que la politique ou les événements du jour n'entraînent pas dans une discussion laissent leur pensée errer comme elle et se porter par instants vers les salons de la khédivah où le froufrou des mousselines et des soies se mêle au chuchotement des lèvres.

Là, l'aspect est plus riant, plus gai.

Les toilettes jettent une note joyeuse dans le resplendissement des lumières. Les conversations s'engagent comme du côté masculin, mais sont heureusement interrompues par une promenade cérémonieuse à travers les appartements khédiviaux et ceux des jeunes époux.

Précédées d'esclaves et d'eunuques portant des candélabres et des lampadaires, la khédivah et ses invitées font le tour des salons, pénètrent dans les chambres privées, dans celle du nouveau couple, contemplent les cadeaux qui ont été offerts, les toilettes qui seront portées par l'épouse, le linge fin même qui servira à l'époux. Tout, jusqu'à la couche nuptiale, est visité avec soin par le cortège féminin.

Au retour, dans le salon de réception, la khédivah, selon une ancienne coutume, puisant à pleines mains dans un sac tenu par une esclave, jette au loin autour d'elle par poignées dans l'assistance des petites pièces d'or frappées à l'effigie du sultan. La course aux sequins est le moment joyeux de la soirée. Dames et jeunes filles, ministresses ou plus humbles mortelles, se précipitent sur le tapis, mettant le pied ou la main sur la pièce qui tombe, courant après le sequin qui roule, bousculant la voisine plus agile ou plus âpre à la lutte, car ce sera plus tard comme un titre de gloire que d'avoir en sa possession plus de pièces d'or que n'en eurent les amies.

Ces sequins deviennent des fétiches. Ces fétiches deviennent des breloques de montre ou de bracelet. Longtemps après, la piécette d'or nuptiale rappellera aux invitées le mariage de la princesse.

Le dernier acte de la fête se passe, pour elles comme pour nous, dans les jardins du palais. Des tables de soupers sont dressées dans les grandes tentes aux dessins multiples.

Mais là encore, l'inflexible loi de la séparation des sexes s'accomplit. Ici les uns, là-bas les autres. Les maîtres de cérémonies et les esclaves de la vice-reine conduisent les invités sous les palmiers et les sycomores, les dames d'un côté du palais, les hommes du côté opposé. Le spectacle magique du grand ciel étoilé et de l'horizon de sable doucement éclairé est seul commun aux couples séparés par une coutume religieusement maintenue.

L'époque était malheureusement mauvaise.

Les nuits de janvier sont fraîches au Caire. Le ciel peut être d'une pureté merveilleuse, l'air peut être relativement doux, grâce à la chaleur du jour quelque peu conservée ; il n'en est pas moins impossible d'errer à l'aventure dans les allées d'un parc. Des frissons surviendraient rapidement. Puis, à quoi bon rêver près des grands arbres sous les étoiles lointaines, quand aucune forme féminine ne se glisse à travers les feuilles et les sentiers, quand aucune inconnue ne trouble et ne charme le cœur pendant ces heures de nuits !...

Ces soupers sont identiques à tous les soupers de fêtes ou de bals.

Ceux que des vêtements chauds rendent capables d'affronter une rêverie en plein air se promènent mélancoliquement, écoutant quelque orchestre jouant au loin ou quelque sérénade de chanteurs arabes. Leur curiosité va jusqu'à pénétrer dans quelque tente écartée où s'agitent des tambourins et des cistres. L'ennui et la fraîcheur les ramènent bien vite dans les grandes tentes où, autour des boissons chaudes, s'empressent les hommes tristement délaissés.

A minuit le départ a lieu par voitures ou par train spécial.

Là commencent alors des scènes curieuses, celles de la reconstitution des couples. L'anxiété des époux attendant leurs épouses et fouillant avec des yeux inquiets dans le flot des visages enfouis sous des fourrures ou des dentelles qui apparaissent sur les marches du grand escalier est la chose la plus originale de la soirée.

Les reconnaissances sont plus difficiles que les séparations. Il y a de tout, dans ces attentes parfois longues, même des méprises. Il y a surtout des impatiences. Hommes et femmes se cherchent dans ce tourbillon de gens qui retournent vers la ville déjà endormie.

Peu à peu, les couples se retrouvent, les familles se complètent. Le train siffle, les chevaux sont fouettés. Les invités disparaissent, les unes agitant joyeusement une poignée de sequins d'or, les autres songeant au bonheur du retour. Les petits lampions bleus, blancs, verts, s'éteignent un à un. Koubbeh rentre dans l'obscurité, dans le grand silence de la campagne calme...

**

Moi, je rêvais ce soir-là à ce qui eût pu être fait, à ce qui serait si la nuit écoulée était une nuit d'avril, si la légende renaissait sur cette terre non encore trop modernisée, si le souverain avait un jour une fantaisie de khalife.

Je vois les jardins de Koubbeh plus illuminés encore, resplendissant dans une nuit sereine par des milliers de lampions répandus à profusion jusque sur les moindres branches, avec cependant de nombreux coins obscurs d'où sortiraient, comme par magie, les sons les plus doux ou les plus étranges d'instruments maniés par des conteurs célèbres. Je vois le palais déversant toute la nuit dans les allées parfumées par les fleurs et les plantes des flots d'êtres humains disparaissant par groupes au hasard du chemin rencontré, se glissant le long des bosquets au milieu des pâles lumières.

Je vois des esclaves noirs debout sur des marches, puisant dans des vases des poignées de pièces d'or, les lançant sans arrêt sur cette foule qui va, vient, passe et disparaît. Je vois les costumes les plus variés se mêler dans ce tourbillon, habits noirs, stamboulines, robes d'ulémas ou de cheiks, manteaux de derviches, tarbouchs rouges, tarbouchs noirs, turbans verts, blancs... toilettes roses, bleues, jaunes, encadrant des visages joyeusement découverts ou pieusement voilés d'une gaze légère.

Je vois, après la femme européenne, passer près des lumières, dans son charme d'être mystérieux et destiné à rester inconnu, la femme musulmane ou copte, aux yeux seuls visibles, fuyant comme un fantôme voilé, comme une ombre insaisissable, mais cependant entrevue. Je vois ces jardins envahis par des rêveurs, par des gens grisés à cette résurrection d'un autre âge. J'entends les musiques berceuses et les chants langoureux qui pourraient s'échapper à travers l'air divinement doux.

Je songe aux délices d'une soirée pareille s'écoulant dans l'enchantement du passé remémoré, dans l'émerveillement subi au spectacle de tout ce que la nature ou la main de l'homme a créé aux environs de ce palais. J'envie les heures qui pourraient être vécues... Je les envie, hélas ! sans espérance de les vivre.

VI

LE COUVENT DES BECTASCHITES

La vie de Bectasch. — Gens de couvent. — La Thébaïde. — Derrière la citadelle. — Un chaos. — Sur les flancs du Mokattam. — Le tombeau du Cheik. — Les moines. — Saint-Spiridion. — Les trois prophètes. — Un thé dans une caverne. — Violettes du désert. — La légende de la colombe. — Le pavillon rose. — La plaine du Nil. — Le cataclysme final.

S'il est, de par le monde, un nombre fort considérable de sectes religieuses rattachées aux diverses croyances chrétienne, juive, musulmane, hindoue, etc., il n'en est certes pas qui égale en curiosité et en originalité la secte des Bectaschites, ainsi nommée de son fondateur Bectasch qui vécut un peu partout suivant la légende, en Perse, en Égypte, en Albanie, en Turquie et dans d'autres provinces de l'empire ottoman. La vie de ce Bectasch n'est pas du domaine de l'histoire ; elle est de celui de l'énigme, du mystère ; elle appartient même au domaine miraculeux, fantastique.

On croit qu'il vécut au douzième siècle, qu'il vint de Perse, qu'il prophétisa surtout en Albanie et qu'il mourut en Égypte, laissant des adeptes sur toutes les terres qu'il avait parcourues. Le fond même de sa doctrine est puisé dans le Koran. Les Bectaschites ne sont pas autre chose que des musulmans, mais ils ont apporté depuis le siècle de leur fondation tant de changements dans les préceptes de Mahomet, ils ont pratiqué une telle indépendance, ils ont modifié leurs idées avec un tel libéralisme et se sont inspirés des croyances d'autrui en introduisant des variations telles dans la religion primitive qu'il ne leur reste plus des recommandations du prophète de la Mecque qu'un souvenir lointain et vague.

Pour ne pas commettre une erreur en les désignant, il est préférable de les considérer, non pas même comme des musulmans dégénérés, mais simplement comme des Bectaschites, fidèles observateurs de la loi du cheik Bectasch.

Les Bectaschites sont uniquement gens de couvent. Ils sont tous moines, vivent tous en commun. Il n'y a pas de Bectaschites répandus dans les campagnes ou dans les villages. Ceux qui se conforment aux observations du premier grand cheik de la secte vivent dans la retraite, dans la solitude, s'adonnent à la rêverie, à la méditation loin de la foule. L'Albanie regorge de ces couvents; l'Égypte en a quelques-uns dont le principal est aux portes du Caire, adossé aux flancs du Mokattam, la hauteur sablonneuse qui se dresse derrière la ville et qui forme le commencement de la chaîne arabique.

Le couvent du Caire est le plus important de tous. Il est même le couvent bectaschite sacré par excellence, car il possède le tombeau du fondateur de la secte, la pierre sainte dans laquelle sont conservés, suivant la légende, les restes du grand Bectasch.

Ceux qui ont parfois évoqué avec envie les jours heureux que coulaient dans une vie calme les moines de la

Thébaïde et qui ont regretté de n'avoir pas connu cette époque de ferveur religieuse mêlée à la contemplation des choses de la nature, pourraient revivre ces temps disparus, connaître l'existence de ces religieux d'un autre âge qui surent préférer à la turbulence des villes la tranquillité sereine des paysages grandioses illuminés par un soleil magique.

Le couvent persan, comme on appelle quelquefois ici le couvent bectaschite, s'élève dans un site voisin de la Thébaïde, ayant comme elle, dans les limites de son horizon, le Nil argenté, encadré dans des palmiers verts, le désert au sable changeant de teinte suivant l'heure, le ciel toujours bleu, les étoiles toujours miroitantes. Je ne sais pas de retraite plus sûre, plus douce, de séjour plus consolateur contre les misères humaines, plus propres à l'oubli des désenchantements, que ce couvent bâti par des sectateurs de Bectasch, habité par d'autres, dressé au-dessus de la plaine sur un escarpement de sable.

La vie monacale, ainsi vécue, a un charme que n'offrent pas les couvents chrétiens d'Europe. Elle est à la fois plus gaie et plus méditative. Elle fait une plus large part aux spectacles de la nature. Elle permet aux yeux d'adoucir les peines de l'âme, de chercher une consolation dans les effets que sait tirer d'un pays aride le grand soleil d'Afrique, de trouver des variétés infinies de rêveries parmi les choses qu'une contemplation calme laisse voir comme à travers un voile enchanté.

Le Bectaschite qui a renoncé au monde peut être dit un homme heureux. Il ne se soucie plus des joies et des calamités qui rôdent autour de l'homme. Il a résolu ce problème de pouvoir s'absorber dans ses pensées, tout en respirant un air pur et libre, sans rien perdre de cette jouissance du grand espace qui est inséparable du bonheur, qu'il soit monacal ou mondain.

⁂

Le Caire, comme une sultane paresseuse, est couché dans la plaine devant les premières hauteurs des monts arabiques. La ville n'est séparée du Mokattam que par sa citadelle, qui met entre la colline et elle une barrière de remparts dominés par les deux minarets de la mosquée de Méhémet-Ali.

Cette citadelle couvre une surface énorme.

Les mamelucks, en l'édifiant, faisaient aux portes de la cité comme une cité nouvelle, plus barricadée, plus propre, avec ses murs, sa triple enceinte et ses tourelles, à les protéger contre l'envahisseur du sud ou du nord. Vue du couvent persan, la citadelle apparaît comme une gigantesque masse noire, masquant le ciel, l'horizon et la ville étendue à ses pieds. Les innombrables clochetons des mosquées qui émergent au-dessus des toits ne sont même plus visibles. Le couvent a des milliers de blocs de pierre qui le séparent de la foule, du mouvement, qui anéantissent pour lui la vie de quatre cent mille êtres humains, qui lui permettent d'ignorer que toute une populace s'agite à sa droite tout près de lui, qui lui assurent le calme de la lointaine solitude.

Les moines bectaschites ont sur le Mokattam l'illusion d'une retraite perdue en terre déserte ignorant le bruit et le trouble. Pour parvenir jusqu'à eux, il faut parcourir les dédales de cette citadelle, pénétrer dans les cours intérieures successives, passer sous les portes de pierre, dans les chemins de ronde et sous les voûtes des murs d'enceinte, sortir enfin du côté du désert par une brèche taillée dans le dernier rempart sur lequel se promène tristement une sentinelle anglaise, seul être vivant se mouvant sur ces ruines.

Au bout de ce labyrinthe, le sable apparaît. L'espace devient infini. C'est l'étendue déserte à perte de vue, coupée seulement par quelques coins de verdure ou par les méandres du Nil.

Le décor est étrange.

Le Mokattam, rocailleux, aride, crevassé, uniformément jaune, borne l'horizon sur la gauche. Une pente poussiéreuse dévale de la citadelle jusqu'au pied. Les premières roches de la colline ont cédé jadis sous une pression inconnue. Un énorme éboulement s'est produit qui a projeté au hasard dans le vide des blocs de sable durci qui sont restés là où le sort les a arrêtés. Ils reposent maintenant sur du sable mouvant, épars, prêts à rouler ailleurs, effrayants d'instabilité, les uns dressés sur les autres, comme apportés par des Titans en vue d'un escalier géant. Il en est un, terrible, qui se profile très haut sur le ciel bleu, posé obliquement sur un autre destiné à glisser un jour sous une forte impulsion. De verdure, point. Du sable, rien que du sable. Le lieu est sauvage. On se croirait dans quelque chaos, comme celui de Gavarnie, dans quelque endroit sinistre où l'on a le pressentiment de l'au-delà. Dans la journée, le soleil, qui darde ses rayons sur la plaine et sur la colline, brûle le sable, le rougit, rend le site plus aride, plus desséché encore.

Comme une petite oasis dans la solitude, le couvent persan surgit derrière ces roches éboulées, appuyé contre le Mokattam, rompant la monotonie de ce décor désespérément et uniformément jaune avec sa façade peinte en bleu, de ce bleu très clair dont on fait les ciels purs dans les tableaux, et son jardinet planté d'arbustes et de palmiers dont les palmes s'allongent jusque sur la toiture, frôlant presque les flancs de la montagne.

L'œil est attiré invinciblement vers ce refuge à l'aspect enchanteur qui donne seul une impression de fraîcheur et de douceur reposante dans cette sécheresse générale.

Un petit pavillon, peint en rose, apparaît devant la façade bleue, au milieu des plantes, avec trois fenêtres donnant sur la plaine.

Par un ciel très pur, ce spectacle a quelque chose de saisissant. Une vieille mosquée en ruine dont le minaret délabré se détache seul à l'horizon est là, sur le sommet de la colline. Par-ci, par-là, quelques trous de sépulture se dessinent en noir sur la pente de la montagne où errent des formes humaines aux longues robes bleues, très indécises, à peine reconnaissables parmi les roches. De grands vols d'éperviers planent sur cette solitude, à des altitudes très élevées, tachant le ciel bleu de points noirs. Parfois, une brise légère soulève le sable, voile le décor d'un nuage transparent de poussière qui le rend plus vague, plus confus, mais ne diminue pas le charme que l'on éprouve devant ce couvent bleu perdu au milieu de ce chaos de sable.

La légende ne sait pas si ce fut Bectasch lui-même ou l'un de ses fidèles qui découvrit ce site, y bâtit un couvent et s'y réfugia.

Celui qui eut l'idée de cette retraite n'était pas un homme vulgaire. Il avait le sentiment du bien-être que l'on éprouve en face des belles choses, au milieu d'un.

grand silence, dans un recueillement profond. Il voulait pouvoir méditer en paix, rêver à son gré, ne plus avoir les tourments de la vie. Les prières qu'il adressait au ciel sortaient plus librement de son cœur, s'embellissaient à des sources inépuisables de poésie.

Les bectaschites d'aujourd'hui sont moins solitaires; ils vivent moins à l'écart du monde. Ils ont rompu avec le dédain absolu de la foule et consentent à recevoir parfois quelques visiteurs. La grande paix du couvent est ainsi troublée de temps à autre par quelques profanes poussés par la curiosité ou par le désir d'une méditation pieuse ou d'une rêverie mélancolique.

.

Le consul général de Perse au Caire, le général Isaac Khan, qui est un aimable homme, fut mon guide dans ce pèlerinage au tombeau de Bectasch. Il avait convié quelques invités à un déjeuner tout persan qui devait être suivi d'une visite au couvent du Mokattam. Ces pèlerins d'un nouveau genre n'étaient heureusement ni des touristes ni des sceptiques; il n'y avait à craindre ni les questions insidieuses, ni les bavardages inutiles, ni les plaisanteries de mauvais goût.

J'aime à croire que le cheik actuel du couvent considérera comme des barbares ceux qui voudraient franchir son seuil par simple fantaisie et qu'il fera respecter la sainteté de son sanctuaire. La caverne où repose Bectasch doit rester inviolée, en dehors du domaine des drogmans de M. Cook.

Le curieux doit s'arrêter aux remparts de la citadelle; le rêveur seul peut aller plus loin.

Un grand escalier de pierre en ligne droite conduit

du pied de la montagne à la porte du couvent. Pour pénétrer dans l'intérieur, il faut passer sous une voûte sur laquelle est édifié le petit pavillon peint en rose qui, de loin, semble être à pic sur la roche.

Comme aux portes de nos églises, deux mendiants sont là, assis sur les dernières marches, à l'entrée de la voûte, comme s'ils gardaient les lieux. Leur poitrine nue, bronzée par le soleil, vieillie par l'âge, est sillonnée de rides. De leur menton tombe une longue barbe grise, broussailleuse, d'où sort leur figure sèche et plissée, ravagée par la faim et par la paresse. Ils se tiennent accroupis, pareils à un paquet de haillons, égrenant de leurs mains tremblantes un chapelet à gros grains d'ambre, psalmodiant sans cesse quelques versets du Koran, balançant le corps d'un mouvement perpétuel et machinal.

Debout sur la dernière marche, un être humain informe, ni homme ni femme, au visage d'ébène, au front cerclé d'un bandeau noir, à la peau rugueuse, à la bouche énorme d'où jaillit de chaque côté une dent blanche unique, se tient comme un cerbère farouche, drapé dans des morceaux d'étoffe déchirés et sales. Ses bras se lèvent, maigres et décharnés, quand nous passons. Sa voix rauque articule quelques paroles qui nous semblent sinistres.

- Bectasch est gardé par un trio terrible.
- Par un contraste étrange, du petit pavillon rose tombent sur ces fonds misérables des guirlandes de bougavilias aux jolies fleurs violettes qui leur font comme une auréole joyeuse.

Les moines bectaschites du Mokattam sont au nombre de douze. Ils sont vêtus d'un pantalon court bouffant, d'une tunique grise, portent sur la tête un haut bonnet de drap blanc et laissent croître leur barbe.

Leur cheik nous reçoit avec simplicité, mais avec beaucoup d'amabilité. Il parle plusieurs langues et converse en albanais avec l'un de nous. Il nous mène droit au tombeau du fondateur de la secte.

Au fond d'une galerie souterraine creusée dans la montagne, Bectasch repose dans un petit sanctuaire éclairé par quelques cierges. Son corps est là sous la pierre, affirme le cheik. Il y serait donc depuis environ sept cents ans. La chose est douteuse. Nul n'ira sonder les profondeurs de la tombe. Il vaut mieux croire à cette sépulture miraculeuse qui n'est pas encore la chose la plus énigmatique de l'histoire de Bectasch et des bectaschites.

Les bectaschites ont ceci de curieux qu'ils sont des musulmans teintés de christianisme. Leur origine albanaise explique seule cet étrange amalgame.

Bectasch, à sa sortie de Perse, s'était réfugié dans ces provinces grecques où la vénération pour saint Spiridion, qui défendit la sainte cause contre Arius au concile de Nicée, a atteint les hauteurs d'un culte. Ce saint, qui naquit en Chypre, fut avec Athanase d'Alexandrie l'un des plus fermes soutiens de Constantin dans sa lutte pour la consubstantialité du Verbe avec la minorité arienne, et resta célèbre par ses miracles dont le moindre n'était pas la destruction des idoles d'Alexandrie que sa seule malédiction réduisit en poudre. Il mourut à Corfou et fut enterré là, laissant un prodigieux renom de sainteté.

Les populations voisines n'ont pas cessé depuis le quatrième siècle de vénérer sa mémoire, de venir en foule sur sa tombe aux fêtes solennelles, d'implorer son secours dans les calamités, d'avoir pour lui une admiration et en lui une confiance qui ne sont comparables qu'à celles que les Arméniens ont pour leur saint Charles qui, s'il avait vécu à cette époque, disent-ils, aurait sauvé le Christ du crucifiement.

L'autorité de Bectasch ne pouvait donc grandir que s'il reconnaissait lui-même la supériorité et les vertus de saint Spiridion. C'est probablement ce qu'il fit, car les bectaschites d'aujourd'hui ont conservé pour ce saint un respect tel, malgré leur foi en Mahomet, que, pour rehausser leur premier cheik aux yeux des profanes, ils le proclament frère de saint Spiridion.

Ce fondateur de secte musulmane que ses adeptes considèrent comme le frère d'un saint de l'Église chrétienne, qui a sa place au calendrier et qui vécut 800 ans avant lui, ne manque pas d'originalité.

Les moines du Mokattam, tous Albanais, n'ont pu se défaire de la superstitieuse vénération de leur patrie pour l'adversaire d'Arius. Ils sont restés fidèles au saint de Corfou en dépit de leur croyance musulmane. Ils se rient des contradictions apparentes de l'histoire et des différences des époques. Ils ont un amour égal pour le derviche persan et pour l'évêque catholique.

Leur explication des prophètes n'est pas moins étrange.

Pour eux, il n'y a qu'un prophète comme il n'y a qu'un Dieu. Il s'est manifesté sous trois formes successives qui ont été Abraham, Jésus, Mahomet. Ces trois prophètes n'en font qu'un, comme le Père, le Fils et le Saint-Esprit ne font qu'un seul Dieu. La trinité prophétique n'est pas moins réelle pour eux que la trinité divine pour les catholiques. Mahomet a été la dernière incarnation de cet unique prophète. Bectasch a été l'un de ses plus fervents sectateurs, mais a créé une caste dans la grande famille musulmane. Quant à saint Spiridion, il est bien difficile de dire exactement ce qu'il est, de lui assigner une place dans la hiérarchie bectaschite.

Au milieu des offrandes que les gens de Corfou déposent sans cesse sur son tombeau, le saint évêque de Trémythonte ne se doute pas qu'il sert de lien entre la religion chrétienne et la religion de Mahomet, qu'il y a près du Caire un couvent persan, habité par des Albanais qui, fidèles de l'Islam, vénèrent sa mémoire sous le patronage d'un cheik religieux qui s'appela Bectasch et qui fut son frère à sept cents ans de distance.

* * *

Le cheik du couvent avait préparé un thé dans la caverne, creusée dans le Mokattam, qui sert de lieu de retraite à ses compagnons.

Le sol de cette caverne est couvert de tapis. Des piles de coussins sont disséminés le long des parois auxquelles sont accrochés des tableaux et des panoplies de lances et de haches.

Les invités prennent place sur les coussins, et les moines font circuler les tasses. Le thé a un goût particulier. Par une délicate attention, chaque dame reçoit quelques violettes cueillies dans le jardinet du couvent.

Cette caverne creusée dans le sable durci ignore la fraîcheur. Les murs conservent la chaleur, ne la laissent guère s'affaiblir à l'ombre. L'été, l'atmosphère doit être suffocante.

Le plus grand tableau représente Bectasch prêchant sa doctrine. Près de lui, une colombe prête à s'envoler. Cette colombe est un symbole. Bectasch, chassé de Perse, voulant traverser l'Égypte, se changea en colombe pour ne pas être inquiété aux frontières de ce pays. Il reprit sa forme naturelle quand il se crut en sûreté.

La vie de Bectasch est riche en miracles. Celui-là a passé du domaine de la narration dans celui des choses visibles grâce à la fantaisie d'un peintre. Le cheik conte en albanais plusieurs anecdotes sur cette vie. Nous nous contentons pour la plupart de humer le thé, étendus sur nos coussins, et d'aspirer la bonne odeur de ces violettes cultivées par des religieux sur un coin de terre verdoyante au milieu d'une terre aride.

Le couvent, qui n'est pas autre chose qu'une maison très simple, est précédé de plates-bandes où les moines plantent des légumes et des fleurs. Ils consacrent plusieurs heures au jardinage, le reste à la prière. Quelques palmiers et quelques arbustes leur procurent une ombre qui leur est douce aux heures chaudes de la journée. Ce jardin a été créé sur le sable. Il sépare le couvent bleu du pavillon rose, qui n'a devant lui que le vide, au pied duquel se déroule un panorama merveilleux.

Ce pavillon carré, avec ses quatre façades peintes, n'a qu'une pièce éclairée par trois fenêtres de chaque côté. Des divans rouges en font le tour. Du lierre s'enroule autour des rideaux, grimpe jusqu'au plafond, donne l'illusion d'un bouquet de verdure intérieur. Un lustre à bougies cachées dans des verres rouges prend naissance dans ce lierre touffu.

Quel lieu délicieux pour y faire une retraite, pour s'absorber dans quelque réflexion chère !...

Le silence y est très doux. Des oiseaux gazouillent seuls dans le petit jardin où un moine arrose pieusement des plants de violettes. On se sent invinciblement attiré vers une paisible somnolence. Il semble que le monde est loin, bien loin de ce refuge si tranquille. On se penche à la fenêtre d'où l'on aperçoit le soleil qui marche rapidement vers la colline libyque. Le spectacle est si beau que l'œil ne se rassasie pas, que l'esprit s'attarde dans sa contemplation, que le cœur éprouve une sensation émue qui lui est nouvelle.

Le sable règne là en maître absolu. Il a fallu le limon fertilisant charrié par les flots du Nil depuis les grands lacs de l'Afrique orientale jusqu'à la mer pour arracher à la terre déserte des parcelles de sa surface, pour créer le long des rives quelques cultures et quelques ombrages. La bande verte est étroite de chaque côté du fleuve. Le sable reprend ses droits là où l'eau bienfaisante ne peut plus lutter contre lui.

A perte de vue, le désert s'étend, bossué, jaunâtre, sillonné de collines et de creux, se confondant à l'horizon brumeux avec le ciel dont le bleu pâlit. Il semble que le soleil en se couchant le soir s'enfouit dans un de ces trous de sable, derrière des collines arides. Entre l'azur du ciel et l'or du désert, le vert des champs de luzerne et de bersim parsemés de palmiers ressort avec plus de fraîcheur, avec plus de netteté. L'eau bourbeuse du Nil s'argente sous les rayons éclatants du soleil, décrit des sinuosités dans son cadre de verdure. Comme de grands oiseaux blancs, des barques aux larges voiles déployées descendent lentement vers la ville, frôlent la surface avec des légèretés de goélands.

Çà et là, dans le lointain, disséminées dans le désert tout le long du fleuve, des Pyramides, toujours fièrement dressées vers le ciel malgré les éraflures du temps, celles de Gizeh, celles de Sakkarah, celles de Dachour.

En deçà du Nil, des pierres blanches de vieux cimetières arabes éparpillées dans le sable, oubliées par les destructeurs, perdues autour des tombeaux à coupoles et à minarets où sont ensevelis les Mamelucks. A droite, quelques maisonnettes de terre où s'agite, comme des fourmis, une populace indigène, sur laquelle la citadelle avec ses donjons, ses meurtrières, ses parapets, ses créneaux, ses murailles, projette une ombre immense, presque menaçante.

Et très loin, au delà de Sakkarah, derrière une courbe du Nil, les bois de palmiers qui ont couvert le sol sur lequel s'élevait Memphis, la nécropole sacrée des Pharaons, déchue sous les Ptolémées.

L'esprit le moins propre aux évocations de l'histoire ne peut s'empêcher de rêver aux splendeurs de la ville morte, d'entrevoir à travers les siècles les merveilles décrites par les auteurs anciens, rapportées sur les stèles et sur les temples de granit. La mélancolie des choses disparues s'adoucit devant cette oasis de verdure qui a remplacé la cité de pierre.

Le bienheureux moine qui a eu la sagesse de se retirer sur le Mokattam, de vivre en face de l'immensité radieuse et des vestiges d'un passé épique, est plus seul, respire une atmosphère plus saine, plus sereine. L'humble violette qu'il cultive dans son jardin lui est plus chère que les monuments qui contribuèrent à la gloire de Memphis ; les palmes qui tremblent sous le khamsin et qui frissonnent au loin bercent mieux sa rêverie, nourrissent mieux sa méditation.

Les affligés, les rassasiés, les malades de l'âme, les mélancoliques surtout, peuvent envier la vie de ces disciples de Bectasch. En faisant abstraction de tout, ils ont gardé le bonheur vrai. Hélas ! les solitaires du couvent persan ignorent peut-être la félicité de leur sort. Il en est ainsi de toutes les âmes humaines qui espèrent ailleurs la réalisation de leur idéal.

Je ne crois pas que ceux qui se complaisent dans la paresse du rêve prolongé puissent trouver une retraite plus propice à leur amour de la calme solitude. Le charme d'une vie ainsi vécue en ermite contemplatif doit être ineffable. Du pavillon rose aux touffes de lierre et aux guirlandes de bougavilias, les attristés peuvent puiser des consolations infinies dans les choses d'alentour, les rêveurs peuvent savourer la douceur d'être seuls, passer des heures exquises.

Le couvent du Mokattam est ignoré de la multitude. Le passant n'arrête point ses pas sur ses dalles. C'est ce qui en fait son attrait, qui en constitue le charme.

Le jour où il ouvrira ses portes aux inconnus, où il sera foulé par la gent bruyante et impie qui promène sa curiosité des pyramides de Gizeh aux cataractes du Nil, il sera digne de l'expiation d'un cataclysme final, d'un écrasement par les roches de la montagne s'éboulant sous une force vengeresse, pareilles aux roches voisines qui s'éparpillèrent jadis dans la plaine.

VII

DU CAIRE A LA PREMIÈRE CATARACTE

I. — Le *Nefertari*. — L'agence Cook and Son. — Le fleuve sacré. — Les crues du Nil. — Le défilé des barques aux voiles blanches. — Les esprits familiers du vieux Nil. — Malech. — Sacrifices de vierges. — Les compagnons de voyage. — Les enlèvements. — Le voyage en zigzags. — La litanie du bagchich. — Les nomades de la rive.

II. — La statue de Ramsès. — Les bois de palmiers. — L'archéologie et la nature. — Les pyramides de Sakkarah et de Dachour. — La lutte avec les âniers. — Trop de baudets. — Comme des hallebardiers. — Les caravanes. — Arrêts dans les villages. — Les hurlements de la populace. — Coucher de soleil et lever de lune. — Une marche nocturne dans la campagne. — Scènes macabres.

III. Les légendes du Nil. — La montagne de l'Oiseau. — Ce qui reste des villes antiques. — Antinoüs. — Les couvents coptes. — Le couvent de la Poulie. — Le ciel d'Égypte. — Rêverie à bord. — Embarquement et débarquement d'indigènes. — Mêlée indescriptible. — L'agent de police et sa courbache. — Les sucreries de Cheik-Fadl. — Les îles du Nil. — Les vols d'oiseaux. — Les marchands d'étoffes. — D'un étage de bateau à l'autre. — Assiout. — L'ermite de la cité des Loups.

IV. — Abydos. — La fente sacrée. — L'amenti. — Le temple d'Osiris. — Pourquoi il est si difficile d'aller aux ruines d'Abydos. — Les brigands fictifs. — Un complot contre touristes. — En route pour le temple. — Immense sécurité. — L'intelligence des drogmans. — Comment il fut parlé de Madagascar dans le désert. — Les oiselets des ruines. — Le temple de Séti. — Le retour à Bellianah. — Tartarin.

V. — L'approche de la Thébaïde. — Les anachorètes d'autrefois. — La grande obscurité. — *Fantasia.* — Les almées. — Une halte à Farchout. — Danses sinistres. — Dendérah. — Le temple d'Hathor. — La salle hypostyle. — Les dîners Cook. — Les ânes aux noms historiques. — Nus comme Adam et Ève. — *Antique !* — Le grincement des sakiehs. — Les Chadoufs. — L'éternelle plainte.

VI. Thèbes. — La nuit au milieu des ruines de Karnak. — Une hallucination. — Éboulement de colosses. — Les chiens lugubres. — La grande salle aux colonnes géantes. — Le temple de Luxor. — Une mosquée perdue. — Les agents consulaires. — France et Allemagne. — Les lauriers d'un drogman. — Les deux rivaux. — L'hôtel de Luxor. — La vallée des Rois. — Les funérailles royales. — Les petites fellahines. — Histoire de Fatma. — Ruses féminines. — Les tombeaux des Ramessides. — Le temple de Deïr-el-Bahari. — Un rythme de chanson qui doit avoir plus de quarante siècles. — Les colosses de Memnon.

VII. — Assouan. — La fin du Nil. — Une ville blanche. — Le commerce du Soudan. — Les bazars. — *Khartoum* — Les Bicharis. — Histoire d'une poudrière et d'une sentinelle. — L'île de Philae. — L'inscription des soldats de Desaix. — Le temple. — Le barrage. — Les Anglais et la destruction de Philae. — Égoïsme britannique. — La première cataracte. — A travers les brisants. — Les rameurs. — Les nègres plongeurs. — L'étoile du Sud.

VIII. — Tristesse du retour. — La descente du Nil. — Une apothéose de sable.

J'ai voulu écrire ce voyage comme si j'étais sous l'impression d'un rêve. J'ai laissé passer les heures, les jours, les mois, sans feuilleter les quelques notes prises paresseusement à bord, tout en remontant le Nil vers la cataracte lointaine. J'ai attendu qu'une année se fût écoulée sur ces trois semaines d'hiver vécues dans l'insouciance de la veille et du lendemain, dans un isolement de tout, du monde et du temps, sous l'émerveillement des choses de la nature et des choses de l'histoire magnifiquement ensoleillées… Mes impressions se sont atténuées, se sont voilées. Elles sont devenues imprécises. Les détails inutiles, propres aux faiseurs d'itinéraires, se sont perdus dans les brumes du passé comme se perdent toutes les futilités, se sont laissé oublier par ma mémoire. Je n'ai gardé qu'un souvenir pieux des choses qui ont charmé mes yeux ou ont frappé mon imagination. Mes pensées éparpillées le long des rives bordées de temples se sont condensées. Les rives se sont enfuies tout à fait, se sont évaporées dans le long défilé des heures ; les autres ont doucement sommeillé, ont mûri pendant ce repos, ont été des sources fécondes de poésie et de rêveries, de retours aux heures écoulées. Aujourd'hui je fais un appel à mes souvenirs, je relis avec une certaine mélancolie les impressions couchées sur des feuilles volantes au jour le jour. Je ne vois plus les paysages, les choses, les gens, les couchers de soleil que j'ai admirés jadis qu'à travers un voile qui les rend très vagues, qui les noie pour moi dans un brouillard très pâle. Le voyage m'apparaît comme un songe, un songe qui serait réel, mais qui serait déjà loin, presque à mi-chemin sur la pente de l'oubli. Les évocations du passé pharaonique ou ptolémaïque, mes sentiments de tristesse devant les grandeurs disparues, mon admiration pour des créateurs aux procédés inconnus, mes sensations de mélancolie infinie éprouvées devant des spectacles beaux parce qu'ils étaient simples et calmes dans leur majesté me reviennent comme dans une vision nébuleuse où ils perdent leur netteté, mais où ils acquièrent un charme indécis qui est ineffable. J'ignore presque dans quel ordre s'échelonnent, au milieu des champs de trèfle qui enserrent le grand fleuve, les villages aux minarets qui surgissent au sein des palmiers comme des phares annonçant une agglomération humaine dans cette longue mer de sable. Wasta Minieh,

Beni-Hassan, Manfalout, Bellianah, Mellawi, Komombo se mêlent confusément dans ma mémoire où Abydos, Dendérah, Kéneh, Louksor, Assouan sont restés encore intacts, échappés à la loi fatale de l'effacement, comme des points de repère pour ce retour projeté au temps vécu sur le Nil. Qu'importe l'ordre, qu'importe la précision, qu'importe tout ce qui est utile au tourisme!... Ce qui me rend cette promenade chère, c'est l'absence de toute description méthodique, c'est l'insouciance que j'ai de l'exactitude, c'est ma pénurie de renseignemets positifs, c'est mon désir très ferme de n'être que le conteur d'un rêve qui n'aurait pas été entrevu en une nuit de sommeil, mais qui aurait duré vingt jours et vingt nuits passés dans le culte consolateur de choses belles et nouvelles. Il ne veut retenir que les sensations qui ont été miennes, que les impressions qui ont été ressenties par moi. Les récits nourris de faits ne sont pas chers comme ceux où les descriptions sont sincères, où l'esprit confie à l'imagination le soin de lui embellir encore les merveilles que la puissance divine a créées, que le génie humain a façonnées. Une incursion dans l'Égypte des temples et des cataractes peut encore donner des illusions à ceux qui sont las des banalités de la vie, être une consolation pour ceux qui s'effraient de la multitude et des maux dont elle est prodigue. Ils y trouvent la suprême jouissance du rêve que rien ne trouble...

I

Je me suis embarqué un matin de février, près du pont de Kasr-el-Nil, sur un bateau qui s'appelait le *Nefertari*. La flottille du Nil n'a pour parrains que des pharaons ou des héros des vieilles dynasties. Le touriste vulgaire ne serait pas satisfait si tout ne lui rappelait pas l'époque antique dans laquelle il va se plonger pendant quelques semaines. L'homme qui a apprivoisé le Nil, qui a sillonné ses flots sauvages de vapeurs et de barques, ne pouvait être que M. Cook. Les étrangers ont afflué sur cette terre célèbre grâce à lui, ont fait fuir par leur va-et-vient incessant le crocodile légendaire que les images représentaient comme prenant ses ébats sur le sable des rives. Le crocodile a fui en Nubie, a établi sa frontière là où le voyageur s'arrête, sur les terres que M. Cook n'a pas encore abordées. La civilisation a vaincu ce dernier vestige d'époques disparues. L'Égypte est devenue la proie des excursionnistes. Les agences de voyage, qui sont la cause de cet envahissement productif, mais barbare, tendent malheureusement à se multiplier, à se livrer aux douceurs de la concurrence. Le voyageur, entre tant de réclames qui l'attirent, tant de promesses qui le tentent, devient inquiet, se fait maussade, acquiert cette mauvaise humeur qui en fait un être désagréable. Cette plèbe de barbarins, de drogmans, qui encombrent les trottoirs, se pressent aux portes des hôtels, se précipite sur lui, le tiraille de tous côtés, l'accapare, l'obsède. Le malheureux qui se livre à ces pieuvres d'un genre particulier, qui aliène sa liberté au profit de gens qui ne cherchent qu'à le duper, est perdu. Il attache à ses pas une ombre implacable, terrible parce qu'elle est vivante et qu'elle croit avoir le droit d'user et d'abuser de celui qu'elle suit. J'ai dans mon esprit encore trop vivant l'exemple d'un de mes compagnons de route pour ne pas avertir charitablement ceux qui veulent, non seulement voir, mais méditer sur ce qu'ils voient. Le visiteur futur des monuments pharaoniques doit repousser toutes les obsessions, toutes les suppliques, tous les essais de persuasion. Il doit partir comme je suis parti, libre, indépendant, seul, se fiant à son intuition, à son bon sens, avec des trésors de naïveté dans le cœur comme un enfant qui ne connaît rien, à qui tout semblera nouveau. Pendant cinq minutes, il faudra savoir gré à M. Cook de servir d'intermédiaire entre le passé et le monde moderne, d'être l'homme grâce à qui tant de spectacles grandioses peuvent être contemplés, puis ne plus du tout penser à lui, à ses pompes et à ses œuvres, et oublier son nom dès que l'enseigne qui le porte en majuscules à l'embarcadère aura disparu à un tournant du fleuve.

L'agence Cook est certes supérieure à celles qui pullulent autour d'elle, surtout à celles de création récente, qui ne disposent pas de ses moyens, de son expérience, de ses privilèges. Elle a, tout le long de ce Nil qu'elle a fait sien, des installations que les autres n'ont pas, ne peuvent pas avoir facilement. Le rêveur peut couler des heures délicieuses à son bord, parce que chacun de ses bateaux est tenu comme une maison de maître, parce que sur ceux que l'on désigne sous le nom de bateaux-poste, et qui présentent le plus d'avantages aux voyageurs qui veulent vivre à leur guise, la plus entière liberté est laissée aux passagers. Ils ne sont pas, entre les mains de drogmans, des machines marchant à volonté. Leur vie n'est pas réglementée, le programme de leurs journées n'est pas fixée à l'avance. Il ne leur arrive pas, à l'aurore et au crépuscule, d'entendre un drogman leur répéter que Cook est le roi du Nil, presque un dieu, parce qu'il fait venir en Égypte les étrangers et... leur argent, litanie fort inutile et fort agaçante à entendre, surtout quand, derrière les pylônes formidables d'un temple, le soleil se couche, embrasant le ciel, le désert et la masse de pierre.

L'histoire rapporte que l'Égypte eut deux des sept merveilles du monde : les pyramides de Gizeh et le phare d'Alexandrie. Elle en a une troisième, dont il n'est pas fait mention dans la légende ancienne, mais que les chroniqueurs arabes ont qualifiée de merveille des siècles : c'est le Nil, le fleuve sacré, coulant sans interruption des grands lacs africains aux bouches de Rosette et de Damiette sur une longueur de plus de 1 500 lieues, dépassant le cours de tous les fleuves du globe. Celui que l'on a appelé le père des eaux, les sources de l'Océan, est encore une énigme pour l'imagination humaine qui n'a pu résoudre ce problème de torrents d'eau venus de contrées inconnues, roulant des masses énormes de limon bourbeux qui se déposent sur les rives, fertilisent des terrains appauvris par le sable des déserts, se précipitant, malgré les obstacles, dans la plaine d'alentour à l'époque invariable et inexpliquée de la crue. Les roches n'ont pu l'arrêter dans sa course. Il les a rongées, creusées, il a passé au travers, ou il les a emportées avec lui au milieu de son limon. Il s'en vient de cataracte en cataracte, à travers le Soudan, la Nubie, l'Égypte, plein de majesté, qu'il soit calme ou que ses flots soient puissants et roulent avec fracas, et il s'en va vers la mer, changeant de couleur suivant les provinces ou suivant les époques, fécondant les pays qu'il traverse.

L'Égypte, dit un dicton populaire, est le territoire que l'inondation atteint. Elle n'existerait pas en effet sans le fleuve qui, aux quatre mois d'été, se déverse sur elle et l'enrichit. On songe aux calamités terribles qui s'ensuivraient si, un jour, la crue bienfaisante ne se produisait pas. Sous le règne de Méhémet-Ali, il y eut une année où, au lieu d'inonder les terres au jour attendu, le Nil diminua son volume. C'était la ruine de la population, la famine à brève échéance, la misère générale. Le vice-roi eut recours à Dieu. Sur sa prière, les prêtres de toutes les religions, les scheiks, les ulémas, les patriarches coptes et arméniens, les rabbins, les missionnaires, les prêtres catholiques et les prêtres grecs se réunirent dans la mosquée d'Amrou et adressèrent au ciel des invocations publiques pour que le pays fût inondé. Le spectacle, rapporte un témoin, fut admirable. Le jour suivant, les eaux s'accrurent et l'Égypte fut sauvée.

L'impression est saisissante quand on s'éloigne de la rive, quand on remonte le fleuve entre ses bords verdoyants, quand on s'éloigne du fouillis de minarets qu'est le Caire, quand on se sent porté sur ces eaux sacrées vers le libre espace. Le Nil est large, tranquille. Il a une majesté sereine qui impose, qui fait comprendre que des populations l'aient tenu pour une divinité. Plutarque rapporte que rien n'était aussi vénéré chez les Égyptiens que le Nil. Ils croient, dit-il, que son eau engraisse et donne un embonpoint extraordinaire. Aussi éloignent-ils de lui le bœuf Apis. Ils veulent que le corps, enveloppe de l'âme, soit leste et dégagé, qu'il ne la surcharge pas, ne l'écrase pas, que l'élément mortel n'ait aucune prépondérance par laquelle le principe divin soit étouffé.

Tel le Nil apparaît dans la première heure avec son escorte de palmiers, de huttes de terre, de fellahs profilant leur silhouette sur le ciel bleu au sommet d'un monticule, tel il apparaîtra aux heures suivantes jusqu'au terme du voyage, serpentant entre les deux chaînes rocheuses qui l'enserrent, l'emprisonnent et sont les remparts du désert contre ses flots : la chaîne libyque du côté du couchant, la chaîne arabique vers l'Orient. Il s'en va, aimant les courbes, les sinuosités, jetant un perpétuel défi à la ligne droite. Il baigne des champs de luzerne ou de blé, des villages où grouille une masse indigène, des ruines du passé. Il est impétueux ou calme. Mais toujours, de chaque côté, c'est un éternel défilé de bandes de terre vertes entrecoupées de bosquets de palmiers, de cabanes faites de ce même limon mélangé à de la paille, de terrains arides, et encore des palmiers poussés le plus souvent obliquement sous lesquels s'abritent encore des fellahs dans leurs huttes misérables. Cette monotonie des choses qui passent n'ennuie pas, ne lasse jamais. Du premier jour au dernier, l'œil suit sans fatigue ces terres qui viennent, vont et disparaissent. Les spectacles, toujours les mêmes en apparence, sont d'une variété infinie en réalité. Ils deviennent familiers à l'esprit, sont bientôt les compagnons inséparables du recueillement qu'inspirent la grande sérénité de cette nature et l'isolement dans lequel on se trouve. On se plaît à les voir chaque matin, à vivre avec eux dans la journée, à les laisser s'obscurcir et se voiler à l'heure du repos.

Comme le ciel a ses étoiles pour faire rêver le voyageur, l'air ses vols d'oiseaux pour distraire ses yeux, le Nil a ses barques aux grandes voiles latines triangulaires pour charmer ses pensées, les faire aller à la dérive comme elles, Elles sillonnent le fleuve par centaines, par milliers, poussées par le vent qui gonfle leurs toiles. Leur défilé ne s'arrête jamais. Elles sont comme les flots du Nil. Il en vient toujours, toujours. A chaque détour du fleuve, il en apparaît de nouvelles. Il semble que bien loin, bien loin, dans des régions inexplorées, il y ait des sources inconnues qui en envoient sans cesse, qui ne tarissent jamais. Elles sont les hôtes de ce fleuve qui les aime et qui les porte à leur but. Elles glissent doucement comme de grands oiseaux blancs qui voleraient à la surface, qui se laisseraient emporter sans crainte, avec une heureuse quiétude. Elles sont comme les esprits familiers de ce vieux Nil qui a assisté à tant de mystères, qui a vu passer tant de religions, tant de races, tant de conquérants, qui a vu déchoir tant d'empires. Elles descendent le fleuve, portant des chargements de marchandises et d'hommes, les uns empilés sur les autres, si lourdes et si nombreuses qu'elles s'enfoncent dans l'eau bourbeuse, que leur bord rase le flot, qu'elles donnent l'impression d'une submersion prochaine. On les voit plus jolies, plus gracieuses, plus légères de loin qu'elles ne le sont réellement; car, de près, on reconnaît la barque mauvaise, mal construite, trop vieille, à demi pourrie par cette eau qui l'a caressée trop longtemps, succombant sous le poids trop lourd de sa cargaison où se mêlent les poteries, les outres de peau, les gargoulettes de terre, les faisceaux de cannes à sucre, les paniers de fruits, de légumes, les sacs de graines, les cages remplies de volailles. Là où en Europe il y aurait à peine deux ou trois bateliers, ici il y en a vingt, trente. Les barques du Nil regorgent d'indigènes qui dorment sur les sacs, prient à l'arrière, bavardent à l'avant, manœuvrent les toiles ou rament, quand le vent tombe, avec de lourdes rames étranges de vétusté. Ces barques filent entre les deux rives, avec leurs hôtes dont on ne saura jamais le nombre. On ignore où ils vont, d'où ils viennent, qui ils sont, combien ils sont. Ils passent ne sachant pas quand ils arriveront, à peine quand ils sont partis, livrés au bon gré du fleuve. Le vent, quel qu'il soit, les mène où ils veulent aller, les pousse en aval ou en amont. Les barques se croisent, vont en sens inverse, dirigées par le même vent qui gonfle leurs voiles, ayant toujours la brise propice. Les bateliers ont foi dans leur étoile, se laissent aller sur le flot, subissent toutes les intempéries, tous les contretemps, tous les arrêts, avec cette patience et cette impassibilité qui caractérisent les âmes orientales.

Malech, disent-ils ! — Qu'importe !... Dieu le veut ainsi !...

Et ils vivent, entre l'air et l'eau, très calmes, ignorant le temps, les événements, dormant, priant, rêvant, ne se souciant de rien, à peine de la vie. Qui sait quand ils arriveront, s'ils arriveront même !... Le khamsin peut s'abattre sur eux, les arrêter sur quelque point. La vase peut les enliser. Ils peuvent ne plus marcher, rester en route de longues heures... Malech !... Ils ont toute leur vie pour atteindre le but. Leur famille, leurs biens, flottent avec eux. Ils n'envient même pas la barque qui les dépasse, que le vent favorise. Ils n'aiment que cette vie nomade, que ce fleuve qui les emporte, que ce long cortège de barques aux toiles blanches qui forment leur horizon à l'avant et à l'arrière, qui s'en viennent toujours, toujours, de là-bas. Que de fois je les ai enviés, ces vagabonds insouciants de l'eau. Quelle vie pour des rêveurs que cette existence passée en descendant le Nil sur une de ces barques vieillottes sans savoir autre chose que ceci : que le ciel est bleu, l'eau sale, mais bonne et bienfaisante, la rêverie douce devant le désert immense...

Le paysage est toujours le même, toujours monotone ; le Nil est toujours majestueux. Tant de souvenirs, tant de légendes planent sur lui qu'il force le respect, la vénération ; mais il n'en impose pas seulement par l'antiquité qu'il représente, par les monuments qui ont été élevés tout le long de ses bords, il en impose par lui-même, par la masse intarissable de ses eaux, par les bienfaits qu'il a répandus et qu'il répand, par sa largeur, par la beauté des terres qu'il arrose, par sa puissance mystérieuse de croître et de décroître à des époques fixes. Jusqu'au milieu de ce siècle, les peuples qu'il protège en avaient fait un fleuve barbare. Ils lui jetaient chaque année en pâture pour l'apaiser, pour le bénir d'avance de sa crue, le corps d'une jeune vierge vivante. La foule était innombrable aux abords de la rive. La victime mourait au milieu des clameurs, des vivats de la populace désormais rassurée. Que de jeunes filles ont ainsi péri dans ses flots, offertes en sacrifice à un courroux qui n'était pas certain. Le fleuve s'est civilisé. La crue est toujours normale, et pourtant l'holocauste humain a disparu des mœurs de ce peuple qui ne vivait que par l'inondation sacrée.

Le *Nefertari* est un bateau simple, mais confortable. Il est à double pont, comme tous ceux que possède l'agence Cook. Le pont inférieur est réservé aux indigènes, le pont supérieur aux touristes. Les cabines sont petites, mais propres avec leurs deux couchettes blanches et leurs cloisons peintes en blanc. Elles s'ouvrent toutes sur la galerie qui fait le tour du pont, et par une fenêtre permettent à tous les amateurs de sieste de ne pas perdre de vue la rive qui fuit. Les dormeurs sont nombreux à certaines heures. La chaleur, atténuée cependant par la fraîcheur de l'eau, est forte. Le côté de l'ombre est envahi par les chaises longues, par les lecteurs de romans ou de poésies, par les paresseux. Les indépendants s'arment de courage, s'accroupissent à l'avant ou à l'arrière suivant le panorama qu'ils veulent voir, celui qui vient ou celui qui s'en va, subissent avec résignation la température étouffante, se consolent par quelque rêve berceur évoqué par les choses qui passent.

    La vie est calme, monotone comme le paysage, mais trouve comme lui un charme dans sa monotonie. Les passagers se lient rapidement. Une existence commune sur un îlot mouvant aussi petit crée des amitiés en quelques heures, engendre des sympathies que la séparation future ne détruit pas. Les impressions s'échangent, les admirations se discutent, la lumière et la vérité jaillissent des conversations, des tournois historiques. Les inimitiés politiques s'évanouissent, disparaissent dans une même sensation commune d'étonnement devant certains monuments, de bien-être devant certains spectacles. Il n'y a généralement pas de gêneurs, pas de moucherons turbulents toujours en quête d'une malheureuse victime. Le grand silence qui entoure le fleuve fait taire les bavards. Le soleil en fait des désœuvrés, des harassés qui cherchent dans le sommeil une distraction, un moyen de passer le temps. Entre les repas, les gens se parlent peu, se fuient plutôt. Chacun a hâte d'être seul, de jouir de ses heures, de vivre à sa fantaisie, d'ignorer qu'il a des voisins, des amis. Nul ne veut qu'un être ou qu'une chose diminue sa liberté, lui engendre un souci. L'atterrissement à un ponton trouble seul les méditations, réveille les dormeurs, rassemble les uns et les autres sur le port du côté de la terre. Les conversations reprennent, puis s'éteignent au départ. La dispersion se fait avec la même rapidité dès que le bateau a repris sa route au milieu du fleuve.

Le bateau va plutôt doucement. Sa marche est lente. Il faut veiller constamment à l'enlisement probable. Le Nil n'est pas un ami fidèle. Il est inconstant, il trahit parfois ceux qui le connaissent le mieux, ceux qui ne l'ont jamais quitté. Son fond n'est pas le même d'un jour à l'autre; il est variable. Le limon qu'il entraîne avec lui se dépose aujourd'hui, roule avec les flots demain, s'arrête encore, puis suit de nouveau le courant. D'immenses surfaces de vase se déplacent d'heure en heure, rendent le Nil navigable à tel endroit, impossible quelques minutes après. Le fleuve veut rester une perpétuelle énigme, ne pas livrer son secret à ceux qui aspirent à le maîtriser. Le bateau s'avance donc toujours dans l'inconnu avec la peur incessante de la vase. Aussi un homme, debout à l'avant, plonge-t-il sans discontinuer, d'un mouvement machinal, une longue perche dans l'eau pour tâter le fond, crier au pilote dès que le sable monte, dès que l'eau perd en profondeur. Parfois, l'enlisement est si prompt que l'homme n'a pas le temps de prévenir. Le bateau se démène, fait machine en arrière, va de côté et d'autre, au hasard, pour trouver une voie sûre. On croirait souvent refaire le voyage en zigzags.

Le Nil, lui aussi, aime les routes tortueuses. On dirait qu'il a peur de se perdre dans la mer, qu'il fait tous les détours possibles pour allonger son cours, pour reculer l'engloutissement final. Il va de droite à gauche pour revenir de gauche à droite. On met des heures pour passer devant telle colline qui est extrêmement proche. Des grands lacs à la mer, il ne cesse de faire l'école buissonnière, d'esquiver la voie la plus rapide. Par suite de ces sinuosités, les barques qui vont en sens inverse réapparaissent souvent tout près de nous, derrière une bande de terre étroite, comme si un autre fleuve était là, coulant parallèlement. On n'aperçoit seulement que les voiles blanches qui surgissent au milieu des palmiers, au-dessus d'indigènes travaillant aux champs, le dos courbé vers le sol et brûlé par le soleil. Ces visions ont parfois une apparence de magie. On se croirait dans un décor de théâtre.

Tout le long du fleuve des formes humaines errent sur les monticules qui bordent la rive. Des enfants barbotant dans la vase ou jouant sur le sable s'arrêtent dans leurs ébats, se dressent nus ou presque nus sous le soleil de feu, tendent des mains suppliantes vers le bateau qui file, demandent bagchich d'une voix criarde et perçante qui parvient jusqu'à nous. Leur appel est vain. La distance qui nous sépare est trop grande pour qu'une aumône puisse passer de notre bord à terre. Cette réclamation incessante du bagchich est trop entrée dans les mœurs de ce peuple. Il semble que les enfants ne connaissent qu'un seul mot, celui-là, que l'Européen n'est pour eux qu'un être à qui il faut extorquer une pièce de monnaie. Du commencement à la fin, ce ne sera qu'une longue et ennuyeuse litanie de « bagchichs » qui nous persécutera sur terre et sur l'eau, dans les bazars et dans les temples, sur les pontons et dans le sable. Toute la langue arabe se résumera pour nous dans ce cri que les vieillards, les enfants, les femmes, les hommes faits, jetteront sur nos pas, hurleront dans le silence de la plaine. Cette supplique obsédante sera le point noir du voyage, la source de désenchantements et d'imprécations justifiées.

Des fellahs piochent la terre, interrompent leur travail pour regarder d'un œil morne ces êtres humains qui s'en vont au loin. Des vagabonds dorment fatigués à l'ombre des palmiers. Des Arabes pieux inclinent leur poitrine vers le sol, lèvent leurs yeux extasiés vers la nue, balbutient à genoux des versets du Koran, ne s'inquiètent dans leur ardeur religieuse ni du lieu, ni de l'heure, fixent à peine les yeux sur le tableau qui s'avance. Des femmes aux fines silhouettes s'en vont d'un pas léger, portant, comme Rébecca, l'outre pleine d'eau remplie sur les bords du fleuve. Elles puisent incessamment l'eau bienfaisante sans laquelle rien ne vivrait. Devant cette nécessité évidente de l'eau du Nil, je songe à cette fantaisie doublée d'une spéculation colossale qui poussa, vers 1826, un Arménien à proposer à Méhémet-Ali d'affermer le fleuve. Jamais monopole plus fantastique n'aurait été octroyé. Le vice-roi, qui avait d'abord accepté, refusa ensuite. Tout consommateur aurait dû payer un droit de tant par outre d'eau prise dans le fleuve. C'était un impôt établi sur les buveurs d'eau. L'injustice eût été immense et l'arbitraire sans bornes. Comment réglementer l'usage de l'eau du Nil dans un pays qui n'existe que par elle. Une pareille idée ne pouvait germer qu'à cette époque de fortunes audacieusement faites, de concessions follement prodiguées.

La vue de tous ces gens, de toutes ces choses, est douce, repose les yeux, amuse l'esprit. Les paupières fatiguées se ferment parfois pour s'entr'ouvrir aussitôt. Une certaine nonchalance s'empare de tout le corps. On voudrait dormir sans cesser d'être éveillé. Un rêve berce bientôt la paresse que provoque cette grande nature. De loin en loin, des Arabes drapés dans des étoffes blanches ou bleues, s'arrêtent dans leur marche, saluent le bateau avec un geste bienveillant de la main qui semble dire : Allez, voguez, que la journée soit belle pour vous!... Les yeux suivent complaisamment ces amis inconnus dont les silhouettes se perdent bientôt derrière un arbre ou une hutte. La pensée les suit plus longtemps encore, jusqu'à ce que le jour qui tombe vienne mettre fin au rêve...

II

La première halte est Memphis.

On entre dans le passé par la plus ancienne des cités égyptiennes, par la capitale de Ménès, le premier roi de la première dynastie. La ville a disparu complètement. Les siècles ont achevé la destruction commencée par des races conquérantes. Il ne reste plus une pierre de tant de palais, de tant de monuments de granit. Seule, une colossale statue de Ramsès, couchée sous de verts ombrages, témoigne de l'existence passée d'une splendide métropole. La nature réparatrice a fait à Memphis une sépulture digne d'elle. Sur le vaste emplacement où elle s'éleva, des palmiers ont grandi, balançant leurs palmes gracieuses au sommet de troncs gigantesques. Memphis a cédé la place à des bois où règne maintenant une bienfaisante fraîcheur. Là où grouillait jadis une populace innombrable, le pharaon de pierre repose aujourd'hui dans un silence profond à l'abri des rayons brûlants. Il est le seul vestige, épargné par le temps, de ces dynasties lointaines qui trônèrent là. Ces bois rappellent les bois sacrés de la mythologie antique. Ils sont vénérables malgré leur jeunesse. Ils imposent le recueillement, le calme, le silence aux passants qui les troublent par le bruit de leurs pas, qui s'en vont sous leur ombre douce vers le Sérapéum où furent ensevelis dans des sarcophages de pierres colossaux les saints bœufs Apis. Je ne sais pas de route plus belle que cet acheminement, à travers la verdure et la fraîcheur, dans un site livré au sable, vers la demeure des animaux sacrés dont la découverte donna la gloire à Mariette. L'avenue de plus de 150 sphinx qui conduisait à l'entrée de ce Sérapéum et que les sables ont recouverte aujourd'hui pouvait être plus impressionnante. Elle n'avait pas ce charme que procure une promenade sous les mille palmes qui abritent la terre où fut Memphis. L'évocation des choses effacées et des splendeurs mortes me cause une sensation plus profonde que les blocs de granit qui n'ont pas été effrités par le temps ou détruits par les barbares.

L'œuvre humaine de la vieille Égypte est géniale. Ce qu'il en reste, ce qui demeure debout malgré les années, est encore assez beau pour stupéfier la civilisation européenne, pour la faire douter de sa puissance créatrice. Les pyramides et les temples, laissés par les pharaons, témoignent de leur prodigieuse imagination, de leur prodigieux goût pour l'édifice grandiose. Leurs procédés de construction sont des problèmes, des inconnus pour les architectes modernes. Ils avaient, poussé à un degré extrême le sentiment du beau et du grand. Les archéologues d'aujourd'hui peuvent donc être fiers de leur œuvre de reconstitution d'une époque légendaire, de cette résurrection des merveilles pharaoniques. Mais l'œuvre incessante de la nature lui est supérieure. Pendant ce voyage de trois semaines au milieu des monuments les plus fameux de l'Égypte, je n'ai pas eu un seul instant de doute sur la prépondérance certaine que la nature avait sur l'homme. Ce que l'homme a fait, a pourtant été célébré au détriment de ce qui existe par la volonté de la divinité. Les masses de pierre sont belles par elles-mêmes ; elles le sont davantage par les sites dans lesquels des artistes épris du beau les ont placées. J'étais parti avec la conviction d'être ébloui par les temples, je suis revenu gardant dans ma mémoire une admiration intense pour les spectacles que j'ai vus, pour toutes les choses que la nature m'a montrées sous des couleurs inconnues. Le côté pittoresque m'a séduit plus que le côté architectural. Les colosses de pierre n'ont pas fait sur moi l'impression que m'a produite par exemple la seule vue de l'île d'Éléphantine. Peu de tombeaux m'ont plongé dans l'étonnement comme un coucher de soleil derrière un khamsin. Au moment d'entrer dans le récit des choses vues au pays des souvenirs antiques, je ne puis m'empêcher, à cause de l'oubli dans lequel les archéologues les ont tenus, de dire mon admiration pour la variété infinie de spectacles que la nature promène devant les yeux tout le long de ce fleuve accaparé un peu trop par les amateurs de fouilles. Que de fois, après des conversations sur la haute Égypte d'où il ressortait que le temple d'Edfou était une merveille, que les colonnes de Karnak étaient sans rivales, que les recherches de Deïr-El-Bahari étaient pleines d'un intérêt supérieur, je me suis plu à demander à ces ardents de la pierre ce qu'ils pensaient d'une promenade en barque, au crépuscule, vers les premières roches de la cataracte, avec l'île d'Éléphantine gracieusement allongée entre les maisonnettes d'Assouan et la falaise de sable rougie par les dernières lueurs du jour...

Un petit village est bâti à l'entrée des bois de Memphis ; c'est Bedrechein. Du Caire à Bedrechein, les pyramides de Gizeh, d'Abousir, de Sakkarah, de Dachour, dont les blocs énormes furent tirés des carrières de Tourah qui s'étendent en face d'elles sur l'autre rive, semblent nous faire escorte, nous marquer la route par laquelle nous voulons pénétrer dans l'antiquité. Le voyage commence bien. Les masses pyramidales sont là comme des sentinelles avancées, échelonnées dans le désert, comme des phares annonçant la région des constructions grandioses. Les villages de terre eux-mêmes qui apparaissent très sales sur les bords du fleuve s'harmonisent avec ces ruines d'autrefois. Ils ont dans leur simplicité rustique quelque chose de primitif, de préhistorique, qui évoque des paysages d'un autre âge, de l'âge légendaire. Les chaînes sablonneuses n'ont pas l'air de montagnes. Elles donnent l'impression de murailles, de remparts, de forteresses gigantesques qui gardent des terres cachées. Au milieu d'elles, le Nil, avec tous ses détours, semble se perdre. Ses rives se confondent à certains endroits. On n'entrevoit pas de débouché; on a la sensation de voguer sur un lac fermé. A chaque courbe du fleuve, les massifs de palmiers deviennent plus touffus, plus épais derrière nous. Une forêt de palmes nous sépare du Caire dont on entrevoit pour la dernière fois dans une échancrure de sable et de verdure les minarets qui semblent défier le ciel.

De Bedrechein, je ne garde qu'un mauvais souvenir à cause de cette race insupportable des âniers qui mettent un acharnement de bandit à offrir leurs montures aux voyageurs. Ils sont là trente environ, sur la berge de sable, tenant leurs bêtes par le cou, rangés les uns à côté des autres, formant une longue ligne droite qui deviendra une barrière infranchissable au moment du débarquement. Ils attendent le bateau comme un loup attend une brebis au bord d'un ruisseau, comme un vautour guette une alouette sur une branche. Il semble que la compagnie Cook soit tenue de leur fournir un tribut, de leur livrer quotidiennement une ration de touristes. Le bateau est à peine amarré que le supplice commence. Dès que quelques passagers ont mis le pied sur la berge, ils flairent leur proie et se précipitent comme une trombe sur les malheureux. Les visiteurs futurs du Sérapéum sont en un clin d'œil aplatis entre les ânes et leurs âniers. Ils ont beau hurler désespérément, repousser l'un, assommer l'autre, se débattre comme des diables, ils sont prisonniers d'une horde de sauvages dont les ânes sont les boucliers. Une odeur malsaine et suffocante s'échappe de ce tohu-bohu, prend les touristes à la gorge, tandis que le soleil les cingle de ses rayons. Les évanouissements sont faciles. Les colères montent au paroxysme. Il y a quelquefois six, sept, huit ânes, et autant d'énergumènes pour un seul voyageur. Celui-ci est serré par tous ces corps, enfermé dans un cercle d'où il ne peut sortir, étouffé par des frottements répugnants, ahuri par des vociférations aiguës. S'il se dégage, il est repoussé par ses agresseurs, rejeté du côté de l'eau, dans la vase. Il y a parfois un véritable danger. Il ne futa pas craindre de faire le moulinet avec une canne ou un bâton. Les coups pleuvent dru sur les assaillants. Les passagers exaspérés tapent au hasard autour d'eux, sur les bêtes, sur les selles, sur les crânes. Rien n'y fait. Tout a une si solide habitude de la bastonnade que c'est peine perdue. Le bras se fatigue à force de s'abattre sur des chairs insensibles aux coups. L'indigène ne comprend pas cette furie, cette prétention de l'Européen de se refuser à enfourcher sa monture pour aller aux monuments du désert. Du moment qu'il vient, il lui appartient. Ceux qui réussissent à se hisser sur une selle sont sauvés. Comme par enchantement, la bande qui les torturait se disperse, ne pousse plus un cri. Le touriste, radieux de cette solution si prompte d'un conflit menaçant, frappe sa bête qui trotte vers l'intérieur. Un de ses plus farouches adversaires le suit en courant, transformé soudain, encourageant le baudet d'un claquement de la langue, souriant maintenant à celui qu'il a tant houspillé, lui répétant sans cesse avec un ton amical : Bon boudi, monsieur, bon boudi !... L'Européen n'a pas désormais de meilleur ami que l'ânier à qui il a confié son sort, à qui il a emprunté moyennant bagchich le bon petit âne. La scène du débarquement à Bedrechein est exaspérante pour ceux qui en sont les victimes. Elle est d'une gaieté inexprimable pour ceux qui y assistent, en simples spectateurs, du pont du bateau. La même comédie se jouera tout le long du fleuve, à chaque visite d'un temple, avec moins d'intensité cependant. La sauvagerie de l'ânier diminue à mesure que l'on s'avance vers des contrées moins civilisées.

Les collines arabiques serrent de plus près le fleuve que les collines libyques. La végétation s'étend vers les dernières sur une largeur de six à sept kilomètres. Elle est nulle de l'autre côté. Le sable touche la vague. Les berges sont désertes, inanimées. Parfois, quand le vent est contraire, les hommes descendent des barques qui sont en souffrance le long des terres ; ils s'attellent à une corde attachée à la proue et traînent à la remorque la barque qui ne peut remonter le Nil. Leurs corps se courbent sous l'effort ; la sueur miroite sur leur dos bronzé que brûle le soleil. Ils vont d'un mouvement lent, comme épuisés par cette marche fatigante, soufflant à pleins poumons le long des monticules que frôle la corde. Les femmes et les enfants, juchés sur des sacs, se font traîner, chantent des complaintes lentes qui marquent le pas des hommes. Des villages aux huttes terreuses passent sans cesse devant les yeux. Ils sont perchés sur les remblais de limon que la chaleur a rendus consistants. Au pied de quelques-uns sont alignées parfois des infinités de barques, les unes à la suite des autres, avec toutes leurs voiles pliées et enroulées. Les mâts se dressent seuls alors vers le fleuve, formant comme une longue rangée de piques qui défendraient l'approche du village. On croirait voir le soir un bataillon de géants tenant leurs lances prêtes pour repousser un choc d'envahisseurs.

Plus loin, les chaînes s'éloignent, s'affaiblissent, se perdent dans le lointain, s'atténuent suivant l'heure de la journée derrière une légère brume. Le pays devient plat, semble ne plus être qu'une vaste plaine, sans élévation aucune, avec quelques arbres seulement. La terre se confond avec le ciel à l'horizon. Souvent, plus rien, ni arbres, ni villages. Le jaune du désert et le gris perle du ciel se touchent en une ligne indistincte. Il semble qu'on marche vers le vide, vers la limite du monde. Le Nil s'allonge loin, loin, devant les yeux, comme s'il coulait de la nue. Une voile blanche qui se profile dans ce panorama détruit l'illusion. Elle paraît sortir d'un gouffre invisible, d'un puits inconnu, tant elle surgit promptement, tant elle tranche, nette et droite, sur ce fond qui est un mystère.

Le défilé des formes humaines sur les rives est ininterrompu comme celui des barques sur le fleuve. Toujours, de temps en temps, des ombres noires longent la berge, font tache sur le sol jauni, sur la plaine de sable que le limon du fleuve a rendue verdoyante par endroits. Ces êtres qui passent sont comme un aimant pour les yeux. Ils attirent le regard, le force à les suivre, à ne les quitter qu'au détour prochain. Ils accaparent la pensée qui errait vagabonde dans l'espace. Elle se fixe sur eux, tire d'eux toutes les rêveries que sa fantaisie imagine. J'ai suivi longtemps des yeux ainsi une petite caravane de huit indigènes, hommes et femmes, qui poussaient devant eux deux ânes chargés de lourds sacs. Ils allaient tranquillement, un par un, silencieux dans ce grand silence, m'intriguant dans leur marche parce que devant eux une dépression de terrain avait amené le Nil, avait fait un lac d'une largeur considérable au milieu de la plaine qu'ils traversaient. Pour l'éviter, ils avaient à faire un détour immense. L'homme qui marchait le premier n'eut pas une minute d'hésitation. Il enleva ses vêtements, les roula, en fit un paquet qu'il plaça sur sa tête et pénétra dans l'eau, avançant prudemment, à tâtons, fouillant le fond avec son pied, cherchant le gué. Quand il se fut quelque peu éloigné du bord, la troupe suivit, observant la même prudence, se maintenant dans le sillon du chef. Elle avançait ainsi, s'enfonçant toujours davantage. Bientôt les têtes seules sortirent de l'eau. La moitié du chemin était faite. Je voyais les visages se suivre, comme s'ils étaient portés par le flot. Le *Nefertari* s'éloignait avec une vitesse que je trouvais trop grande. Longtemps, je vis ces têtes se mouvoir sur cette surface limpide, sur cette eau sale et jaunâtre qui de loin paraissait claire et argentée. Les museaux des ânes se levaient désespérément au-dessus du fleuve, aussi haut que possible. Je les perdis de vue brusquement. Mais longtemps encore, je pensai à eux, à ces nomades impassibles devant les obstacles, bravant l'eau et le sable, couchant la nuit sous les étoiles, poussant devant eux leurs ânes, leurs éternels compagnons dans la vie. L'âne et l'homme, voilà les deux seuls êtres vivants qui troublent indéfiniment, toujours ensemble, l'immense monotonie de ces côtes désertes.

Plus on monte, plus les villages deviennent jolis, revêtent un cachet pittoresque. L'atmosphère se faisant plus chaude, les indigènes recherchent l'ombre. Les cabanes se construisent dans la verdure, sous les palmiers, s'appuient sur les troncs. Les arbres jaillissent à travers les toitures, sortent de ces misérables huttes faites avec le limon pétri de paille. De loin, les palmiers ont l'air de longs plumeaux enfoncés dans de grands vases de terre. Devant eux, lentement, calmement, coule vers la mer cette eau trouble qui depuis des siècles charrie la nourriture de toute cette terre, fait vivre tant de générations, entretient une si grande multitude d'hommes...

La longue litanie du bagchich monte incessamment dans les airs. L'arrivée du bateau dans un port est pour les habitants une arrivée providentielle. Ils saluent de leurs acclamations d'abord, de leurs supplications ensuite, cette bande d'étrangers qu'ils supposent prodigues. Les premiers touristes ont dû jadis se montrer d'une générosité excessive. Ils ont ainsi gâté cette populace, rendu un mauvais service aux passagers futurs. Tant qu'on est à bord, tout va bien. Là où le bateau ne s'arrête que quelques minutes pour charger ou décharger des marchandises, le spectacle est réellement amusant. Les indigènes quémandeurs sont tenus en respect loin du ponton. Ils s'éparpillent dans la vase, entrent dans le fleuve, s'avancent jusqu'à ce que l'eau soit à la hauteur de leur cou. Les plus hardis se déshabillent sur la rive, apparaissent tout nus aux yeux des voyageurs et voyageuses, se précipitent dans le fleuve, nagent jusqu'au bateau. Les autres restent sur le bord, relèvent leur robe, s'enlisent dans la boue noire jusqu'aux genoux. Toute cette masse d'hommes qui grouillent dans l'eau limoneuse hurle, glapit, crie, se démène, fait un vacarme assourdissant. Ils se bousculent, s'agitent, tendent leurs mains vers nous, font des gestes suppliants, esquissent des sourires sympathiques, font des grimaces pour attirer l'attention. Pendant quelques minutes, c'est une scène inénarrable. J'ai vu peu de choses aussi comiques que l'un de ces arrêts près d'un village, à Wasta par exemple. Les oreilles sont épouvantées par cette criarde symphonie en bagchich. Le mot terrible est clamé par des bouches en délire. C'est une obsession navrante. Si un passager porte la main à sa poche, en sort une piastre qu'il fait luire au soleil entre ses doigts, les cris redoublent. Les yeux s'allument, brillent de convoitise ; les mains s'élèvent au-dessus de l'eau, plus suppliantes ; les doigts se recourbent, prêts à saisir la pièce qui va être lancée. On croirait vraiment voir des suppliciés demandant grâce. Le touriste rentre sa piastre. Le bateau s'éloigne. Tout ce monde criard regagne la berge, sans l'ombre d'un désappointement. Le refus du bagchich est entré comme la demande dans leurs mœurs. Ils sont habitués à hurler pour rien. S'ils font tant de bruit, c'est qu'ils espèrent toujours en la naïveté des nouveaux venus. Avec la même simplicité d'esprits ils saluent le bateau qui part et ses hôtes, qu'ils aient été ou non satisfaits dans leur cupidité. Ils sont aussi bons amis du voyageur impitoyable que du voyageur généreux ; ils le sont même plus du premier, car ils reconnaissent en lui la supériorité de l'étranger qui n'a pas été leur victime. Si un touriste s'amuse à leur jeter quelques paras, la comédie devient alors du vaudeville. Les pièces, naturellement, n'atteignent pas la rive, tombent dans l'eau. Plus de vingt indigènes plongent à l'endroit où elle s'est enfoncée. Il se passe sous l'eau quelque chose d'extraordinaire, comme une bousculade sous-marine, comme une mêlée d'êtres humains barbotant dans l'eau sale, se roulant dans la vase. L'eau s'agite à la surface, se fait tumultueuse. On ne voit de la scène qu'un clapotement d'eau. Vingt têtes reparaissent bientôt, sales, méconnaissables, ahuries par ce tohubohu aquatique, penaudes de l'inutilité de ce désordre. La pièce, sous tant de combattants, s'est enfoncée dans la vase. Le Nil la garde désormais. Il est le grand dépôt des bagchichs qui ne parviennent pas à leur adresse.

De pareilles scènes distraient, font passer les heures. Certaines journées paraissent courtes sur le Nil, les premières surtout. L'œil est attiré par ces mille choses nouvelles qui le charment et l'intriguent. Le crépuscule arrive sans qu'il se soit douté de la brièveté du temps. Le soleil s'incline à l'horizon vers la chaîne libyque. Le ciel bleu s'embrase, devient rouge, d'une rougeur qui flamboie, qui éclaire les paysages d'une lumière de féerie. Tout revêt un aspect fantastique, donne l'impression d'un fabuleux décor d'opéra. Mon premier coucher de soleil, contemplé dans cette course sur le fleuve, m'a laissé un souvenir profond. Je conserve dans ma mémoire une sensation très grande d'étonnement. Le soleil se couchait flamboyant vers le désert de Libye, n'avait plus que quelques instants à vivre, quand soudain, de derrière les collines opposées, la lune surgit, pleine, énorme, avec son disque pâle de dimensions égales à celles de l'astre qui allait disparaître. Les deux corps lumineux étaient face à face, séparés pour nous par le fleuve dont la surface resplendissait sous leurs lumières rivales. L'un montait lentement; l'autre s'abaissait avec la même lenteur. L'un, très rouge, éclatant, source d'incendies; l'autre, blanchâtre, très pâle, tué par l'éclat du premier, annihilé par ses feux, mais répandant une lumière très douce, pleine de tristesse. La rive droite du Nil rougeoyait dans l'embrasement du soleil mourant; la rive gauche s'endormait dans une vision de grisaille, apparaissait comme à travers la transparence d'un voile presque blanc. Bientôt l'un s'abîma dans le vide, se cacha derrière un horizon merveilleux; l'autre s'éleva aussitôt, bénéficiant de cette disparition, changeant de nuances, s'illuminant davantage. Peu à peu il jaunit, se dora, devint d'un or très pur, puis diminuant progressivement de grandeur, il se montra bientôt avec son disque normal, très haut dans le ciel pur, d'une couleur d'argent, très nette, mais toujours très douce. La nuit était venue. Ses rayons se répandaient sur les choses avec une douceur infinie, pleins de caresses. Le feuillage des sycomores devenait d'une transparence rare, d'un vert bizarre, avec quelque chose de divinement poétique, d'attendrissant. Rien n'est mélancolique comme un beau paysage lunaire. Je restai longtemps sous le charme de cet antagonisme des deux astres, de cette apparition simultanée de deux lumières contraires. Bien après encore, il me semblait avoir assisté à un combat céleste tragique, à un duel fantastique où le faible l'aurait emporté, aurait précipité son adversaire dans un torrent de flammes...

Cette lune était si belle qu'une descente à terre nous tenta, qu'une promenade à travers la campagne nous parut devoir être la digne fin de cette première journée si attrayante, si variée. Les bateaux ne marchent pas la nuit. De neuf heures du soir à trois heures du matin, ils stationnent au milieu du fleuve ou au bord de la rive suivant les endroits. La machine se tait, observe le même silence que toutes les choses d'alentour. La vie est suspendue à bord comme dans toute la vallée. De mauvais bruits circulaient alors sur la sécurité dans les provinces. On affirmait que des attaques nocturnes se produisaient sur certains territoires. La peur retint donc dans leurs cabines la majeure partie des passagers. Nous nous assîmes cinq seulement dans la barque qu'une demi-douzaine de rameurs fit glisser sur la surface calme du fleuve et aborder rapidement à la rive. Le lieu était désert, sauvage, hérissé de broussailles, bien fait pour impressionner les âmes craintives. Suivis des rameurs, nous nous enfonçâmes dans la plaine, marchant instinctivement vers une lumière rouge qui apparaissait dans un groupe de palmiers. Une vaste ferme, une abadieh, s'élevait là. Dans la cour très large, toute une populace veillait. Des femmes bavardaient autour d'un feu de paille et de bois. Les hommes fumaient accroupis contre un mur. Les enfants jouaient sous les arbres. D'autres dormaient couchés sur la terre nue. Aucun de ces indigènes ne fit un mouvement, ne se dérangea pour nous. Les femmes s'arrêtèrent de parler, nous regardèrent fixement. Les hommes chuchotèrent tout en continuant de fumer. La scène avait quelque chose de patriarcal, d'antique. Inconsciemment pourtant nous nous sentîmes abandonnés, seuls au milieu de ces êtres, comme perdus dans un milieu d'une indifférence plutôt hostile. Quelques enfants nous suivaient, rôdaient autour de nous. Tous ces gens étaient de mœurs douces, et pourtant une légère crainte s'empara de nous. La lune répandait toujours sur nous sa lumière amicale. Nous nous en allâmes silencieux à travers ce paysage qui nous semblait sinis-

tre. Nous passâmes près des enfants;. ils s'enfuirent,
effrayés à notre approche, croyant que nous allions leur
faire du mal. Ils dégringolèrent dans un ravin et se tapirent dans la verdure. Les palmiers avec leurs troncs
gigantesques avaient l'air de longs spectres dans cette
obscurité transparente de nuit lunaire. Le feu rouge des
brasiers autour desquels circulaient les hôtes de cette
abadieh resplendissait derrière nous, avait quelque chose
de lugubre, de magique. L'un des rameurs contait à voix
haute une attaque récente faite dans ce lieu contre des
passants inoffensifs. Nous nous retournâmes plusieurs
fois malgré nous, attirés par ces feux rouges qui se perdaient déjà au loin derrière les arbres. Dans la barque
qui nous ramena à bord, je songeai à la tristesse de ces
lieux, à leur aspect farouche d'où à chaque instant, de
derrière les buissons, je m'étais attendu à voir surgir
des sorcières courant échevelées après nous. La promenade au clair de lune ne fut pas si douce que nous l'aurions crue. De cette soirée qui promettait d'être calme
et reposante, nous gardâmes tous une sensation d'inquiétude mal définie, une crainte d'avoir eu peur de
gens paisibles, laborieux, ennemis du bruit, respirant
avec délice l'air pur de la campagne endormie. Je ne
rêvai toute la nuit que de visages sinistres entrevus vaguement dans une ronde macabre.....

III

Toutes sortes de légendes ont survécu à ces races qui
ont peuplé les bords du Nil, à ces villes dont il ne reste
plus que des ruines. L'une des plus jolies est celle de
la montagne de l'Oiseau, du Gebel-el-Taïr. Tous les

ans, dit la légende, les oiseaux de la contrée se réunissent sur cette hauteur, choisissent l'un d'entre eux qui doit demeurer là jusqu'à l'année suivante, jusqu'à leur retour, puis s'envolent vers le sud, dans le centre de l'Afrique. L'oiseau désigné reste seul. Il garde les lieux et n'est relevé de sa faction qu'un an après, quand un autre de la volée le remplace.

Il y a quelque chose de touchant dans ce conte de fellah, dans cette croyance à la reconnaissance des oiseaux pour la contrée où ils prennent leurs ébats. Les indigènes de Samaloud doivent avoir pour tous ces petits êtres ailés une affection particulière, puisqu'une légende aussi naïve a pu se transmettre parmi eux. Cette histoire est de celles qu'on aime à entendre conter par un de ces Orientaux à la parole imagée, qui d'un moindre récit savent faire une légende éblouissante. Quelles après-dînées exquises, quelles soirées charmantes pourraient être vécues à bord de ces bateaux, si de temps en temps un conteur narrait les souvenirs merveilleux de ces collines, de ces plaines, de ces villes détruites...

Les après-midi contiennent les heures les plus douces de cette vie vagabonde sur le Nil. Ils sont exempts de tout souci, de toute peine. Ils se passent dans la contemplation des choses qui défilent, dans les réflexions que suggèrent cette suite de ouadis, de légendes, de couvents coptes perchés sur les collines, d'emplacements où s'élevèrent des cités qui eurent un nom dans le passé. La liste de celles-ci est longue. Les Grecs et les Romains n'eurent garde de laisser intacts les vieux noms égyptiens. Ils donnèrent des appellations nouvelles aux villes, suivant le dieu qu'elles adoraient, suivant les animaux qui y étaient sacrés. Les sites où elles étaient bâties sont très reconnaissables de nos jours. Le sable, perpétuellement apporté par les khamsins, a, en s'amoncelant sur les décombres, sur les vestiges des maisons et des palais, formé des monticules, des mamelons, qui rendent la plaine bossuée, comme un dos de chameau. Il y a parfois une telle infinité de bosses et de creux que de loin, par un soleil très éclatant qui blanchit le désert, on croirait voir une série de tentes posées sur le sable, un campement immense où régnerait la mort. Ici fut Aphroditopolis, la ville de la déesse Hathor, la Vénus égyptienne ; là, Iseum, la cité d'Isis, Héracléopolis, celle d'Hercule. Plus loin, Oxyrrhinchos où était vénéré l'oxyrrhinque, le poisson sacré du Nil au museau pointu ; Cynopolis, la ville aux chiens où l'on retrouve encore des puits remplis de nombreuses momies de ces animaux ; Lycopolis, la ville aux loups ; Hermopolis, le sanctuaire du dieu Thoth, l'Hermès égyptien ; Cusae, où Vénus Uranie, sous la forme d'une vache blanche, était adorée ; Ptolémaïs, la ville immense ; Antinoë, où s'accomplit le sacrifice du bel Antinoüs qui se jeta dans le Nil par amour pour son maître, l'empereur Adrien, parce qu'un oracle avait dit que celui-ci ne serait sauvé que si ce qu'il avait de plus cher se dévouait pour lui.

La chaîne arabique est très crevassée. Elle est remplie de gorges où les vents entassent des monceaux de sables qui, sous les rayons du soleil, paraissent blancs comme de la neige. A certaines heures, les yeux ont l'illusion de glaciers gardant malgré la température torride des masses de neige sur leurs flancs. Ces crevasses donnent accès dans des vallées, dans des ouadis qui conduisent les caravanes à travers le désert vers des destinations lointaines, vers des ports de la mer Rouge. Ils mènent ainsi aux vieux couvents coptes de Saint-Antoine et de Saint-Paul, à Kosseïr, à Bérénice, qui trafiquent avec les bateaux de la mer Rouge, aux mines d'émeraude de Sakaït, abandonnées aujourd'hui, mais qui furent célèbres au temps des Ptolémées, des khalifes et des Mamelucks. D'autres couvents coptes sont échelonnés sur les hautes falaises au pied desquelles coule le Nil. Sur ces remparts rocheux, dénués complètement de verdure, ils se détachent sur la surface céleste, ressemblant à de vieilles forteresses, à des châteaux forts du moyen âge. Ces couvents sont les successeurs de ceux dont on parla tant aux premiers siècles de notre ère, qui abritèrent autrefois les moines bienheureux de l'Église chrétienne encore jeune. Les coptes sont les descendants de ces catholiques de l'Église d'Alexandrie qui se détachèrent de la métropole romaine et élirent un patriarche qui fut leur chef. Ils sont plus de six cent mille en Égypte. Leurs couvents sont très nombreux. Le plus curieux est celui connu aujourd'hui sous le nom de couvent de la Poulie, Déïr-el-Bakara. Il est perché sur la montagne de l'Oiseau, celle à la jolie légende, qui à cet endroit plonge à pic dans le Nil. Les religieux coptes avaient l'habitude, dès qu'un bateau apparaissait au détour du fleuve, de dégringoler le long de la colline à l'aide d'une corde, de se précipiter dans l'eau, de nager vers le bateau, d'escalader le pont grâce à la petite barque traînée à l'arrière, et là, dans un costume plus ou moins primitif, de demander bagchich aux passagers. Cette coutume pittoresque que les étrangers, malgré leur horreur du bagchich, auraient volontiers vue se perpétuer, car elle ne devait pas être dénuée d'originalité, a été supprimée. Le patriarche copte d'Alexandrie a mis fin à ces pratiques, qui étaient évidemment un scandale pour la religion. Quel démon a voulu que la complainte du bagchich fût une complainte sans fin sans fin montant toujours dans l'air pur de ces vallées...

Le ciel d'Égypte semble plus haut, plus vaste, plus infini que les cieux d'Europe. L'air est plus léger, plus transparent. La lumière du soleil est plus éblouissante. On a la sensation qu'il fait bon vivre dans ces contrées, respirer cet air, jouir de ces rayons. C'est une impression bien connue de tous ceux qui s'en retournent en Europe, que les premiers jours ils croient être enfermés dans un grand cachot, être sous des cieux qui se sont effondrés, qui se sont rapprochés de la terre, voir un horizon qui s'est rapetissé, qui s'est resserré autour d'eux. Ici, les yeux sont éblouis, aveuglés ; ils supportent mal parfois cette clarté prodigieuse qui fait resplendir toute chose. La rive droite du fleuve est désespérément sèche, jaune, aride. La chaîne arabique reste toujours proche de l'eau. Par endroits, la bande de verdure n'a pas cinq mètres de largeur ; le sable empiète incessamment sur elle, semble vouloir entrer en lutte avec le Nil lui-même. La réflexion du soleil sur cette surface de sable qui de jaune devient blanche sous l'ardeur des rayons fait mal aux yeux. Le sable vient parfois jusqu'au Nil, ne fait qu'un avec la vase. Pas une herbe ne pousse sur la berge. Le désert côtoie l'eau. L'aridité de ce côté du fleuve et la verdure toujours fournie de la rive libyque font contraste, séparées seulement par ce cours d'eau qui s'en va toujours majestueux, charriant son limon bienfaisant qui respecte l'une des rives, mais fertilise l'autre.

Il est doux de sommeiller vaguement sous ce ciel, à l'ombre de cette lumière, de se laisser aller au gré du pilote sur cette eau amie. Je regrette toujours ces heures passées dans les longues rêveries berceuses où, comme un Oriental pensif, je m'attardais parfois à méditer sur le mobile d'une mouche qui revient toujours se poser à l'endroit d'où elle s'est envolée. De pareilles méditations sont infinies, mais elles ont le charme d'éveiller les pensées endormies, de faire travailler l'imagination dans une douce somnolence, d'emporter la rêverie dans les brumes lointaines de l'irréel. La cause de ces retours naissants est peut-être inconsciente, mais elle a un côté mystérieux qui intrigue, qui berce, qui endort presque. Les paysages qui passent s'harmonisent avec cette recherche indécise, contribuent à rendre cette obsession délicieuse. Peu d'heures m'ont paru aussi exquises que ces heures perdues à suivre dans leur incertitude les allées et venues d'une mouche mutine...

Le bateau ne peut s'arrêter à chaque station sans charger ni décharger une foule d'indigènes qui se tiennent sur le pont inférieur, entassés, serrés les uns contre les autres. L'indigène a la passion du voyage, du déplacement. Il se plaît à être charrié dans un véhicule quelconque, voiture, wagon, barque, omnibus. S'il a des économies, elles passent dans cette rage de déambulement. Les wagons de quatrième classe sont généralement bondés. Les voyageurs y sont empilés, debout. A travers de misérables lucarnes, on aperçoit des têtes noires ou bronzées souriant d'un sourire bénévole d'enfant qui a satisfait un désir. Les Arabes vont ainsi de leur village au village voisin pour le plaisir d'être emportés dans un train, comme dans les grandes villes ils montent dans un omnibus et vont de l'une à l'autre des stations extrêmes. Dans les rues, sur les routes, on voit passer d'innombrables charrettes, traînées par un âne, sur lesquelles sont entassés des femmes et des enfants. Un homme conduit tout l'équipage qui, malgré l'étouffement, est ravi de cette promenade, fait éclater sa joie bruyamment. Il en est de même sur les bateaux de la compagnie Cook, qui fait payer un prix minime à la population du pays pour un transbordement d'un port à un autre. Du pont où nous sommes, nous entendons toute cette foule faire un vacarme effroyable, discuter, bavarder, s'agiter à chaque atterrissement. Il en descend cinquante ; il en monte cent. On se demande comment ils peuvent tous s'empiler entre les caisses et les marchandises qui sont placées à l'étage inférieur du bateau. Peu importe !... l'amour du voyage fait supporter toutes ces misères, bien minimes pour des êtres que rien ne gêne, qui sont toujours bien partout.

L'embarquement d'un grand nombre d'indigènes à Cheik-Fald, où il y a une importante sucrerie, m'est resté comme une chose mémorable, aussi comique qu'une des joyeuses scènes de bagchich. Le ponton, bien avant notre arrivée, était couvert d'une multitude d'hommes, de femmes et d'enfants, nombreux à ce point qu'une simple poussée intérieure aurait suffi à précipiter dans l'eau ou dans la vase les indigènes debout aux extrêmes bords du ponton dénué de parapets. Cette masse grouillant sur ces planches, sans protection aucune contre un mouvement d'un seul individu, était un prodige d'équilibre. On n'aurait pas pu placer un enfant de plus entre tous ces corps. Plusieurs hommes avaient sur leur tête d'énormes ballots de toile. Des femmes portaient sur leur épaule droite leur enfant, dominant la foule, laissant les mouches dévorer leurs yeux. Cette multitude s'exaspérait à l'approche du bateau, hurlait, faisait osciller les ballots et les enfants qui de loin paraissaient sur toute ces têtes d'une stabilité douteuse. Un seul agent de police, une courbache à la main, tenait en respect toute cette foule, placé devant elle, au premier rang sur l'embarcadère. L'amarrage du bateau terminé, le désordre devint inouï. La passerelle était à peine jetée sur le ponton que, sans donner le temps de débarquer aux arrivants, cette multitude se précipita sur la planche étroite au risque de s'abîmer avec elle dans le fleuve. C'était à qui passerait le premier, pénétrerait dans le bateau avant les autres. Le *Nefertari* fut envahi comme si une horde de pirates était montée à l'assaut de son bord. Les uns, négligeant la passerelle qui pliait sous le poids de véritables grappes humaines, enjambaient la balustrade du pont, essayaient de sauter du débarcadère jusqu'au bateau. Les marins les repoussaient de leur mieux, opposaient une défense vigoureuse à cette attaque désordonnée. La scène était extraordinaire. La bousculade fut insensée. Les petits enfants perchés sur les épaules des femmes assistaient hébétés à ce tumulte, les yeux toujours mangés par les mouches. Les ballots de marchandises, mal maintenus sur les têtes, roulaient sur les unes et sur les autres pour finalement, sous une impulsion brusque, aller s'échouer dans l'entrepont. Parfois, un corps tombait à l'eau, une figure souriante réapparaissait à la surface se dirigeant vers la rive. L'agent de police, pour activer l'embarquement, mettre fin à ce vacarme, tapait à tour de bras sur tout ce monde avec sa courbache dont la lanière de cuir cinglait impitoyablement les dos et les visages des hommes et des femmes, des grands et des petits, évitant ainsi, par ce châtiment commun à tous, les interminables disputes particulières. L'Arabe est insensible aux coups. Il reçoit la plus mémorable des volées avec résignation, avec impassibilité. La bastonnade a été trop longtemps dans les mœurs du pays pour soulever encore d'énergiques protestations. L'indigène sait que réellement il doit obéir quand il est frappé. Aussi, sans en vouloir davantage à celui qui le roue de coups, s'exécute-t-il rapidement sous la sensation de la courbache. L'embarquement s'accomplit promptement. Le débarquement s'opéra ensuite sous les regards de plus de cent cinquante indigènes qui restaient sur le ponton, n'étant venus là que pour voir partir les autres. Cette masse inutile de spectateurs gênait, retardait la manœuvre. L'agent, avec le même calme, leur hurla quelques paroles terribles de mécontentement, puis reprenant sa courbache et la faisant tournoyer sur sa tête, il l'abattit sur cette foule. En un clin d'œil, le ponton fut nettoyé. En dix secondes, les cent cinquante indigènes eurent disparu. Le ponton communiquait avec la terre par une simple planche longue et étroite. Cette planche ne pouvait suffire au passage de tous ces individus pourchassés. La plupart n'essayèrent même pas d'obtenir leur salut par elle. Ils se jetèrent à l'eau et nagèrent vers le bord. Quelques-uns, dans un bond incalculable, voulurent sauter sur la berge. Ils tombèrent dans la vase, s'y enfoncèrent jusqu'aux genoux, barbotèrent là quelques minutes. Une hilarité irrésistible nous gagnait. Jamais place publique livrée à des perturbateurs ne fut débarrassée mieux et plus vite. Un agent armé d'une courbache fait plus d'ouvrage ici qu'un escadron de cuirassiers à Paris ou à Berlin. Les visages balafrés et les dos cinglés n'ont pas l'air de souffrir. Tout ce monde, frappé et tapé, manifeste à terre une joie profonde d'avoir fait partie de ce désordre, de ce tumulte. De la rive, nous parvenaient des explosions de rires, des accès de gaieté fous. Ce peuple est vraiment un peuple d'enfants, bon, naïf, espiègle, toujours content. Parmi les rires, des cris montaient jusqu'à nos oreilles... Bagchich !... bagchich !... L'éternelle complainte est de toutes les fêtes. Au milieu de tous ces rires, des nôtres et des leurs, l'agent souverain, distributeur de tant de coups, esquissait un large sourire de satisfaction, seul, debout au centre de ce ponton que sa courbache avait en un instant rendu plus vide et plus nu que le coin le plus aride du désert.

Cheik-Fadl possède une usine à sucre d'installation récente, où des méthodes perfectionnées ont été introduites. La canne à sucre est le produit national du pays. Elle est cultivée tout le long du fleuve, dans des champs qui couvrent une superficie énorme. Elle est l'un des éléments principaux de la nourriture indigène dans les campagnes. Qui n'a pas vu un fellah cheminer dans les sentiers, suçant avec délices un morceau de canne ?... Le suc de canne est fade, a le goût d'eau tiède sucrée. Cette succion est écœurante pour les Européens ; elle leur donne une sensation de dégoût qui leur fait rejeter la canne loin d'eux. De longues files de chameaux apportent des montagnes de cannes, chargées sur les bosses, vers ces usines où s'engloutit la production de tous les champs des fellahs. Elles sont jetées à Cheik-Fadl dans de grandes cuves-entonnoirs où des ciseaux les broient, les réduisent en petits morceaux sur lesquels on fait passer des torrents d'eau. Le sucre se dissout. L'eau ainsi chargée va dans des cylindres successifs où a lieu le phénomène de l'évaporation. Le résidu final est de la poussière jaunâtre de sucre qui n'a plus qu'à passer à la raffinerie. Les sucreries khédiviales de la Daïra Sanieh conservent toujours le système de la compression. Celles de Maghagha, de Minieh, de Roda, sont renommées. La science moderne a rompu le charme de ces paysages primitifs. Les grandes cheminées des usines, d'où s'échappent des colonnes de fumée noire, n'auront jamais, au milieu des palmiers, le cachet pittoresque des longs minarets de mosquée. Elles sont la marque barbare d'une civilisation intense, qui lutte sur ces bords avec les restes d'une civilisation disparue qui avait sa grandeur sans avoir la laideur des dernières inventions du progrès moderne.

Les îles du Nil sont jolies. Elles abondent sur le parcours. Elles sont longues, élancées, allongent leur pointe vers les bateaux qui remontent le fleuve comme des galères qui menaceraient de leur proue des barques de corsaires. Elles sont verdoyantes. Le Nil les nourrit de son limon comme une mère nourrit de son lait sa progéniture. Elles ne sont généralement pas habitées, probablement à cause des dangers de l'inondation. Elles sont cultivées par les fellahs des rives opposées. Le Nil les enlace tendrement de ses deux bras, les protège contre l'incursion des enfants impies et destructeurs. Le bateau les contourne, les longe, puis les laisse au milieu du fleuve comme si elles étaient ignorées. Les passagers aiment à les contempler, à les voir se perdre lentement dans la brume lointaine. Quelle retraite charmante pour des Robinsons amoureux de la solitude !

Les oiseaux, comme les îles, sont nombreux sur le fleuve. Les ibis, les pélicans, les goèlands, les canards sauvages s'ébattent sur les plages, sur les bancs de sable que le Nil forme en rentrant dans son lit normal. Ils vont par vols immenses à travers les airs, traversant par plusieurs milliers ces contrées paisibles. Ils sont comme un grand nuage blanc qui voile le soleil, qui projette une ombre immense sur la terre éclairée. Parfois, ils se reposent sur l'eau tranquille. De loin, on les prend pour un îlot de sable isolé au milieu du fleuve. L'apparition du bateau les fait fuir, s'envoler à tire-d'aile vers un lieu plus calme. Pauvres petits oiseaux au plumage charmant, rose ou blanc!... combien d'entre eux doivent rester sur ces terres, tomber inanimés dans les champs de trèfle ou dans les cannes, frappés par le plomb meurtrier des fellahs impitoyables!...

Les indigènes qui encombrent le pont inférieur ne sont pas tous des flâneurs, des gens en voyage pour leur plaisir. Il y a parmi eux des marchands dont le désir est de s'aboucher avec les touristes de l'étage supérieur, de leur offrir leurs marchandises. Ce sont généralement des marchands d'étoffes. Ils ont avec eux des ballots de tapis, de tentures, de pièces de soie, de coton, de laine. Ils se glissent, sans avoir l'air de rien, jusqu'à l'escalier qui relie les deux ponts, et là, sur la première marche, étalent leurs richesses. Dès qu'un touriste s'est aperçu de la chose, il prévient les autres qui accourent. Les uns s'asseyent sur les marches supérieures; les autres se tiennent debout, appuyés contre le bastingage. Alors commence un marchandage singulier. La loi de l'offre et de la demande se présente là sous tous les aspects, sous toutes les combinaisons. Les pièces d'étoffes passent de mains en mains, circulent d'un étage à l'autre, sont déployées, examinées, discutées, palpées de toutes les façons. L'étranger doit rivaliser de ruse, de finesse, d'indifférence, de rouerie, avec le marchand. Celui-ci, comme tous ses confrères d'Égypte, ignore les beautés du prix fixe. Il demande des sommes fabuleuses qui font bondir les gens non prévenus de la supercherie de ces vendeurs de choses rares ou ordinaires. Il ne faut jamais donner l'impression d'un homme qui trouve la marchandise belle et qui désire l'acquérir. Il faut montrer pour les objets l'indifférence que le marchand semble avoir pour l'argent qu'on lui offre. On ne doit pas craindre de parlementer avec lui deux ou trois heures, de se retirer comme fatigué de cette longue conversation, de revenir dédaigneux vers lui plus tard, de recommencer encore le même dialogue. La tactique des indigènes est de lasser l'étranger, de lui arracher le prix demandé par ennui ou par exaspération. Il faut opposer à son imperturbabilité une ténacité aussi forte. Pour ces étoffes de peu de valeur, le touriste est généreux quand il paie la moitié de la somme exigée. On ne peut pas se faire une idée des rabais considérables que certains esprits opiniâtres parviennent à obtenir de ces marchands ambulants. Une tenture offerte à cent francs est livrée pour vingt après toute une journée de discussion. Chaque heure qui s'écoule fait descendre la somme demandée de dix francs. Je me souviens des longues après-dînées que nous avons passées ainsi en lutte avec des marchands d'étoffes. Ces moments sont amusants; ils distrayent la pensée. Les plus favorisés et les plus heureux sont ceux qui discutent pour le plaisir de discuter, qui n'ont pas la moindre envie de faire un achat quelconque. Ils sont maîtres de la situation. Ce sont eux qui, la plupart du temps, reviennent avec le plus grand nombre de pièces de soie ou de velours dans leur malles.

« Combien cette étoffe ? — dit l'un d'eux, d'un air souriant et gouailleur.

— Vingt shillings? — répond l'indigène.

— Je t'en donne un ? — réplique le touriste farceur. »

Grand moment de silence de part et d'autre.

« Malech !... soupire le marchand comme s'il subissait la torture. Prends-la !... »

Et l'acquéreur forcé fait une triste mine, mais débourse son shilling, ravi d'avoir une étoffe à si bon compte, à un prix inespéré, mais navré d'avoir été le jouet de l'autre et de s'être laissé prendre au piège. Entre le marchand qui livre l'objet vendu en poussant des lamentations sans fin et l'acheteur qui ne sait s'il doit rire ou pleurer, je ne sais vraiment lequel des deux a été le plus malin dans l'affaire. Seuls, ceux qui affectent un air détaché, un mépris profond pour la marchandise, ont chance d'être bien partagés dans leurs achats. Il est des Anglais qui se laissent voler d'une façon fabuleuse, qui paient sans sourciller le prix demandé par l'indigène. J'en ai vu un donner vingt-cinq francs pour un poignard que le marchand m'avait déjà laissé à dix francs et que j'espérais bien avoir à cinq. Ces touristes-là sont dangereux. Ils rendent après eux toute transaction impossible. Ils éblouissent le marchand dont les prix atteignent des proportions incommensurables. Ils tuent le commerce pour les voyageurs moins naïfs. Il arrive parfois que le marchand est intraitable, refuse d'un air hautain toutes les offres. Il reprend ses étoffes, les empaquète, fait comprendre qu'il descend à la station prochaine. Ce n'est qu'une ruse de plus. Il débarque en effet, se tient sur le ponton, près du bateau, vis-à-vis de ceux qui ont marchandé avec lui. Il tire une seconde fois ses étoffes de son ballot, les montre comme une chose alléchante aux passagers, refuse obstinément l'argent qui lui est offert, puis, quand le bateau démarre, commence à s'éloigner, comme s'il obéissait à une réflexion soudaine, il jette la pièce d'étoffe sur le pont en murmurant des mots incompréhensibles empreints d'un sombre désespoir. On n'a que
e temps de lui lancer les piastres qui lui sont dues. Ces

marchandages à bord constituent un agréable passe-temps, à condition de ne pas être anxieux de posséder les tentures ou les tapisseries exhibées avec force démonstrations et explications de leur beauté, de leur valeur, de leur solidité, de leur origine lointaine. Les marchands de cannes en bois d'ébène et de courbaches en peau de rhinocéros pullullent aussi. Quant à ceux qui puisent dans leur galabieh des scarabées, des statuettes, des petites stèles, des monnaies antiques, ils sont nombreux comme les barques du Nil et ennuyeux comme l'incessante mélopée du bagchich.....

Assiout est la première ville où le bateau s'arrête plus que les quelques minutes indispensables aux opérations d'embarquement. Elle ne possède ni temples, ni monuments géants, mais elle fut une cité importante autrefois et ses bazars eurent leur heure de célébrité. Ses minarets sont aussi nombreux que ses bosquets de palmiers. Ses environs ont une verdure luxuriante. L'aspect de la ville, vue du Nil, est charmant. Elle impressionne favorablement le voyageur qui désire aller à elle, parcourir ses ruelles, visiter les échoppes qui ont survécu aux riches bazars de jadis où se trafiquent encore des objets de poterie. A Assiout, on a la sensation qu'on se rapproche du Soudan, qu'on s'éloigne de l'Égypte proprement dite. Le type soudanais devient plus fréquent. Les bibelots et les verroteries vendus chez les marchands du bazar ont quelque chose de plus sauvage, de moins connu. Le touriste, fatigué par trois jours de navigation continue, est heureux d'enfourcher un âne, de s'en aller à travers champs vers la cité riante. Dans sa joie il dévalise les magasins de poteries, emporte des vases, des chandeliers, des brûle-parfums en terre cuite que leur fragilité empêchera plus tard d'arriver à destination Qu'importe! il est tout au bonheur d'être libre, d'être suivi d'une demi-douzaine d'indigènes qui lui parlent amicalement, l'accablent de sourires, lui font escorte à travers les rues, lui chuchotent tout bas : Bagchich !.... bagchich !....

Assiout est l'ancienne Lycopolis, la ville des loups, la cité dédiée à Anubis, le dieu à tête de chacal. Elle a quelques tombes, quelques chambres sépulcrales où furent entassées des momies de loups. Ces hypogées servirent de refuge aux premiers chrétiens à l'époque des persécutions. Une jolie légende plane sur ces grottes funéraires : on dit qu'un cénobite des premiers siècles rendit un jour la vie à toutes les momies d'hommes et d'animaux qu'il trouva dans l'une d'elles, et l'on ajoute qu'il se fit raconter successivement par ces momies ressuscitées l'histoire de leur vie. Quel dommage que ce bienheureux ermite n'ait pas laissé ses mémoires, ne nous ait pas transmis le récit des choses qu'il entendit. Je donnerais toutes les nécropoles de l'antiquité pour la reproduction de ce miracle, pour la narration de ces vies antiques tombée de la bouche de ces morts enfouis si longtemps sous le sable de la vieille Lycopolis, la cité des loups sacrés.

IV

La ville sainte des anciens Égyptiens est proche. Abydos, qui fut pour les vieilles dynasties ce que Jérusalem fut plus tard pour les chrétiens et la Mecque pour les musulmans s'élevait là, au pied des montagnes libyques, à quelques lieues du fleuve, entre les deux bourgades modernes de Guirgeh et de Bellianah. La cité qui renfermait le tombeau d'Osiris, le dieu sacré des antiques races du Nil, était la cité vénérée, celle où tous les pharaons, les grands du royaume et les prêtres, voulaient reposer pour l'éternité. Abydos était la demeure des trépassés, la ville des morts. Ceux qui voulaient vivre la seconde vie de l'au-delà, qui aspiraient à habiter plus tard la région cachée où régnait le bienheureux Osiris, rêvaient de dormir l'éternel sommeil dans une tombe de pierre, bâtie aux côtés de celle du dieu. La croyance du peuple plaçait ce séjour des âmes, l'amenti, derrière la falaise de sable qui domine le temple d'Osiris. Une large fente était pratiquée dans la montagne. Par cette fente, les âmes entraient dans l'amenti, recommençaient une vie nouvelle sous la protection de l'ancêtre divin, de l'Osiris ancien dont les légendes avaient fait une divinité. Le temple d'Osiris regorgeait de stèles votives, déposées par les Égyptiens qui considéraient comme un devoir sacré de faire au moins une fois dans leur vie le pèlerinage de la ville sainte. Cette visite pieuse au sanctuaire du dieu était le prélude du voyage final, de l'envolement de l'âme au temple, du passage à travers la fissure de la montagne, de la translation dernière dans l'amenti mystérieux. Cette promenade des âmes après la mort n'était pas une croyance sans charme. Elle s'est perdue aujourd'hui dans ce fouillis de légendes, toutes jolies, que les inscriptions séculaires des temples nous ont transmises malgré le temps, malgré les profanations, malgré les sacrilèges.

Je ne sais si l'accès de la ville sainte était difficile autrefois. Il l'a été pour nous terriblement. Les ruines d'Abydos nous seraient restées inconnues si nous n'avions eu des trésors inépuisables d'énergie. Toutes les forces humaines existant autour de nous s'étaient liguées contre notre volonté d'aller en pèlerinage au sanctuaire fameux. Le *Nefertari* passait la nuit à Guirgeh, n'en devait repartir le lendemain qu'à une heure de l'après-midi pour arriver à trois heures à Bellianah. Le trajet à âne de Guirgeh à Abydos demande quatre heures; celui d'Abydos à Bellianah en exige trois. Les touristes ont donc largement le temps de faire l'excursion en se mettant en route vers quatre ou cinq heures du matin. Cela ne convient évidemment pas à la compagnie Cook, qui préfère conserver le monopole de cette visite pour les seuls voyageurs de ses grands bateaux-touristes qui paient un droit de passage double de celui des passagers des bateaux-poste. Dès que le capitaine du bateau eut connaissance de notre résolution, il vint nous trouver, voulut nous persuader de la faute grave que nous commettrions en nous lançant de nuit à travers un pays inconnu, sillonné par des malfaiteurs, dénué de toute sécurité. Le récit de quelques attaques à main armée, de quelques assassinats récents, vint à point pour donner du poids à son argumentation et détacher de notre petite caravane les hésitants et les poltrons. Après une démonstration habile des périls qui nous attendaient sur les sentiers serpentant à travers les cultures, nous restâmes quatre seulement, trois Suisses et moi, inébranlables comme des rocs, fermement résolus à voir Abydos en dépit des brigands... imaginaires. Puisque tant de bandits défendaient les approches de l'ancienne demeure d'Osiris, comment tant de touristes parvenaient-ils journellement à la visiter !... La meilleure preuve de la justesse de nos raisonnements fut le changement de tactique de nos adversaires. Le capitaine nous affirma que nous n'aurions pas le temps nécessaire pour mener à bien notre excursion. La route était difficile et tortueuse. Les indigènes de Guirgeh ne la connaissaient que très imparfaitement. Nous nous perdrions en chemin et n'arriverions certainement à Bellianah qu'après le passage du *Nefertari*. A son grand regret, il ne pourrait nous attendre. Nous le rassurâmes sur ses appréhensions, lui certifiâmes que le lendemain, à trois heures, nous serions sur l'embarcadère de Bellianah. Alors, il émit des doutes sur les moyens de transport. Pas un ânier ne consentirait à marcher la nuit, à prêter sa monture pour une course aussi dangereuse. Nous hochâmes la tête d'un air de doute. Le capitaine, à bout d'arguments et jugeant probablement qu'il avait rempli son devoir envers l'agence Cook, nous salua et nous laissa seuls. Pas un de nous quatre n'avait sourcillé, n'avait senti faiblir son courage.

Le *Nefertari* atterrit à Guirgeh le soir. A terre, un officier de police, prévenu par les marins du bord, traita notre expédition de folie, déclara qu'il ne répondait pas de notre sécurité, qu'il déclinait toute responsabilité. Nous le dégageâmes de toute crainte. Nous y mîmes même une certaine ironie, exaspérés que nous étions par les discours en langue arabe qu'il échangeait dans l'intervalle avec le capitaine du bord et qui nous faisaient douter de leur sincérité à tous deux. Le chef des âniers fut appelé. Dans l'obscurité, nous distinguions à peine son visage. Les ânes ne pouvaient se mettre en route avant huit heures du matin; un règlement s'y opposait. Cela nous parut louche, mais nous étions décidés à vaincre, à briser tous les obstacles. A la lueur d'une torche qu'un marin apporta, l'homme nous apparut en pleine lumière. Sur sa poitrine couverte d'un tricot de

laine étaient brodés en lettres jaunes les mots suivants :
Cook et son!... Nous partîmes d'un éclat de rire. Dès
lors, comme le disait certain drogman, il était bien évident pour nous que Cook était le roi du Nil. Tout marchait sous ses ordres. Il régnait en maître sur ce territoire.

Ce que Cook ne voulait pas, nous le voulions, nous.
Nous mettions maintenant une certaine âpreté à triompher
de tous ces mauvais vouloirs. Rien n'aurait pu vaincre notre obstination à vouloir accomplir le pèlerinage d'Abydos. Les discussions avaient rassemblé du monde près du
débarcadère. Quelques cris de « Bon boudi, môsieu »
parvenaient jusqu'à nous. Quelques baudets en effet
étaient là, tenus par des enfants. En cinq minutes, nous
eûmes nos bêtes assurées pour le lendemain matin,
quatre heures. Les jeunes âniers, en dépit du prétendu
chef, s'étaient laissé séduire par d'alléchantes promesses de sérieux bagchichs. Ils avaient juré d'être au
bateau à l'heure dite, de nous conduire au temple, de
nous ramener avant trois heures de l'après-midi au
port de Bellianah. Tous les prétextes invoqués contre
nous tombaient donc, à l'exception de celui de l'insécurité. L'événement devait faire justice de ces prétendus
malfaiteurs. Nous allâmes nous reposer, laissant le capitaine, l'officier de police et le chef ânier disserter sur
l'entêtement de certains touristes, sur la violation des
droits qu'ils supposaient acquis par les agences de
voyage sur les vestiges des tombeaux et des temples
découverts à l'emplacement de la nécropole sacrée. La
nuit, je rêvai d'une ténébreuse association ayant Cook
pour chef, étendant comme une araignée ses fils sur
tous les lieux rendus mémorables par des pharaons,
emprisonnant les choses et les êtres le long de ce

Nil jadis si libre, si inviolé, toujours grandiose.

Un de mes compagnons avait à bord avec lui un drogman qu'il avait engagé au Caire sur des conseils peu clairvoyants. Ce drogman était pour lui dans ce voyage un poids mort. La nullité de cet individu témoignait de l'inutilité complète d'un guide dans une excursion sur le Nil. Un drogman est un être encombrant dont les services ne sont pas indispensables, dont le bavardage est singulièrement agaçant au milieu des spectacles merveilleux qu'offre le pays. L'air libre qu'on respire sur ces terres exige une âme libre et un corps libre. L'être tout entier doit être dégagé de tout *impedimentum*. Ce drogman-là était obséquieux, ignorant, naïf et surtout peu débrouillard. Il avait toujours été mon cauchemar. Il fut pour moi, ce jour-là, pire que cela, car il empoisonna mes rêveries tout le long de cette marche délicieuse vers Abydos, qui était pour nous le temple défendu, à travers ces champs sur lesquels planaient des soupçons de banditisme.

Nous partîmes à cinq heures du matin, enveloppés dans de grands manteaux, au milieu d'une obscurité que dissipait à peine la lumière très faible d'une lune mourante. Nous étions dix en comptant le drogman et les cinq âniers. Nous n'avions pas la moindre peur, mais nous étions anxieux de connaître cette incertitude des chemins d'Abydos. Ce voyage avait quelque chose de mystérieux comme celui des âmes à travers la fissure de la montagne. Le paysage, aux premières lueurs du jour, devint délicieux. Nos petits baudets trottinaient gaiement. Les feuillages d'arbres, d'abord sombres, se dentelaient sur le ciel d'un bleu très pâle, devenaient d'une transparence très fine. Les palmiers semblaient plus élancés, les champs plus verts et plus humides. Le désert seul avait une apparence plus triste, une couleur plus grise. Aux abords des fermes plongées dans le plus grand silence, des aboiements de chiens éclataient, gardiens vigilants de leurs maîtres. Les premiers que nous entendîmes nous donnèrent une sensation instinctive de crainte, bien vite réprimée. Sur des tertres de sable, parfois, se profilaient dans la légère clarté du ciel des silhouettes d'Arabes, se tenant immobiles, un fusil au canon très long sous le bras. Le premier nous fit l'effet du brigand annoncé, du malfaiteur nocturne. Nous le regardions fixement, prêts à nous mettre sur la défensive. Ces hommes étaient des gaffirs, des gardiens de villages et de cultures, veillant toute la nuit, nous accompagnant de loin de leurs regards bienveillants et protecteurs. Loin de rencontrer des bandits, nous ne vîmes que des amis. La prédiction menaçante ne s'accomplit pas. La contrée fut cette nuit-là vierge de maraudeurs, d'hommes aux intentions sinistres, de détrousseurs de touristes. Les repaires ne vomirent pas leurs hôtes farouches. Nos poumons purent s'emplir librement de l'air délicieusement pur du matin ; nos pensées purent errer vagabondes au hasard des chemins sans l'angoisse du danger. Nous allions tranquillement, à cheval sur nos ânes, comme Don Quichotte suivi de Sancho Pança. Notre Sancho, le drogman, n'était malheureusement pas drôle. Il troubla, toute la matinée, ma rêverie par des explications interminables sur les choses du ciel et de la terre.

Je me demande en vérité si certains indigènes n'ont pas un mépris profond pour cet être qu'est le touriste, qui va de temple en temple un livre à la main, affirmant ainsi pour eux une ignorance absolue de l'histoire et de ses traces. Cette soif de renseignements sur le pays, sur les habitants, sur les monuments, doit être pour eux la marque d'une instruction incomplète, très éloignée de la leur. Le drogman fut sans doute pris d'une certaine sympathie pour moi, car il entreprit de perfectionner mon éducation. Pendant une heure, malgré le charme des bois traversés et des canaux côtoyés, je suivis un cours de science universelle grâce auquel je sus que le soleil ne tournait que sur lui-même, alors que la terre tournait autour de lui, que la lune n'avait pas de mouvement propre, que l'Égypte était occupée par les Anglais, qu'elle était fécondée par l'eau du fleuve, que les canaux si nombreux avaient été creusés pour conduire cette eau au loin dans les terres... et d'autres billevesées de la sorte. Ce fut plus qu'une souffrance, ce fut un martyre. Un maronite que nous rencontrâmes sur la route et qui chemina quelques pas avec nous me tira de ce dialogue insipide. C'était un brave homme du Liban, qui se rendait dans quelque village voisin. Dès qu'il sut que j'étais Français, il me parla de Madagascar. L'expédition dans la grande île africaine était à ses débuts.

— Les Français se sont-ils emparés de Madagascar? me demanda-t-il.

— Non! pas encore!... La guerre commence seulement. Il faudra quelques mois encore....

— Ah !... il paraît que l'officier français qui a débarqué le premier a planté un drapeau en terre en disant : Voilà un drapeau que jamais plus personne n'enlèvera ! — Ce sera vrai, ça. Les Anglais envoient bien des armes aux Hovas, mais les Français ne craignent pas les Anglais.

— Certes!... dis-je, heureux de trouver un ami aussi chaleureux dans ces parages.

A dire vrai, les troupes n'avaient pas encore débarqué.

à Majunga. Mais ces populations chrétiennes de la Syrie, au cœur si français, allaient en besogne plus vite que nous. Notre prise de possession de la terre malgache était connue et contée dans les villages bâtis sur le vieux sol d'Abydos bien avant qu'elle fût réelle. Ces quelques paroles du bon maronite furent comme un baume sur la blessure cruelle que m'avait faite l'odieux drogman. Je ne croyais pas les entendre aux abords de la ville sainte d'Osiris.

L'âne est une monture amie, mais fatigante. Il a un petit trot néfaste aux peaux délicates. Au bout de trois heures, la lassitude vient. On va sans dire un mot, courbé mélancoliquement vers les deux grandes oreilles qui s'allongent, aspirant au terme du voyage. Le paysage perd de son charme. On jette un regard vague sur les champs qui s'animent, sur les fellahs qui commencent leur dur labeur de la terre. Ils piochent, creusent, arrosent ce sol qui les nourrit. Le soleil qui monte toujours à l'horizon darde ses rayons toujours plus chauds sur leurs corps entièrement nus. La peau bronzée luit sous la lumière ardente. On a quelquefois l'impression que ce sont des hommes de cuivre, nés dans l'âge antédiluvien, conservés là. Tout, même l'être humain, donne ici la sensation de quelque chose de fabuleux, de très antique. Le fellah attelle à sa charrue des buffles ou des chameaux, quelquefois même l'un et l'autre. Les deux bêtes font un couple mal assorti, mais elles vont quand même d'un pas égal, tristes et patientes comme le maître qui les pousse,

Le temple que l'on va voir à Abydos fut construit par Séti Ier, achevé et enrichi d'inscriptions par Ramsès II et ses successeurs. Le temps lui a fait subir de nombreuses dégradations. Ses restes sont beaux, dignes de l'admiration des passants. La ville qui l'entourait a été réduite en poussière. Il n'en reste plus que des décombres, des amas de briques, de sable et de calcaire. Des dattiers ont poussé sur ces ruines, comme à Memphis. La nature est toujours la fée enchanteresse qui répare les atteintes du temps, qui met un peu de fraîcheur là où fut la gloire. Le pylône et les cours sont complètement abîmés. Ses sept nefs longitudinales commençant aux sept portes d'entrée, aboutissant aux sept sanctuaires consacrés à Horus, à Isis, à Osiris, à Ammon, à Harmachis, à Phtah, au roi, sont remarquables par leur décoration, par leurs tableaux, par leurs inscriptions. Dans un couloir voisin se trouve la célèbre table d'Abydos, l'un des monuments historiques les plus importants de l'Égypte, où soixante-seize cartouches de rois allant de Ménès à Séti témoignent de l'existence de dix-neuf dynasties, où les chercheurs trouvèrent la certitude de la véracité des listes royales de Manéthon, dédaignées jusqu'alors. Cette concordance des deux tables permit d'établir les successions des pharaons pendant 3500 ans. La destruction s'est abattue sur Abydos. Ses nécropoles, ses nombreux temples, celui si renommé du dieu Osiris, ont disparu. Seul, celui de Séti a bravé les siècles ; mais ses murailles et ses architraves s'écroulent par endroits. Le temple est rempli d'oiseaux de toutes sortes et de toutes couleurs, non pas des oiseaux de ruines, mais des oiseaux charmants qui chantent continuellement sous les colonnes rongées et sur les chapiteaux dégradés. Ces petits êtres joyeux, posés sur des pierres hiéroglyphiques vénérables, affirmant par des cris répétés leur vie au milieu de tant de choses mortes, ne sont pas l'un des moindres attraits de ce temple. Je ne revois plus les sept sanctuaires sans évoquer aussitôt la volée d'oiselets qui prend ses ébats sous la protection lointaine d'Osiris, le dieu sacré. A travers un plafond écroulé, entre deux architraves gigantesques garnies d'oiseaux, je cherche en vain dans la montagne libyque la fissure par laquelle les âmes entraient dans l'amenti, dans le séjour bienheureux des morts. J'en vois plusieurs, mais obstruées, envahies par le sable, fermées à tout jamais du côté de la vallée égyptienne. Les âmes ne passent plus. La fente sacrée est morte avec la légende.

Abydos est déjà loin de nous. Nos petits ânes nous emportent allègrement vers Bellianah, suivis des âniers infatigables, qui ont couru toute la nuit derrière eux, qui vont courir encore trois heures sans fatigue, sans ennui, toujours souriants, excités par l'approche du bagchich. Les poumons des saïs qui courent devant les voitures de maître au Caire valent seuls ceux de ces âniers trottinant comme leurs bêtes pendant des heures, les excitant de la voix ou du bâton. La chaleur est devenue très forte. Nous allons, silencieux, évoquant des règnes disparus, des races mortes, des légendes oubliées. Midi ! — nous arrivons dans un village populeux. Nous traversons des rues encombrées d'hommes et de femmes, puis un marché. Nos montures se frayent un passage à travers les fruits, les concombres, les légumes, les gargoulettes, les cannes à sucre, qui gisent à terre sans ordre. Une étendue d'eau nous barre soudain le chemin. C'est le Nil, c'est Bellianah, c'est le port auquel atterrira à trois heures le *Nefertari*. Nous triomphons sur toute la ligne. La possibilité de l'excursion d'Abydos est rendue certaine par nous. Quand le *Nefertari* fut en vue de Bellianah, nous vîmes avec nos lorgnettes tous nos compagnons du bord massés à l'avant, fouillant anxieusement des yeux la berge du village, presque sûrs de n'y apercevoir aucun de nous. Il leur avait été affirmé encore que nous étions, ou assassinés, ou perdus dans des sentiers inconnus, ou retardés par la difficulté de la marche. Leur satisfaction de nous revoir au milieu d'eux se teintait d'une légère mélancolie d'avoir été poltrons par persuasion, d'avoir été joués par les gens de M. Cook. Le récit de nos aventures, bien simples, hélas!... occupa toute la soirée qui était exquise de fraîcheur et de beauté. J'ignore si l'un de nous tartarina quelque peu.....

V

Les légendes païennes des temps pharaoniques prennent leur vol depuis Abydos, escortées bientôt par celles, plus austères et plus humaines, des premiers siècles de l'ère chrétienne. Le culte de Jésus-Christ s'implanta là sur ces terres où régna le culte d'Osiris. Des couvents s'élevèrent en face des pylônes gigantesques, des temples énormes. Des anachorètes, las de la vie, las des hommes, las du bruit, vécurent dans ces déserts, dans ces îles du Nil, dans ces coins de verdure entretenus par le fleuve. Des impies, éclairés par la foi nouvelle, conquirent la sainteté par des efforts de jeûne, d'abstinence, de recueillement, de soumission à des règles sévères. Le souvenir des cérémonies magnifiques se déroulant dans les vastes sanctuaires des Ramsès et des Séti s'effaça un jour devant la simplicité des prières monacales faites en commun sous la direction d'un saint ermite. Un vent d'ascétisme passa sur ces contrées qui avaient connu le déploiement du luxe, des richesses, les efforts de la multitude asservie par des despotes. L'austérité vint après la munificence. La Thébaïde, la douce Thébaïde, chère à tous ceux qui rêvent de solitude propre aux évocations de paix, est là, le long des rives du fleuve sacré, après le désert d'Abydos.

On éprouve une émotion indéfinissable à l'approche de cette terre tranquille où de pieux cénobites trouvèrent un refuge contre la vie, où des chrétiens, attristés par les séductions des villes, cherchèrent l'oubli de leurs maux. Leur existence eut un charme tel que la postérité crut voir dans leur Thébaïde un nouvel éden, un paradis terrestre où les élus goûtaient une bienheureuse félicité. Ils y eurent simplement cette béatitude d'une vie libre dans une solitude merveilleuse. La simplicité de leurs mœurs était grande. La splendeur des choses qui les entouraient était plus grande encore. Les plaisirs étaient ignorés dans ces retraites, les peines aussi. L'invariable beauté de la nature consolait de toutes les désespérances, de tous les regrets, donnait la sérénité aux cœurs troublés, raffermissait les croyances dans la puissance divine, inspirait cette quiétude d'âme trop rare qui permet de se complaire dans la contemplation de l'infini jusqu'à l'heure finale, sans souci de ce qui viendra après celle-ci, sans crainte surtout.

La Thébaïde apparait dans un cadre de verdure. La végétation devient plus riche, plus touffue. Les rives paraissent plus vertes. Le sable s'éloigne, disparaît. Les collines arabiques et libyques n'enserrent plus le fleuve, ne se rapprochent plus de l'eau bienfaitrice. On les aperçoit toujours dans le lointain avec leurs flancs rocheux aux couleurs changeantes du matin au soir, tour à tour jaunâtres, dorées, rouges, pourpres même, puis violacées, grises, pâles, presque transparentes, enfin nébuleuses. Les palmiers ne sont plus les mêmes. Ils sont plus longs, plus efflanqués. Les bouquets de palmes se multiplient au sommet des grands troncs. Les eaux très torrentueuses du Nil s'apaisent, reprennent leur calme, deviennent d'une limpidité extrême, coulent lentement sans flots, sans écume, avec de simples ondulations très légères. Le fleuve s'élargit, prend des allures de grand lac, de grande nappe d'eau tranquille. Les barques aux voiles blanches triangulaires descendent toujours, fidèles à l'eau qui les porte vers la rive lointaine. On a bien la sensation qu'on entre dans une terre paisible, dans une terre de méditation. Plus tard, la végétation s'éclaircira, la largeur de la bande verte ira en s'affaiblissant, les chaînes se rapprocheront, le sable reprendra ses droits ; la Thébaïde, plus sauvage, restera toujours enchanteresse, apparaîtra toujours comme le séjour envié de ces moines que les duretés de la vie ascétique ne purent faire renoncer à leur contemplation. On comprend saint Antoine, saint Macaire, qui se retirèrent là, saint Pacôme qui bâtit sa cellule dans l'île de Tabenné, au milieu d'une profusion de dattiers et de palmiers doums en face des ruines géantes du temple de Dendérah, dont les colonnes portent sur les chapiteaux la tête de la Vénus égyptienne, la déesse Hathor.

Les anachorètes disparurent comme tout disparaît. Les monastères devinrent vides peu à peu. Les disciples des premiers moines se dispersèrent, abandonnèrent cette Thébaïde dont le renom pourtant ne put s'éteindre à travers les âges. Il reste d'elle dans l'histoire un parfum de félicité et d'enchantement, une suite de légendes monacales et de saintes vies qui la font entrevoir encore comme une terre sacrée, celle où il serait doux de vivre. Les pharaons ont laissé des souvenirs impérissables grâce au granit. Les pieux cénobites ne nous sont connus que par des récits. Les touristes et les archéologues peuvent rester éblouis devant les amoncellements de pierres; il est encore des rêveurs pour évoquer dans ces parages charmeurs, au lieu des architectes de génie, les saints ermites heureux de leur incessante contemplation, qui ne prêchèrent pas à des multitudes, mais songèrent aux choses éternelles, pleins d'une douce résignation.

La nuit arrive vite dans ces régions. Comme on a la grande lumière, on a la grande obscurité. On marche parfois dans des ténèbres opaques, très épaisses, que trouble seule la lune avec sa clarté très douce faisant ressortir sur le fond noir le minaret et le palmier. Pourtant, d'autres bateaux passent avec leurs feux allumés, rompant la noire uniformité de l'horizon. Leurs illuminations font croire à une gondole de fêtes, à une embarcation enchantée, descendant le cours du fleuve. Les lumières se projettent dans l'eau sombre, se réfléchissent tremblotantes comme de longues fusées, comme des branches de saules pleureurs qui seraient en feu. L'eau est d'une miroitance extraordinaire. Sous la lumière lunaire, elle reflète tout. Les palmiers s'y dessinent avec leurs contours les plus délicats, leurs plus fines dentelures. Les palmes apparaissent très nettes. On croirait presque à une végétation nouvelle, éclose dans le fleuve, inversement identique à celle de la rive. Cette transparence de l'eau est étrange avec tout le limon qu'elle charrie et qui la rend d'une saleté extrême. Aux heures du soleil couchant, la réflexion est encore plus précise. La rive avec toute sa verdure se projette dans le fleuve. L'eau renvoie les choses avec leurs couleurs et leurs nuances. Les tons clairs ou foncés des variétés de bersim ou de luzerne se distinguent nettement malgré l'infime différence. Les reflets du sable sont d'une teinte orangée, s'harmonisant si bien avec le sol qu'aux endroits de la rive sans verdure les deux teintes semblent ne faire qu'une, se confondent. Ces heures du soleil couchant sont délicieuses. La chaleur étouffante du jour disparaît avec l'astre. La fatigue s'en va. L'esprit renaît, débarrassé de sa somnolence. On se sent plus dispos pour une promenade méditative dans l'histoire ou dans la légende, pour une longue rêverie à l'arrière du bateau qui va dans la nuit vers le port prochain.....

Le mot *fantasia* qui a pris en Europe une signification assez précise n'en conserve en Orient qu'une assez vague. On entend par là toute espèce de plaisir, de divertissement, toute récréation prise d'une façon quelconque. Les danses orientales constituent une *fantasia*. Les almées qui ont conquis dans nos pays un renom d'élégance et de grâce séductrice sont bien déchues. Je n'ai jamais pu voir en Egypte une danseuse qui par ses charmes ou son art éveillât en moi le souvenir de quelqu'une des divines houris du paradis de Mahomet. Toutes celles que j'ai vues étaient généralement laides, grosses, lourdes dans leurs mouvements, ennuyeuses au bout de quelques minutes. Les cafés arabes, au Caire ou ailleurs, où chaque soir quelques femmes couvertes de sequins et d'écharpes exécutent des danses lamentablement lentes et uniformes sur un accompagnement criard, n'offrent qu'une attraction médiocre. La danse arabe, dont l'art semble se complaire aux contorsions du corps, n'est pas faite pour séduire.

Les lecteurs des contes orientaux se font une autre idée de ces almées dont le nom seul a une douceur exquise. Une déception amère se prépare pour celui qui a rêvé de sensations nouvelles, de délices antiques. La danseuse n'a rien d'idéal, rien d'immatériel; la danse est essentiellement vulgaire. Les pharaons, les kalifes, les sultans ou les pachas qui, selon les récits, ne surent résister aux tentations des enivrantes almées durent avoir d'autres spectacles que ceux que l'Orient exhibe aujourd'hui.

J'espérais qu'en m'éloignant de la civilisation la fable reprendrait ses droits. La Thébaïde n'eut pas que des temples, ne nourrit pas que des moines. Elle fut célèbre aussi par ses almées. Kéneh, que le Nil sépare de Dendérah, eut un quartier entièrement peuplé de danseuses où se recrutaient les plus belles d'entre les Égyptiennes, les Nubiennes et les Abyssines pour les fantasias lointaines. Hélas! l'émigration s'est faite de ces contrées appauvries vers des villes plus bruyantes. Les almées charmeuses sont devenues rares. Celles qui restent habitent dans des bouges affreux, véritables taudis de sorcières. Elles ne sont plus là que pour divertir les indigènes ou égayer les étrangers qui passent et qu'une tentation amène dans leur repaire. Nous eûmes ce désir dans une de nos haltes de nuit, à Farchout, je crois, d'assister à l'un de ces spectacles. Le souvenir de cette soirée m'est resté comme quelque chose de lugubre. Le village était triste, sombre, mal éclairé par de rares lanternes. La lune n'avait pas encore paru derrière les collines. Un silence de mort pesait sur toutes ces huttes de terres, bâties sans ordre, séparées par d'étroites ruelles tortueuses. De grandes ombres erraient le long de ces huttes, nous inspirant une défiance instinctive.

Un enfant, heureux de gagner un bagchich, nous conduisait, baragouinant des mots de toutes les langues. Nous allions ainsi, nous éloignant de la rive, frôlant des corps humains étendus sur le sol, déjà perdus dans ce dédale de rues. La hutte de la danseuse était basse et sale. Nous pénétrâmes par un trou dans un premier réduit d'où des échelons de terre faisant corps avec le mur conduisaient à une chambre plus élevée, meublée de quelques escabeaux, dans laquelle se tenaient trois ou quatre êtres humains à peine distincts à la clarté d'une lampe fumeuse. L'enfant cria deux fois *fantasia*. Il se fit un remue-ménage. Les hommes s'assirent à terre, brandissant des tambourins. La femme étendit sur le sol un tapis et, debout, suivant la cadence de la musique, soumit son corps à des contorsions exagérées, tout en agitant un mouchoir de chaque main. Les hommes chantaient des mélopées d'une voix rauque; la femme s'agitait, se tordait, essayait de se faire lascive. Le spectacle était répugnant. Chacun de nous se crut dans une antre de bandits, dans un refuge de malfaiteurs. Nous jetâmes quelques piastres par terre et nous partîmes. La femme poussa derrière nous quelques cris de fureur, hurla quelques malédictions, puis tout rentra dans le silence. L'enfant attendait à la porte. Il murmura « bagchich », puis disparut. Quelle désillusion!... Le lieu, la danse, la danseuse, tout était ignoble, repoussant. Il n'y a plus là qu'un prétexte à la débauche, qu'un voile à des scènes inavouables. Qu'est-elle devenue, l'almée charmante aux mouvements souples, fille des fées et sœur des sylphes ?.....

Le Nil forme là une large boucle dont Abydos, Dendérah, Luxor, occupent en triangle les trois points extrêmes. Abydos eut le culte d'Osiris; Dendérah eut celui d'Hathor. Le temple de la déesse est magnifique ; il produit une très grande impression qui ne s'atténue pas avec le temps, qui demeure toujours dans la mémoire. Le temple ne s'élève pas majestueux au-dessus du sol. Les générations qui ont vécu autour de lui ont bâti sur ses flancs, dans ses enceintes, sur ses murs, leurs horribles maisons de terre. C'est un des traits caractéristiques de ces races postérieures à celles des anciens siècles de n'avoir pas su respecter les monuments de leurs ancêtres, de les avoir profanés par leurs constructions banales. La plupart des temples ont été ainsi ensevelis sous des villages coptes ou arabes, dont les huttes se sont peu à peu effondrées et les ont couverts de leurs décombres. Ces amas de briques, de pierres, de terre, ont exhaussé le sol, ont entouré les murs de granit de monticules qui les dérobent à la vue, qui masquent leur masse aux voyageurs qui marchent vers eux. Se profilant au soleil couchant sur un ciel de feu, ils apparaîtraient comme un monstre fantastique, comme une énormité grandiose. Le temple de Karnak produit cet effet parce qu'il est resté vierge de tout envahissement barbare, parce qu'il apparaît seul, imposant, au milieu d'une plaine immense. Le temple de Dendérah, longtemps enseveli, a été déblayé ; il demeure encore au-dessous du niveau du sol. Il a fallu établir un grand escalier de bois pour pénétrer dans la salle hypostyle. Là, le spectacle compense toute désillusion extérieure. Les vingt-quatre colonnes en forme de sistre, emblème d'Hathor, surmontées d'un dé cubique sous lequel apparaît sur chacune des quatre faces la tête de la déesse, sont d'un effet magistral. Le plafond est couvert de tableaux et d'inscriptions astronomiques. Les plafonds des autres salles sont percés d'ouvertures prismatiques et coniques disposées de telle façon qu'on a supposé qu'elles devaient servir à projeter la lumière sur les tableaux astronomiques suivant des règles déterminées. Un auteur a même prétendu que les cent quatre-vingts ouvertures étaient percées de façon que la première reçût à son lever la lumière du soleil, que celle-ci pénétrât successivement par chacune des autres, et qu'arrivée à la dernière elle refît le même chemin en sens contraire jusqu'à l'ouverture initiale. On reste frappé d'admiration devant la grandeur de l'œuvre, devant l'effort accompli. Les escaliers de pierre conduisent entre des parois couvertes d'hiéroglyphes aux terrasses supérieures. Des processions se déroulaient entre ces murs, portaient à un jour fixe de l'année le corps de la déesse vêtu d'habits sacrés sur les hauteurs du temple pour être exposé à la clarté du jour.

Le temple de Dendérah est, dans sa masse, moins riant que celui d'Abydos. Les architraves ont subi moins de dégradations, sont restées plus intactes. Le soleil qui pénètre abondamment dans l'un, n'éclaire pas les immenses salles de l'autre. Les énormes pierres des terrasses, non détruites, protègent les sanctuaires d'Hathor contre l'ardeur des rayons. Une douce obscurité règne dans le temple. Là, pas d'oiseaux joyeux chantant au milieu des ruines, troublant de leurs chansons le grand silence de la solitude, comme à Abydos, mais des chauves-souris frôlant de leurs ailes les grandes colonnes et les plafonds, s'échappant à chaque instant des cryptes souterraines du temple plongées dans de mystérieuses ténèbres. Le recueillement s'impose. L'esprit se sent plus troublé sous ces pierres noircies et humides que dans la grande lumière des salles trop dégradées. Je ne suis pas de ceux qui veulent pousser à un degré extrême le caractère sacré des monuments antiques, mais vraiment ceux qui ont la garde de ces souvenirs du passé ne devraient pas tolérer que les agences de voyage, organisatrices d'excursions, installent entre les colonnades des temples des tables improvisées, chargées de victuailles, auxquelles, après la visite des salles, prennent place des bandes de touristes affamés. J'ai pénétré dans la salle hypostyle de Dendérah à l'instant précis où plus de quarante convives banquetaient joyeusement en costumes plus ou moins fantaisistes. Les têtes de la déesse sculptées sur les chapiteaux de pierre eussent dû pouvoir traduire leur courroux. L'effet de la majesté du lieu est singulièrement amoindri par ces scènes dignes tout au plus d'un cabaret de Suresnes. Le temple d'Hathor n'est pas une auberge. Les touristes peuvent prendre leurs repas à bord avant ou après la visite. Les archéologues feraient bien de veiller à ce qu'une collation sous des architraves vénérables où plane encore l'esprit des anciens cultes ne fasse pas partie du programme des chefs d'excursions. La liberté actuelle constitue une véritable profanation qui n'est pas moins répréhensible que la dégradation barbare.

On va à âne visiter tous ces temples. Sauf celui d'Abydos, ils sont tous situés à trois ou quatre kilomètres du fleuve. En moins d'une demi-heure, on atteint leur enceinte. Comme à Memphis, des âniers attendent les voyageurs sur la rive. Ces petits baudets, qui les conduisent aux ruines, ont des noms généralement tirés de l'histoire; ils s'appellent *Ramsès, Thoutmès, Hatasoo*. Ils semblent vieux comme ces pharaons dont ils portent les noms et sont mauvais. Plusieurs trébuchent à chaque pas. Quelques-uns font la course tant bien que mal; d'autres, au contraire, sont jeunes, vigoureux et trottent allégrement. Les âniers donnent presque toujours à ceux-là le nom de *Téléphone*. Aussi les touristes malins, à peine débarqués sur la rive, crient-ils à voix forte : *Téléphone! Téléphone!...* et prennent-ils l'âne qui semble répondre à leur appel. Ils sont à peu près sûrs de posséder une bonne monture. Les âniers ont voulu évidemment par ces appellations prouver aux étrangers qu'ils marchaient avec le progrès, et que si les ânes fatigués méritaient des noms antiques, les ânes frais et dispos devaient rappeler par les leurs quelque invention moderne. Les passagers se livrent généralement à des courses folles à travers champs. Des luttes asinesques s'engagent. Les *Téléphone* de la troupe se disputent la victoire, mais bien des *Thoutmès* et des *Séti* restent désespérément en arrière à la grande colère de leurs cavaliers que la peur de n'avoir plus assez de temps pour la visite bouleverse. Les malheureux baudets sont bourrés de coups. L'ânier et le touriste rivalisent de fureur sur leur pauvre échine. Au retour, ceux qui ont été dotés de montures lentes partent les premiers. Ceux qui connaissent la fougue de leurs bêtes s'attardent dans leur contemplation des ruines, puis se lancent à la poursuite de leurs devanciers. Tous doivent être au bateau à l'heure fixée. Ces cavalcades sont réjouissantes. Elles sont une diversion à la vie méditative, obligatoire dans cette longue promenade sur le Nil. Elles dégourdissent les membres, distraient les esprits,

Tout le long de ces chemins, des enfants harcèlent les voyageurs, demandant *bagchich*. Ils courent par bandes nombreuses derrière les ânes. Les uns jouent de petites lyres faites de sept baguettes de roseau liées ensemble, sur lesquelles il y a des cordes. D'autres soufflent dans une flûte bizarre composée de deux roseaux accouplés et percés de trous, de laquelle ils tirent des sons rappelant ceux de l'orgue. D'autres encore n'ont aucun instrument, mais se présentent vêtus de feuillage, la tête et les reins ceints d'épis de blé et de feuilles vertes, pareils à Adam et Ève dans le paradis terrestre. Les premiers sont prêts à vendre leur instrument, si le touriste manifeste une curiosité quelconque pour ces lyres ou ces flûtes. Tous accompagnent la cavalcade pendant des kilomètres jusqu'au terme final de la course. Là, ils offrent des objets prétendus anciens en marmottant éternellement ce mot qui finit par agacer : *Antique!...* Ce sont la plupart du temps des monnaies modernes, des sous grecs ou espagnols, des scarabées fabriqués dans une usine voisine, des figurines, des statuettes, même des objets qui sont d'un usage courant dans nos pays d'Europe. Pour eux le mot *antique* couvre tout, doit donner une valeur à leur marchandise. Les cris de *bagchich* et *antique* se croisent, se mêlent dans un vacarme assourdissant. Ces enfants sont d'une effronterie extrême. Il en est qui arrachent un épi dans un champ et l'offrent à un étranger en disant : *Antique!...* Faut-il que les premiers visiteurs de ces temples aient été naïfs et crédules pour que ces petits indigènes soient élevés à se jouer ainsi de nous et à croire sérieusement à une aussi stupide ignorance de notre part!... *Antique!...* *Antique!...* Ce cri devient une obsession. On sent la nécessité d'échapper à cette poignée de fâcheux. On frappe sa monture... Hélas!... si l'on a un *Ramsès*, on est livré sans espoir à leur énervante mélopée. La question du paiement des âniers est aussi un problème. Quelle que soit la somme donnée, l'indigène proteste, manifeste une indignation violente, s'acharne après son client. Il ne faut pas une seule minute perdre son sang-froid. On doit donner le prix qui est en général connu et ne plus revenir sur ce que l'on a donné. Le meilleur moyen d'échapper aux réclamations toujours agaçantes est de repousser violemment l'ânier et de monter aussitôt sur le bateau. Cela coupe court à tout débat. Rien n'empêche ensuite de discuter du bord avec l'ânier qui vocifère sur le ponton. C'est souvent original et toujours drôle. Il suffit d'être d'un tempérament calme et d'avoir une ouïe résistante...

Les habitants de ces lieux, paraît-il, honoraient le scorpion. Ils craignaient Typhon, le meurtrier d'Osiris, qui dispersa à tous les vents les membres du dieu, et ils lui sacrifiaient des ânes. Pauvres petits baudets, si utiles de nos jours, qui servaient à apaiser la colère du mauvais génie...!

Les ruines d'Abydos, de Dendérah, sont loin. Celles de Luxor sont proches. Le *Nefertari* va maintenant de temple en temple, de sanctuaire en sanctuaire. On marche dans l'histoire, dans le passé, entre deux rives qui furent témoins d'entreprises colossales. L'antique Thèbes va apparaître avec toutes ses splendeurs, avec tous les souvenirs qu'elle évoque. Nul ne peut s'empêcher de rester longtemps plongé dans un silence méditatif à l'idée de la terre que ses pas vont fouler, des merveilles que son œil pourra contempler. Les yeux errent vaguement sur les bords du fleuve dans lequel, comme jadis, les populations puisent encore sans interruption l'eau fécondante. Le Nil a été, est encore le bienfaiteur de ces races qui travaillent le long de son cours. Du Caire aux cataractes monte incessamment, comme un rappel des efforts prodigieux faits par ces populaces d'Égypte pour avoir droit à la vie, le grincement des sakies et des chadoufs qui s'échelonnent sur les bords du fleuve et portent au loin l'eau nécessaire à l'existence de la plaine et du peuple. Il faut lutter éternellement contre le sable, il faut fertiliser éternellement la terre que la pluie du ciel n'arrose jamais. L'Égypte tout entière est esclave de son fleuve. D'un bout à l'autre de la longue vallée, des milliers d'hommes n'ont pas d'autre labeur que de fournir l'eau à la terre. La sakie se compose d'une roue à laquelle sont attachées des outres ; cette roue s'engrène dans une autre que deux bœufs, tournant en rond machinalement, font mouvoir toute la journée. Les outres plongent dans le fleuve, se remplissent, se déversent dans un conduit de bois qui porte l'eau au loin. Le chadouf consiste en un sac de cuir suspendu à une longue poutre de bois perpendiculaire à une autre sur laquelle elle bascule. Une énorme pierre fait contrepoids au sac. Deux hommes tirent le sac à eux, le plongent dans le Nil, le remplissent d'eau et laissent le contrepoids le ramener à la hauteur voulue. Un petit canal est creusé dans la terre, ils vident le sac dans ce canal et reprennent leur besogne. Si la rive est très élevée au-dessus du fleuve, il n'est pas rare de voir deux, trois chadoufs, étagés les uns au-dessus des autres, se déversant les uns dans les autres pour amener l'eau au sommet. Le travail que nécessite le remplissage de tous ces petits canaux est colossal. La quantité d'eau puisée chaque fois est infime, et il faut arroser des étendues immenses. Le chadouf est plus fréquent que la sakie. Les hommes qui sont attelés à cette besogne font un métier d'une dureté extrême. Ils travaillent nus, sous un soleil ardent qui fait ruisseler la sueur sur leur peau. Sans cesse, leur corps se plie en deux, leur dos se courbe pour faire redescendre l'outre de cuir qu'un poids très lourd maintient au-dessus de leur tête. Ils sont, tout le long du Nil, la preuve irréfutable de cette servitude d'une race à un fleuve. Cet effort constant d'une humanité inquiète, tourmente. On se sent une angoisse au cœur pour ces hommes condamnés à ce travail machinal, une pitié pour ces fatigues inconnues dans nos contrées. Indéfiniment, des corps apparaissent sur les rives, suspendus à ces éternels chadoufs. Les bras se meuvent sans arrêt, l'eau passe d'une outre à l'autre. Et toujours, comme si elle était la chanson ininterrompue de la misère de ces pauvres êtres, la plainte que fait la poutre en grinçant sur l'autre s'élève dans les airs, suivie de celle des sakies et des chadoufs voisins, accompagnant, comme une protestation de cette populace asservie par l'eau, la marche de ceux qui sur le fleuve sacré rêvent de vie heureuse et trouvent les heures exquises sous cette éblouissante lumière...

VI

Thèbes !...
Les hommes et la nature ont fait là assaut de génie, ont combiné leurs efforts dans un prodigieux désir de faire grand, de faire beau, de faire éternel. Thèbes est la cité des ruines, du passé, de l'histoire, la ville où les Ousortésen, les Hatasou, les Ramsès ont consacré splendidement le culte d'Ammon, le dieu vénérable qui engendre les autres, la capitale dont les auteurs anciens ne prononçaient le nom qu'avec admiration, dont Homère a chanté les cent portes, dont Diodore a célébré les temples, les édifices, les statues, les colosses d'or, d'ivoire

ou de pierre, dont Strabon a pleuré la déchéance la disparition entrevue. Thèbes n'évoque pas moins, dans sa splendide existence, le souvenir des conquérants qui la saccagèrent que celui des pharaons qui l'embellirent. Si elle connut la gloire, les triomphes, les longs défilés d'esclaves et de vaincus sous ses propylées, l'orgueil d'être la cité souveraine sans rivale par ses monuments et ses richesses, elle sut plus que toute autre ce que font les désastres, ce que valent les défaites, elle vit ses sanctuaires violés par des barbares, ses temples dégradés par des profanes, ses enceintes détruites par des vainqueurs, sa grandeur anéantie par des races jalouses. L'ambition d'un Cambyse, la rage d'un Ptolémée, la colère d'un Théodose, abattirent l'œuvre colossale de dix dynasties de pharaons que le temps ravagea encore dans la suite des siècles. Thèbes, telle que l'ont faite les constructeurs, les destructeurs et le temps, est aujourd'hui la ville morte la plus grandiose par ses ruines, ses nécropoles, ses amas de décombres, la beauté des spectacles que l'œil peut y contempler.

On comprend que la plaine de Thèbes ait tenté les pharaons, les artistes, les architectes. Les chaînes libyque et arabique se sont éloignées là du fleuve, ont rejeté au loin la ligne envahissante du sable. Le Nil s'est élargi, a couvert un vaste espace de ses eaux calmes. La vallée, toujours plus ou moins étroite, resserrée entre les collines, semble avoir par un vigoureux effort rompu ses barrières. La plaine s'étend, immense, de chaque côté du fleuve, dominée à l'ouest par les collines de l'Assassif au pied desquelles s'élèvent les temples de Qournah, de Médinet-Abou, de Deïr-el-Bahari, de Deïr-el-Médineh, le Ramesseium, les colosses de Memnon, avec, pour vis-à-vis sur l'autre rive, les ruines majestueuses de Luxor et de Karnak. La nature jette sur l'œuvre des hommes détruite par eux et par elle la magnificence d'une lumière solaire éclatante ou d'un coucher d'astre merveilleux... Thèbes !... La seule pensée que l'on approche des lieux où fut la métropole antique et glorieuse cause une sensation profonde...

Ma première vision de la cité disparue m'apparaît comme à travers une hallucination. Le *Nefertari* était arrivé le soir à Luxor. A peine débarqués, quelques passagers et moi avions résolu de nous rendre sans retard aux ruines de Karnak. La nuit était très noire. Montés sur de vigoureux baudets, nous nous lançâmes dans l'obscurité. Les petits ânes, excités par leurs âniers, galopaient furieusement sur la route dont nous ne distinguions pas les buissons, ni même la poussière blanche du sol. Nous allions au hasard, dans une chevauchée effrénée, confiants dans l'instinct de nos bêtes, craintifs, vaguement apeurés. La plaine était effroyablement silencieuse. Parfois quelques-uns s'affaissaient avec leurs montures, puis se relevaient et reprenaient leur galopade insensée. Nous courions dans l'inconnu, pressentant des sphinx lointains, des pylônes et des colonnades gigantesques, préparés à toute émotion, à tout émerveillement par cette course fantastique. Tout d'abord ce furent des apparitions confuses, des blocs de granit ou de grès couchés le long de la route, restes de ces sphinx ou de ces béliers entre lesquels on marchait jadis vers le temple, puis des masses noires énormes, dressées dans la plaine comme des fantômes, propylônes précédant les pylônes de l'enceinte, enfin des décombres, des amas de constructions, des murailles trouées de brèches, des colonnes, des cours bordées de murs, et encore des colonnes supportant de lourdes architraves. L'éboulement de tout un côté d'un pylône permet, par une ascension rude, de parvenir au sommet de la masse de pierre. De là, la vue embrasse tout ce qui reste des monuments de Karnak, toutes les ruines enfermées dans l'immense enceinte de briques crues dont parle Diodore.

Une obscurité profonde couvrait toute la plaine, cachait à nos yeux l'emplacement sacré ; mais, au loin, sur les collines de l'est, une douce clarté montait, précédant l'astre de nuit, la lune blanchâtre aux rayons caressants. Son disque apparut bientôt, sortant de l'étendue de sable, dissipant peu à peu les ténèbres opaques. Toutes les choses jusqu'alors très sombres s'éclairèrent lentement, apparurent très vagues encore sous cette pâle lumière, assez précises pour impressionner déjà les yeux inquiets de cette apparition quelque peu magique. Les ruines de Karnak sortaient pour nous de leur néant. Les temples de Séti, de Ramsès, de Thoutmès, les pylônes des pharaons et ceux des Ptolémées, les obélisques de la reine Hatasou, les constructions d'Ousortésen, d'Amenhotep, les blocs isolés, les piédestaux effondrés, les monceaux de débris, tout ce qui était pierre, marbre, grès ou granit, se détachait successivement les uns des autres, se profilaient comme teintés de gris sur le fond noir des collines lointaines. Écrasant tout de ses proportions colossales, la grande salle hypostyle du temple, la merveille de Karnak, de Thèbes et de l'Égypte antique, se dégagea soudain de l'obscurité, apparut dans l'ombre avec ses cent trente-quatre colonnes de vingt-trois mètres de hauteur, de dix de circonférence, couvertes de sculptures, cartouches de rois ou tiges de fleurs, supportant un plafond massif, fait de pierres géantes. L'impression est immense. L'émotion se double d'une stupéfaction profonde, d'un étonnement sans bornes devant l'œuvre de tant de générations, conservée si grandiose encore malgré les ravages du temps. La lune qui adoucit tout, grandit encore le caractère fantastique de ces ruines. Le silence de la plaine les fait paraître plus vénérables encore, plus sacrées. L'esprit fait inconsciemment un bond en arrière, pénètre dans les âges les plus reculés de l'histoire, s'emplit de légendes, de récits crus invraisemblables jusque-là. La science des peuples anciens apparaît comme fabuleuse, leur génie comme ayant atteint les limites suprêmes. Contemplé la nuit, par un clair de lune, du haut d'un pylône monumental, Karnak produit un effet saisissant qui frappe la mémoire d'une marque impérissable, qui laisse dans la pensée une trace ineffaçable. Peu à peu, des hurlements de chiens rôdant aux alentours s'élevèrent dans la grande paix de la nuit, se prolongèrent au loin dans la campagne. Les aboiements se firent plus nombreux, plus lugubres. Bientôt ce fut comme une multitude de plaintes sortant de tous les fossés, de toutes les ronces, de tous les décombres. Les chiens à tête de chacal qui abondent dans ces parages criaient leur détresse autour de ces ruines. Leurs gémissements nous troublaient comme s'ils venaient d'âmes errantes, d'anciens pontifes ou d'anciens pharaons pleurant sur la cité anéantie. Ils étaient pour nous comme l'expression lamentable de la tristesse infinie de toutes ces pierres s'écroulant lentement, mais sûrement, cédant à l'irrésistible poussée des années après avoir été les témoins de tant de gloire......

Le lendemain, par un soleil radieux, Karnak m'apparut dans tout son éclat, dans toute sa beauté. Les ruines couvrent une étendue considérable de terrain. C'était presque une ville. On se demande ce que devait être

Thèbes dont Karnak n'était qu'un faubourg. Karnak, avec sa forêt de pierres, donne déjà la sensation de l'immensité, mais de l'immensité qui a subi des ravages. Le temps, l'inondation, les invasions ont détruit l'œuvre phénoménale des hommes d'autrefois. Ce qui reste debout stupéfie encore, est grandiose. Tous les rois des dynasties successives contribuaient au développement de l'enceinte, voulaient avoir leur édifice dans l'ensemble de ces constructions. Les amoncellements de pierres, rochers, blocs et briques, débris de colonnes ou d'architraves, étonnent eux-mêmes, quelquefois plus que les architraves et les colonnes restées intactes. Des salles sont encore debout, demeurent vierges de toute dégradation, mais on prévoit l'écroulement prochain. Les murs subsistent on ne sait comment. Des pans de murailles entiers, penchés sur d'autres effrités eux-mêmes sur lesquels ils ne s'appuient que par quelques pierres légères, défient encore l'effondrement. Deux colonnes de la salle hypostyle sont un prodige d'équilibre. L'architrave de l'une en se brisant et en glissant l'a entraînée. La colonne voisine a résisté à l'énorme choc, a immobilisé l'architrave qui à son tour a immobilisé la colonne. Les trois masses forment un tout effroyablement instable, magnifique dans son horreur. Un tremblement de terre provoquerait un cataclysme, un bouleversement qui n'aurait pas son précédent dans l'histoire. Les chocs s'entendraient à des distances considérables, feraient hurler les chiens dans un suprême cri d'effroi.

La contemplation de Karnak est, au point de vue architectural, le plus merveilleux spectacle de la haute Égypte. C'est sur ces ruines que se concentre la plus forte admiration. Le soleil couchant fait jaillir des reflets flamboyants de ces pierres noircies par le temps. Sous ses rayons incendiaires, les ruines s'embrasent, deviennent pourpres. Les pylônes et les propylônes, postés comme d'immenses arcs de triomphe aux extrémités des longues allées de sphinx, grandissent, prennent des proportions démesurées. La nature donne à l'œuvre humaine une apparence de magie. On revit pour quelques minutes les époques fabuleuses où il est parlé de paysages indescriptibles. Par les clairs de lune ou par les soleils couchants, sous une clarté pâle ou sous une flamme ardente, la vision des débris de tant de monuments géants semble une vision de rêve. Plus tard, l'illusion grandira. Le souvenir des magnificences vues apparaîtra comme une irréalité...

Sur les bords du Nil, dans le village même, le temple de Luxor avec ses cours et ses cariatides repose du chaos de Karnak. Des deux obélisques qui en gardaient l'entrée, l'un est aujourd'hui sur la place de la Concorde ; l'autre est toujours debout devant le pylône. Ce temple fut l'un des plus difficiles à déblayer. Il disparaissait complètement sous un village arabe. Les indigènes avaient entassé des décombres dans les cours et sur ces décombres ils avaient bâti leurs huttes. Encore aujourd'hui, malgré tous les efforts, quelques masures subsistent sur la première terrasse. Au milieu d'elles, une petite mosquée émerge avec son minaret. Cette mosquée est cause de l'inachèvement du déblaiement. Les archéologues n'ont pu obtenir la démolition de la mosquée, démolition qui est soumise à des lois religieuses extrêmement sévères dans ce pays musulman, impossibles à transgresser. Près des statues colossales de Ramsès II appuyées contre les murs d'entrée, statues qui virent jadis les processions des prêtres d'Ammon, les indigènes de Luxor vont aujourd'hui se prosterner contre terre en l'honneur du prophète de la Mecque. Mahomet a pris la place des dieux antiques. Le contraste de la petite mosquée moderne, encadrée par les pylônes du temple, avec le sanctuaire pharaonique entouré de colonnes aux chapiteaux en forme de fleurs de lotus épanouies, est des plus pittoresques.

Près de là est la demeure de l'agent consulaire français, un copte aimable qui ne sait pas un mot de notre langue. Son frère représente à Luxor l'Italie; il ne parle pas l'italien. Tous deux habitent la même maison. Tour à tour, suivant les circonstances, le drapeau français ou le drapeau italien flotte sur le toit de la maison commune. Le jour où il y aurait conflit entre les deux puissances, les deux frères seraient dans un profond désarroi. On m'a conté qu'en 1870 les agents consulaires de France et d'Allemagne se trouvèrent dans le même cas. Du jour au lendemain, dit-on, ils devinrent des ennemis irréconciliables. Ils firent construire dans leur jardin un mur de séparation s'appuyant sur le centre de l'habitation. Le côté droit était français, le côté gauche était allemand. Les deux propriétaires se promenaient chacun dans sa partie, farouches, se toisant par-dessus le mur, ne se parlant plus. Ils ne reprirent leurs relations qu'après la guerre. Les agents consulaires sont là tous de braves gens. Il en est un qui représente, je crois, quatre pays, dont trois grandes puissances. La façade de sa maison disparaît sous les écussons de ces nations. Notre agent reçoit très bien ses soi-disant compatriotes. L'entrevue est muette, mais des boissons fraîches scellent l'amitié et, sur un grand livre relié, chacun d'eux est invité à écrire quelques paroles bien senties et à apposer sa signature en souvenir de sa visite. C'est chez lui que je fis la connaissance d'un jeune copte, parlant très bien le français, doué d'une instruction assez forte, remplissant à Luxor les fonctions de drogman pour les touristes. Ce guide, très intelligent et connaissant à fond son histoire, était alors dans une peine profonde. Un écrivain français, venu l'année précédente dans ces lieux, avait, dans le récit de ses impressions, publié le nom d'un autre drogman concurrent dont la vogue avait, depuis l'apparition de son volume, grandi, paraît-il, considérablement. Le jeune copte, navré, ne vivait plus. Les lauriers de l'autre l'empêchaient de dormir. Quand il sut qui j'étais, il me conta son chagrin, me dévoila toute son érudition, me supplia de faire un jour imprimer son nom pour le mettre sur le même pied que son rival. Je veux satisfaire à son désir parce qu'il parle fort bien notre langue, parce qu'il est serviable et surtout parce qu'il a fait toutes ses études dans une de ces écoles religieuses françaises qui, seules dans la haute Égypte, travaillent à l'extension de notre influence. Puissent ces lignes lui porter bonheur!... Sur sa carte de visite qu'il me donna et que j'ai conservée, je relis son nom : Boulos Abdelmessih.

L'hôtel de Luxor, où descendent les étrangers, est charmant. Il est caché au milieu d'une végétation touffue, dont la fraîcheur repose de la sécheresse des pierres vues dans la journée. Les palmiers et les acacias l'entourent. Les jardins sont pleins de coins délicieux où il fait bon s'asseoir, se recueillir après tant de spectacles grandioses, méditer sur les splendeurs mortes dont Thèbes rappelle le souvenir. L'esprit a besoin de quelques moments de solitude pour se retremper dans ce passé si puissamment évoqué devant lui. La quiétude est douce après la fatigue des grands étonnements. Chaque retour d'un temple exige après lui une heure de calme et de paix vécue au milieu des fleurs et des feuilles du jardin, dans le parfum inaccoutumé d'une verdure bienfaisante...

La Thèbes de la rive droite du fleuve a les ruines de Karnak, la Thèbes de la rive gauche a la vallée des Rois. Certains pharaons des premières dynasties ont voulu pour tombeaux des pyramides géantes, amas de blocs énormes dont le centre serait occupé par leur sarcophage dérobé aux vivants par une masse de granit épaisse de plus de cent mètres. Plus tard d'autres ont bâti des monuments auxquels on accédait par d'interminables avenues de sphinx. Les Ramessides ont eu plus d'orgueil. Ils ont pris ce qu'il y avait de plus durable, de plus colossal : des montagnes. Ils ont choisi les monts rougeâtres du Lybian et ils y ont creusé leurs tombes jusqu'à des profondeurs inouïes, fiers de ces nécropoles impérissables ne redoutant que la destruction finale. Pour parvenir à ces tombes, pas de chemin bordé de sphinx ou de béliers, mais un vestibule gigantesque de plusieurs kilomètres, une vallée tortueuse, sèche, aride, tournant dans tous les sens, flanquée de rocs, de pics et de sables, aboutissant à un creux fermé par un mont pointu dressé vers le ciel, pareil à une pyramide à degrés. Un fleuve semble avoir passé là dans les temps préhistoriques, ayant tracé cette vallée entre les collines sauvages. Son lit sert de route pour aller aux tombes des Ramsès. Du sable, des cailloux, des morceaux de rochers en remplissent le fond. Des deux côtés, les parois des monts s'élèvent comme des murailles, successivement grises, noires, blanches, rouges, suivant la nuance de la terre ou du sable, frappées toutes par les mêmes rayons de feu qui les brûlent depuis des siècles, toujours resplendissantes malgré leur sécheresse, toujours colorées par ce même astre qui règne souverainement sur ces lieux désolés, qui leur donne cet aspect fantastique, plein de majesté. On sent que l'on ne peut marcher vers des vivants, que seuls des morts, et de grands morts, doivent être ensevelis dans les montagnes auxquelles aboutit cet étrange défilé. La tranquillité éternelle est bien là dans ce site où reposèrent des corps illustres. Les Ramsès voulaient des sanctuaires inviolables, une paix profonde assurée pour l'éternité. Ils les eurent malgré les barbares envahisseurs, malgré les conquérants. Ils avaient compté sans les savants, sans les chercheurs, qui troublèrent le repos de ces pharaons morts, pénétrèrent un jour dans les tombeaux mystérieux, enlevèrent les momies sacrées et les lourds sarcophages. La montagne n'abrite plus aujourd'hui que l'âme de ces morts.

Les rochers de la route qu'aucune herbe n'égaie prennent devant l'œil rêveur toutes les formes, tous les aspects. Est-ce un mirage, une illusion, est-ce la réalité, on croit voir parfois, taillé dans le roc, un de ces sphinx à tête impassible comme l'Égypte en recèle. La nuit, la vallée doit paraître hantée par des spectres. Le jour, la chaleur est surnaturelle. Les rayons brûlants du soleil, renvoyés par les parois de sable, en font une fournaise. On a la sensation accablante d'être dans le royaume du feu. Au bout de cette gorge morne et silencieuse sont les hypogées royaux, ceux de Séti Ier, de Ménephtah, de Siphtah et de neuf Ramsès. Tous ont un couloir très long s'enfonçant dans la montagne en pente douce, aux parois couvertes de peintures symboliques très bien conservées ; puis, viennent les chambres saintes dont la dernière a la garde du sarcophage. La longueur des hypogées varie suivant la longueur des règnes, chaque pharaon ayant dès son avènement fait commencer les travaux qui devaient porter la chambre de sépulture le plus loin possible dans les entrailles de la montagne. Là encore, comme à Karnak, l'œuvre humaine est colossale. Le pharaon qui découvrit cette retraite précédée de ce défilé sinueux aux abords farouches et qu la désigna pour la nécropole des rois de sa dynastie fut un homme de génie, un penseur et un artiste. Que devaient être ces funérailles royales, où des processions innombrables serpentaient sous un soleil torride à travers les courbes ravagées de cette route qui menait, entre des rochers géants, vers ces tombes souterraines creusées dans les flancs de la montagne mystérieuse...

De gracieuses petites filles accompagnent les touristes dans cette marche le long de la vallée aride. Elles portent sur leur tête une gargoulette remplie d'eau, destinée, selon elles, à désaltérer le voyageur terrassé par cette température surélevée de la vallée des Rois. Elles ne se lassent jamais dans leur course. D'un pied agile, elles vont derrière les ânes, trottant comme eux, réglant leur pas sur le leur. Elles savent que l'étranger, même s'il n'a pas recours à l'eau rafraîchissante, se montrerai généreux au terme de la promenade, ne saura résister à leur sourire, à leur charme. Elles n'ont pas plus de douze à quatorze ans. Elles sont vêtues d'une longue robe noire légère qui moule leur corps, fait valoir leur élégance naturelle. Toutes ces jeunes fellahines sont d'une grâce extrême. Leur corps, très souple, très délicat, est d'une mobilité délicieuse. Elles ont une distinction instinctive, une apparence aristocratique qui sont bien loin de la rusticité de nos paysannes. Elles ont, pour chaque regard de l'étranger, un sourire angélique, une expression exquise de jeunesse et de simplicité. Leur pied nu ignore la dureté du chemin, effleure à peine le sable et la roche. Leur agilité est surprenante comme leur grâce. Elles semblent toutes créées pour être plus tard vestales, prêtresses, pour rappeler perpétuellement les femmes des scènes bibliques. Parfois, elles ont des attitudes hiératiques de déesses. Quelle ironie dans leur destinée!... Plus tard, à l'âge où les Européennes commencent à être belles, elles deviendront grosses, lourdes, laides, paresseuses... Elles sont extrêmement flatteuses, et de plus déjà femmes malgré leur jeunesse, c'est-à-dire qu'elles sont malicieuses et connaissent nos côtés faibles, nos défauts. Elles savent quelques mots de français. Elles gagnent la sympathie des voyageurs par les plus douces flatteries. Tu es riche?... disent-elles à l'Européenne qu'elles suivent.

— Non!...
— Tu es noble?...
— Non!...
— Tu es généreuse?...
— Non!...

Tous les qualificatifs y passent. L'Européenne ne se laisse pas toucher.

— Tu es belle!... disent-elles enfin avec une voix délicieusement caressante.

La voyageuse rougit, est vaincue, ne répond plus rien, mais donne quelque chose, un objet, un souvenir, à son humble admiratrice.

Une de mes amies du Caire qui m'avait précédé dans ce voyage m'avait recommandé une de ces enfants, nommée Fatma, qui l'avait aussi accompagnée jusqu'aux tombes des pharaons et l'avait touchée par ses paroles flatteuses. Je n'eus pas de peine à la retrouver. A notre arrivée sur le sable de la vallée, ce seul nom de Fatma, prononcé à haute voix par moi, fit détacher de la bande joyeuse une gracieuse indigène qui, au souvenir de la dame évoquée par moi, manifesta une joie extrême, posa la main sur ma selle et marcha ainsi à mon côté tout le long de la route, tenant de l'autre main sa gargoulette placée sur sa tête. Les adjectifs se succédaient sans interruption dans sa bouche.

— Belle!... me répétait-elle surtout!... Belle!... Belle!...

Moi, tout heureux de ce souvenir d'une amie absente, je la laissais parler.

J'écoutais à peine, mais sa voix charmeuse berçait mes pensées, qui, par-dessus les collines brûlées, s'en allaient vers celle dont la jeune fellahine répétait sans cesse le nom avec ravissement.

Le cirque dans lequel sont les tombeaux royaux paraît sans issue. Il semble que le voyageur doit s'en retourner vers la ville morte par l'immense vestibule qui l'a conduit jusqu'à la montagne sépulcrale. Un étroit sentier gravit cependant la colline sainte, aboutit au sommet du Lybian d'où l'on domine tout le massif rocheux, d'où par une échancrure de sable l'on aperçoit le Nil se déroulant au loin entre les cultures vertes emprisonnées elles-mêmes entre les deux déserts mornes. Par un effet de lumière puissant, jaillissant du contraste de ces eaux paisibles et de ces sables rongés par le soleil, le fleuve qui serpente dans les terres apparaît bleu comme le ciel qui le domine. Cette large bande bleutée repose la vue, cause une sensation de douceur bienfaisante qui atténue l'impression de désolation grandiose qui monte de ces immenses plaines arides où ne se dressent que des ruines gigantesques. Le long ruban bleu pâle que paraît être le Nil est comme un morceau de ciel détaché qui se déroulerait sur un fond de sable doré. Le spectacle est superbe. La vue embrasse tout ce qui reste de Thèbes, la cité illustre. Vers le sud, Médinet-Abou, un temple qui est une merveille, où les inscriptions qui sont gravées dans les murs ont des profondeurs inouïes. Plus près, le Ramesseium, monument funéraire que le grand Ramsès s'éleva à lui-même. Dans la même plaine, d'autres édifices, d'autres temples, d'autres colonnades, d'autres hypogées, tous plus ou moins épargnés par le temps. Tous évoquent ce même problème d'équilibre qui effare à Karnak. On ne s'explique pas comment tous ces blocs brisés ne s'effondrent pas, comment ces architraves rompues ne s'abîment pas dans le vide, comment ces colonnes sans base se maintiennent encore debout. Quels assauts tous ces monuments ont eu à subir!... Les chrétiens des premiers siècles n'ont pas été moins féroces que les conquérants anciens, que le temps même. Ils ont maculé toutes les sculptures, mutilé tous les colosses, toutes les statues. Ils ont fait œuvre de barbares par fanatisme religieux, par ardeur de croyants. Leur foi s'est offensée de ces adorations païennes. Ils ont dégradé les mythes, les emblèmes et les symboles gravés sur la pierre. L'œuvre des pharaons a résisté à tout. Du haut du Lybian, les ruines de la grande Thèbes frappent toujours l'étranger du même prodigieux étonnement.

Au pied de la chaîne, symétriquement aux tombeaux des rois, mais tourné du côté de Thèbes, se dresse le temple de Deïr-el-Bahari, qui s'étage en larges terrasses jusqu'aux flancs de la montagne. La reine Hatasou l'édifia contre ces remparts rocheux. Les chambres sacrées sont taillées dans la montagne même. On arrive au sanctuaire par des marches successives, par des cours s'élevant progressivement les unes au-dessus des autres. L'ensemble des constructions est majestueux. Elles sont pourtant longtemps restées ensevelies sous des monceaux de sable et de décombres. Les rochers du Lybian, cédant à des pressions inconnues, se sont détachés du massif, se sont parfois abattus sur le temple, entraînant avec eux des agglomérations de terre. Depuis des années, des milliers d'ouvriers travaillent au déblaiement de ces ruines, enlevant pierre, sable, terre, débris, découvrant chaque année quelque chambre nouvelle, mettant à jour des blocs couverts d'hiéroglyphes indéchiffrés, des pans de mur ignorés. Le site fait songer à un immense chantier où s'agiterait toute une humanité. Des indigènes aux robes blanches ou bleues se meuvent sans cesse sur ces terrasses, poussant des vagonnets, transportant sur leur tête dans des couffes de paille les décombres inutiles. Tous s'en vont au loin derrière des monticules jeter ces matériaux qui obstruent le temple. Ces travaux de reconstitution d'un monument antique donnent une idée de ce que devaient être ces emplacements choisis par un pharaon à l'époque de l'édification. Les ouvriers indigènes d'aujourd'hui travaillent par groupes se mouvant en cadence suivant le rythme d'une chanson monotone que plusieurs d'entre eux hurlent machinalement sans interruption. On a l'impression très nette que cette habitude s'est transmise d'âge en âge parmi ces populations, que les ouvriers d'autrefois devaient avoir la même coutume de s'entraîner au labeur par le même refrain saccadé. Tous ces chants plaintifs d'ouvriers courbés vers la terre ou charriant des décombres vont se répercutant sur la grande paroi rocailleuse de la montagne qui les renvoie très distinctement. Que devaient être ces chantiers de Thèbes, quand des légions d'esclaves roulaient ou portaient des blocs de granit énormes, les hissaient par des moyens surhumains et inconnus les uns sur les autres, érigeaient ces temples colossaux qui ont défié toutes les tempêtes ?... Quel devait être l'écho renvoyé par ces montagnes, alors que des milliers de bouches poussaient la même plainte cadencée ?... La fourmilière humaine qui chantait ainsi sa servitude devait être grandiose, comme l'œuvre qu'elle édifiait, comme la colline qui n'en était que la monumentale paroi d'appui, comme le désert doré qui s'étendait à perte de vue, comme l'astre éclatant qui écrasait, brûlait et embrasait tout de ses rayons ardents, comme l'immense plainte qu'elle jetait, inconsciente, contre les roches...

Les colosses de Memnon, s'ils pouvaient parler, diraient seuls ce que furent ces époques, certifieraient seuls que la monotone chanson n'a pas changé dans la suite des siècles. Les deux statues géantes sont là, dans cette plaine, entre le Lybian et le Nil, faisant face aux ruines de Luxor et de Karnak, ayant à leurs côtés des temples et des hypogées. Ceux qui leur étaient proches ont subi la destruction totale. La culture a envahi ces terres où régna la pierre. Des champs d'une verdure extrême viennent aujourd'hui jusqu'au pied des colosses. Ils sont perdus dans la luzerne loin de toute ruine, de toute colonnade. Vus de loin et de face, ils étonnent moins, car des collines qui s'élèvent derrière eux les diminuent, les écrasent. Ils ont pourtant vingt mètres de hauteur, et ils sont assis. Mais contemplés de profil à une certaine distance, n'ayant alors derrière eux que le ciel délicieusement bleu, ils produisent un effet surprenant. Ils ont été dégradés, l'un surtout, celui dont les Grecs disaient qu'au lever du soleil il rendait des sons harmonieux qui ravissaient les passants. La figure de l'un a gardé une expression pleine de majesté. Ces colosses qui regardent Thèbes depuis trente-cinq siècles témoignent des furieux assauts qu'ils ont reçus. La rage destructive de l'homme ne les a pas moins atteints que la rage des cyclones ou des bouleversements terrestres. Ils restent néanmoins comme l'un des monuments les plus étranges du passé, le plus étrange peut-être. Ces deux figures immobiles dans la plaine troublent, hypnotisent, attirent. Il n'est personne qui, en s'éloignant d'eux, n'ait ressenti soudain un besoin impérieux de les revoir et ne se soit retourné, saisi d'une émotion pareille à celle qui étreignait la femme de Loth. Ils ont dans leur impassibilité de pierre une puissance magnétique, une attirance qui est invincible. Jusqu'à l'heure où j'ai quitté Thèbes, je n'ai jamais pu me soustraire à cette influence mystérieuse. Mes yeux se portaient sans cesse vers les deux colosses, pleins d'un dédain superbe pour les hommes et les choses. Leur silence épouvante, parce qu'il renferme un mystère qui embrasse trop de siècles. Ils sont effrayants, tant ils sont calmes, placides, impénétrables, tant ils retiennent de choses derrière leur face de pierre. Ils résument en eux toute l'histoire de l'antiquité. Seuls ils savent, et c'est cette science qui éternellement demeurera ignorée qui fait d'eux les restes les plus attirants de la Thèbes vivante. Le souvenir de leurs yeux toujours implacablement fixés sur la plaine me trouble encore. En fuyant vers la cataracte, leurs silhouettes se profilant sur l'horizon azuré retenaient seules encore mes regards. Je pensais à cette lutte de chaque jour qui dure depuis des milliers d'années, à ce défi chaque matin renouvelé entre ces deux colosses de pierre et le soleil qui, surgissant à l'aube de derrière les montagnes de sable, revoit éternellement les deux mêmes figures impassibles et les frappe de ses rayons brûlants sans parvenir à les réduire en cendres...

VII

Ce qu'est une oasis pour une caravane énervée par une longue marche dans le sable du désert, Assouan l'est pour le voyageur fatigué de la contemplation ininterrompue des monuments du passé. Assouan est un coin délicieux de verdure qui repose de la Thèbes de pierre. L'homme se sent las de toutes ces ruines grandioses. Déjà Luxor rassasie après le premier éblouissement. De la vision de tous ces blocs de granit on garde sur les épaules comme un poids très lourd qui accable. On sent le besoin de s'en débarrasser par la vue de quelque site enchanteur, frais et riant. Le portique du temple d'Esneh avec ses vingt-quatre colonnes de grès construites sous les Ptolémées, les ruines de Kom-Ombo dressées sur un monticule au bord même du Nil, le temple d'Edfou surtout, splendide par sa masse, ses murailles couvertes d'inscriptions et son pylône qui domine la plaine comme un colosse ajoutent encore à cet écrasement inséparable de l'émerveillement. On a hâte de fuir loin de ces œuvres géantes vers des lieux plus calmes, plus paisibles. On veut la solitude, mais la solitude réparatrice d'où l'étonnement sera banni, où une douce paix seule envahira l'âme et le corps. Ce refuge, le voyageur le trouve, comme par magie, par une grâce providentielle, au terme de sa promenade sur le Nil, à Assouan, l'antique Syène, derrière laquelle, en flots impétueux, le fleuve bondit à travers les rochers et les brisants qui changent son cours tranquille en cataracte.

Assouan est digne des retraites monacales de la Thébaïde. Tout y a un aspect séduisant qui ravit les yeux, qui apaise les émotions suscitées par les évocations de l'antiquité. La nature console par ce spectacle du génie de l'homme. Là, pas de temples, pas d'hypogées, pas de constructions gigantesques, pas d'efforts de plusieurs générations. Quelques palmiers seulement, quelques maisonnettes blanches, des collines dorées; sur tout cela, une sérénité divine, une paix immense qui donne à toutes les choses un charme infini.

Le Nil semble prendre sa source à Assouan, sortir des coquettes maisons de la rive. L'œil ne voit pas d'issue, pas de débouché derrière la colline sur laquelle est construite la ville. Pour le voyageur qui s'en vient de la mer et qui soudain, après un dernier contour du fleuve, aperçoit Assouan au milieu de ses palmiers, le Nil n'est plus qu'un lac dont les eaux se brisent sur les remparts de sable impénétrables. Assouan donne l'illusion du port final, de la dernière terre baignée par l'eau bienfaitrice. Ce n'est qu'un leurre !... Le Nil continue à se dérouler majestueusement dans les sables de la Nubie et dans les plaines du Soudan. Les collines, inaccessibles à la vue, sont une barrière dont il se rit. Il passe au milieu d'elles, contournant les rocs et les îlots, coulant sur les pentes rapides avec fracas.

Assouan est une ville blanche posée sur un sol doré, très gaie dans un riant cadre de verdure. Comme ces sites enchantés dont parlent les légendes, elle charme ceux qui viennent vers elle, les attire, les retient, leur verse l'oubli des lieux qu'ils ont connus et aimés. Assouan est la seule ville de toute cette Égypte des temples dont le voyageur dise avec sincérité : J'aimerais vivre là. Ce désir, il le ressent d'une façon poignante pendant les quelques heures de rêverie qu'il consacre à l'île d'Éléphantine, aux montagnes d'alentour. La terre qu'il foule est bien la terre de repos rêvée aux heures de mélancolie. Assouan est bâtie au bord du Nil au fond d'un cirque fermé par des collines de sable. Du haut de ces collines on jouit d'une vue magnifique. L'une d'elles, celle qui s'avance comme un promontoire dans le fleuve, est surmontée d'un vieux couvent copte en ruines, très délabré, dont les murs chancelants abritèrent jadis de bienheureux moines. Les jolies maisonnettes blanches, toutes neuves, forment une ceinture joyeuse au fleuve, le séparent des monticules de sable qui précèdent le Grand Désert et des hautes roches granitiques rougeâtres qui annoncent celles, plus lointaines, de la cataracte. De ce fouillis blanc surgit un minaret bizarre, en forme d'obélisque, différent de tous ceux des autres villages. Et partout, dans les maisons comme aux limites de la ville, comme dans le fleuve même, des palmiers très fins, très légers, très élancés, dont les palmes gardent une immobilité sereine. Longue, mince, ravissante avec sa riche verdure et ses petites maisons bien ombragées, l'île d'Éléphantine, l'île fleurie des Arabes, repose sur une eau calme, pure, miroitante, semée de roches, gracieusement enfermée dans une guirlande de barques aux grands mâts décorés d'étoffes multicolores, aux voiles blanches tendues le long des palmiers. Derrière la ville, sur les hauteurs, deux forts sombres, d'aspect sévère, semblent les gardiens de toutes ces riantes maisonnettes. Plus loin encore, les rochers pointus et dentelés sur lesquels se brise le fleuve forment une barrière pittoresque. Le ciel qui couvre cet ensemble charmeur est d'un bleu très pâle, d'une transparence inouïe. Tout ce qui peut griser une âme rêveuse se trouve dans ce site. Uue douce somnolence à l'ombre des ruines du couvent copte a quelque chose d'ineffable. La rêverie peut être sans fin, car là on a la sensation réelle de la grande paix, de l'apaisement de tous les ennuis, de toutes les tristesses. Quel spectacle pour les caravanes antiques, pharaoniques ou musulmanes, après les longs jours de marche dans les sables arides, que celui de ce port charmant, de cette oasis merveilleuse, apparaissant comme par enchantement derrière les rocs de la cataracte !

On se demande comment, après ses rapides, le fleuve peut donner l'illusion d'un lac, être si calme, baigner si calmement les grandes falaises sablonneuses. Le soir, le site est incomparable. Le soleil flamboie sur les crêtes des montagnes, jette ses rougeurs sur le désert, sur la ville et sur la verdure. Le sable se dore, devient plus clair ; les roches s'assombrissent, prennent des aspects sinistres. Les moindres choses se dessinent avec une délicatesse sans pareille, sur le fond toujours plus pur du ciel. Tout change de couleur à chaque instant. C'est un perpétuel jeu de tons et de nuances. On dirait qu'un magicien s'amuse dans cette féerie. La fraîcheur qui succède à la chaleur intense du jour adoucit l'impression d'accablement ressentie jusqu'alors. La tranquillité est immense. Elle n'est troublée que par le bruit larmoyant d'une sakie, mélancoliquement traînée par un bœuf lent voué à ce supplice. On dirait une plainte longue, ininterrompue, de quelqu'un en souffrance.

J'étais monté là, vers ces ruines du couvent, pour voir quelques tombes perdues dans le sable. Je les abandonnai, les oubliai même, pour ne penser qu'à ce spectacle délicieux que j'avais sous mes yeux et devant lequel les pages d'histoire peuvent être délaissées et les œuvres humaines mises au second plan...

Assouan, par sa situation aux confins de l'Égypte et aux portes de la Nubie, est nécessairement une ville commerciale. Les caravanes y font de longs séjours ; les bateaux et les barques y subissent des arrêts forcés à cause du passage de la cataracte. C'est la dernière grande ville du côté du Soudan et de toutes ces contrées rendues inabordables par la révolte du Mahdi. Les marchands et les trafiquants du désert y apportent leur pacotille qui se vend dans les nombreux bazars de la ville. Ces bazars sont riches et curieux. Le voyageur ne se lasse pas de les parcourir, car ils présentent pour lui une très grande originalité. Ils sont tous alignés dans deux ruelles perpendiculaires l'une à l'autre, protégées contre les rayons du soleil par deux tentures bariolées. Les marchands sont assis devant leurs échoppes au milieu des objets les plus bizarres et attendent les passants. Rien n'est plus amusant qu'une flânerie dans ce quartier, que des essais d'achat dans chacune des boutiques, que des conversations et des discussions avec les vendeurs arabes. Ceux-ci sont extrêmement rusés et pervers. Ils connaissent tous les faibles du touriste et savent les exploiter. C'est une véritable lutte qui s'engage entre eux et lui; ils sont bien souvent les vainqueurs. Ces bazars sont bien fournis. Ils regorgent d'étoffes, d'armes de toutes sortes, fusils damasquinés, lances de combat, sabres aux lames gravées d'inscriptions arabes, aux fourreaux faits de peau de crocodile, de joncs, de cannes et de courbaches en nerf d'hippopotame, de crocodiles empaillés, de boucliers, de tam-tams, de guitares, de flûtes, de ceintures de perles et de coquillages, de lanières de cuir, de corbeilles de joncs tressés, de longs éventails en plumes ou en feuilles de palmier, de peaux d'animaux, d'objets de corne, d'ivoire, de bois ou de métal, de flèches empoisonnées, de bijoux, de colliers, d'anneaux, de costumes portés parmi des peuplades lointaines, de tapis apportés par les diverses caravanes.

Là, tout ce qui se vend est, d'après les indigènes, de Khartoum. Khartoum est le mot magique comme *antique*, à Luxor, Dendérah, Abydos. Les marchands sont convaincus que ce mot exerce sur les touristes une fascination irrésistible. Le voyageur n'examine pas un objet sans que l'indigène lui murmure immédiatement *Khartoum*. Le nom de la ville célèbre est le Sésame de ces bazars d'Assouan. L'impudence des marchands va même un peu loin. *Khartoum*, dit le boutiquier arabe en montrant un tapis persan ou une étoffe de Constantinople. *Khartoum*, répète-t-il, en désignant une canne en bois d'ébène ou une amulette. *Khartoum*, ajoute-t-il d'un air sérieux, en tendant un jonc d'Assouan ou une fleur d'un jardin voisin. *Khartoum* encore, pour un débris de momie ou un crocodile. *Khartoum*, *Khartoum* toujours, pour n'importe quoi. Si les premiers voyageurs se sont laissé tromper, ceux d'aujourd'hui sont moins crédules. L'insipide *Khartoum* ne produit plus aucun effet. L'étranger est devenu marchandeur. Il sait que certains jours, ceux entre autres où arrivent les bateaux Cook, les objets sont hors de prix au bazar. Par contre, les jours de départ, ils sont donnés presque pour rien. A trois jours d'intervalle, un sabre refusé pour trois livres est livré à huit shillings, un tam-tam de vingt-cinq francs est laissé à cinq francs. Ces marchandages qui durent plusieurs heures et souvent plusieurs jours sont très amusants. La grande distraction des touristes est de passer ainsi des matinées successives dans toutes les échoppes des marchands arabes. Il y a bien quelques naïfs qui se laissent prendre aux prix fabuleux demandés dans les premières rencontres et qui paient leurs achats cinq ou six fois trop cher. Ceux-là sont une calamité pour les autres. Ils empêchent pour les jours suivants tout achat sérieux. Ces bazars sont malheureusement remplis d'indigènes désœuvrés qui entravent la circulation, obsèdent les étrangers, demandent bagchich insolemment, jouent constamment auprès d'eux le rôle de mouches du coche. Rien ne les fait fuir, ni les rebuffades, ni les insultes. Il faut avoir recours aux démonstrations énergiques, brandir sur leur dos une canne ou un bâton, en murmurant d'un ton ironique leur sempiternel *Khartoum*.

La populace des rues est aussi curieuse que variée. Il y a beaucoup d'enfants. La plupart courent absolument nus, n'ayant pour tout vêtement que quelques amulettes. Les petites filles font des grâces, sourient aux passants, montrent des dents d'une blancheur éclatante. Les garçons marchent devant les étrangers avec un air important, une allure fière, comme s'ils avaient reçu d'eux l'ordre de les précéder. Ils écartent les promeneurs, frayent un passage dans la foule à celui qu'ils ont choisi. Ils lui font sans cesse de bienveillants sourires, lui montrent les curiosités de la rue, s'occupent de sa personne, tout cela sans que l'étranger leur ait une seule fois adressé la parole. L'inévitable bagchich est au bout de toutes ces prévenances. Ces enfants sont généralement d'une petitesse extrême. Les plus curieux sont les Bicharis, dont la tribu campe dans le désert à quelque distance d'Assouan. Les filles sont très élégantes. Elles sont fines, élancées. Leurs chairs sont fermes. Leur allure, très fière, a quelque chose de guerrier qui fait songer aux antiques amazones. Avec leur chevelure graissée, divisée en une infinité de petites tresses, au sommet de laquelle s'enfoncent plusieurs épingles bizarres, elles marquent la première étape de la fellahine vers la femme sauvage du centre africain. Il y a à Assouan un corps de Soudanais montés à dromadaires. Il sont vraiment beaux à voir. Il y a aussi beaucoup de forçats que l'État occupe à des travaux divers. On en voit passer de longues files le long des quais, gardés par un seul soldat qui les suit, son fusil sur l'épaule. Ils marchent enchaînés les uns aux autres, très tranquilles, sans honte, le regard haut, dévisageant les nouveaux arrivés. Assouan est un centre où tous les types des tribus voisines et des provinces soudanaises se rencontrent. Il y a là un mélange de visages qui est des plus pittoresques. Le flâneur a sa curiosité satisfaite à chaque pas. Il peut même subir quelques désagréments. Je me souviens qu'un soir, plusieurs passagers du *Nefertari* et moi nous promenant sur le quai, l'un de nous qui fumait paisiblement un cigare fut violemment apostrophé en arabe, puis appréhendé avec brutalité par une sentinelle nègre qui montait la garde devant une maison basse. Le Soudanais maltraitait notre compagnon, lui serrait le bras avec force, et sans que nous puissions nous expliquer pourquoi, cherchait à l'entraîner au loin dans l'obscurité. Nous étions stupéfaits. Un officier passa heureusement. Il échangea quelques mots avec le nègre farouche qui, subitement adouci, lâcha sa victime. La maison basse était une poudrière ; la sentinelle avait ordre de ne rien laisser approcher qui pût y mettre le feu. En somme, le Soudanais avait raison. Il est cependant fâcheux qu'une poudrière soit installée à côté de l'hôtel des touristes, sur le quai qui sert de promenade, et soit confiée à la garde de ces bataillons noirs qui sont trop rigoureusement fidèles à la consigne et n'ont pas l'intelligence nécessaire pour l'appliquer avec une juste mesure.

Plutarque, dans son étude sur les nombreux tombeaux d'Osiris, rapporte ceci :

« On dit qu'il y a une petite île, auprès de Phylæ, qui ordinairement est inabordable et inaccessible pour tout le monde. Les oiseaux ne s'y abattent jamais, les poissons n'en approchent point. Seulement, il y a une époque fixée où les prêtres traversent l'eau pour s'y rendre. Ils y font des expiations. Ils couronnent le tombeau, lequel est ombragé par un plant d'arbustes dont la hauteur excède celle de tous les oliviers. »

L'île de Philae, l'île aimée d'Osiris comme on l'appelait autrefois, aurait eu l'insigne honneur de posséder un tombeau du dieu. Tant d'obscurité plane sur la sépulture de celui que la légende représente comme la victime du cruel Typhon, tant de villes après Abydos ont revendiqué cette gloire de posséder le vrai corps, qu'on ne peut que s'incliner devant le mystère sans chercher à le dévoiler. L'île de Philae est charmante par elle-même, elle n'a pas besoin d'une légende qui l'embellisse. Elle est située au delà de la cataracte, dans un site sauvage. Elle marque l'étape finale d'un voyage dans la haute Égypte. Derrière elle commence le long désert de Nubie où l'orgueilleux Cambyse connut la fatigue insurmontable, vit s'évanouir les derniers débris de son armée. Philae a pour les archéologues un temple qui est une merveille et offre aux rêveurs un spectacle qui est inoubliable. L'homme et la nature ont là encore une œuvre commune.

L'île s'allonge comme une barque fleurie au milieu d'un grand bassin que forme le Nil avant de se déverser sur Assouan par la cataracte. Ce bassin est entouré de rochers ou plutôt de monticules rocheux faits d'énormes blocs de granit entassés les uns sur les autres. L'aspect terrifiant du lieu fait penser à une révolution colossale au sein du globe, à un soulèvement titanesque de montagnes, dont les éclats se seraient accumulés là. Sur toutes ces roches, les pharaons ont gravé leurs cartouches et les ont légués aux générations futures, rendant ainsi leur nom impérissable en le confiant à l'éternité de la pierre. Le fleuve, dans ses crues, dans ses débordements, a déposé son limon dans les cavités, dans les fentes, sur les surfaces planes, a comblé les creux par des monceaux de sable. Tout cela fait à l'exquise petite île une enceinte sauvage de roches, noires ou jaunes, polies par l'eau ou laissées intactes suivant leur inaccessibilité, avec de très rares brins de verdure. L'aridité règne là en souveraine implacable, interdisant toute végétation. L'eau du fleuve arrêtée dans sa course par tous ces îlots, tous ces blocs, toutes ces barrières, s'échappe par les issues qu'elle trouve, fendant les rochers, les brisant même, leur donnant furieusement l'assaut aux heures de la crue, se riant des obstacles, profitant du moindre trou, de la moindre ouverture. Ainsi, elle dévale de roc en roc, de pente en pente, jusqu'à l'autre île délicieuse, celle d'Éléphantine. Certains blocs de granit ont été travaillés par elle comme avec un ciseau. Des tourbillons d'eau sortent de rochers creusés en forme de vasque. L'équilibre de plusieurs pierres colossales entassées est si prodigieux qu'il semble qu'une main d'homme les a délicatement posées les unes sur les autres. L'île, si gracieuse, si frêle avec ses palmiers, ses arbustes, ses temples, ses colonnades, ressemble dans ce milieu fantastique à un oiseau prisonnier dans une sombre cage. Elle n'a pas une végétation très abondante, mais son aspect ravit les yeux à un tel point que, bordée de rochers incultes, presque inculte elle-même, elle apparaît néanmoins comme un coin de verdure, comme une oasis protégée contre le désert par des remparts naturels.

La route qui va d'Assouan à Philae est très pittoresque. Il faut marcher en plein désert, pendant une heure au moins, au milieu de rochers pareils à ceux du fleuve, d'où l'on a supposé que les eaux devaient jadis couvrir aussi cette plaine de sable. De temps en temps une inscription hiéroglyphique rappelle qu'un pharaon a passé là. Le chemin se resserre, traverse ensuite un défilé de roches granitiques, si étroit par endroits que les jambes du voyageur, appliquées contre la peau de l'âne qui lui sert de monture, sont effleurées par les roches de droite et de gauche, pressées entre les deux parois de pierre, égratignées même. Les voyageurs, affligés d'une certaine corpulence, doivent franchir à pied ces passages difficiles. A cheval sur leur bête, ils seraient étouffés comme dans un étau. Brusquement, derrière un dernier monceau de blocs, l'île apparaît et produit une impression enchanteresse. Des enfants, nus, se précipitent au-devant des étrangers, leur offrent en souriant des chasse-mouches en joncs tressés, très élégamment faits.

Le temple qui fut construit sous les Ptolémées est l'un des plus beaux et des plus intéressants de l'Égypte.

Il est moins grandiose que les autres, mais il charme davantage. Il est plus gracieux avec ses colonnes aux chapiteaux tous différents et ses blanches terrasses. Les nombreuses inscriptions dont ses murs sont couverts permettent de reconstituer mille faits de l'histoire. Il en est une, plus moderne, qui ne laisse pas d'impressionner fortement toute âme française. Derrière le grand pylône d'entrée, on peut lire, gravées sur la pierre par des soldats de l'expédition de Bonaparte, quelques lignes rappelant que le 12 messidor de l'an VI une armée française débarqua à Alexandrie, battit quelques jours après les Mamelucks devant les Pyramides et les poursuivit, sous la direction de Desaix, jusqu'à la première cataracte où elle campa le 13 ventôse de l'an VII. Ce souvenir qui date déjà d'un siècle cause une certaine émotion. On songe avec admiration à ces héros de l'armée de la République qui marchèrent si bravement à travers les sables jusqu'aux portes de la Nubie. On les revoit bivouaquant dans ce temple où était adorée la déesse Isis, respectueux des monuments antiques, ne laissant derrière eux que cette trace écrite de leur passage. Une main barbare ayant mutilé plus tard l'inscription française et ayant gravé sous elle quelques mots malveillants, une autre main réparatrice écrivit à son tour simplement ceci :

« Une page d'histoire ne peut pas être salie. »

Le petit temple hypèthre de Tibère qui s'élève sur les bords de l'île est un modèle de finesse et d'élégance. Tout cela a pourtant failli disparaître. Les Anglais ont eu dernièrement l'idée de construire d'immenses réservoirs pour emmagasiner les eaux de la crue et ils ont choisi le bassin de Philae. Avec leur projet, la petite île de Philae était perdue ; elle était submergée complètement. Une pareille barbarie a soulevé une réprobation unanime dans le monde savant, même en Angleterre. Le projet a donc été momentanément abandonné. Il me revient à ce propos une anecdote curieuse. Un de mes compagnons de voyage, un Anglais, avait, après l'excursion de l'île, visité les premiers travaux des réservoirs projetés, travaux délaissés actuellement. Il partageait notre admiration pour le temple de Philae et pour l'île et ne se lassait de les représenter comme une merveille.

« Vous êtes donc, lui dis-je, hostile comme nous à la construction des réservoirs?

— No!... pas du tout.

— Cependant, le projet de vos compatriotes détruira le monument qui fait votre admiration.

— Oh! cela m'était complètement égal!... Je avais pris aujourd'hui toutes les photographies!..... »

Après cette réplique, tout argument artistique eût été inutile. Le temple de Philae n'avait plus d'intérêt pour ce brave Anglais, du moment qu'il l'avait vu. Au contraire, sa destruction eût ajouté du prix à ses récits futurs et aux photographies qu'il avait su prendre. Les réservoirs seraient certes utiles à l'Égypte, mais il y a d'autres emplacements dans la vallée du Nil que celui de Philae.

Le retour à Assouan par la cataracte même est tout à fait pittoresque. Des barques, conduites par une douzaine d'indigènes, descendent le fleuve malgré ses rapides, ses gouffres, ses tourbillons, malgré les rochers, les îlots de granit, les brisants. Ces rameurs sont d'une habileté extrême. Avec eux, aucun péril n'est à craindre. On a l'illusion du danger sans être exposé à un fâcheux dénouement. La ligne droite est naturellement impossible. Il faut faire de multiples détours pour éviter les écueils mauvais et les remous pervers. La cataracte n'est pas d'une rapidité très grande, néanmoins la descente est lente. Les rameurs font mouvoir leurs rames sur le rythme plaintif d'un chant étrange dont ils scandent les mots d'une voix rauque. Parfois, ils s'interrompent brusquement, poussent un cri sourd et cessent de faire marcher la barque. Ces arrêts, se renouvelant à des intervalles assez rapprochés, font perdre beaucoup de temps, retardent l'heure d'arrivée. Toute protestation des voyageurs est inutile. Quand leur monotone litanie est terminée, ils se lèvent et crient tous en même temps : *Hip ! Hip ! Hip ! Hourrah !... Thank You !* Et ils demandent bagchich. Si quelque passager fait remarquer que ses compagnons et lui sont Français et ne sont par conséquent pas touchés par leur manifestation, les rameurs, sur un signe de leur chef, crient d'une voix plus forte encore : *Hip ! Hip ! Hip !.. Vivent les Français !.. Merci !*

Les rochers, atteints par l'eau lors de la crue, deviennent noirs. Ceux qui sont trop élevés restent gris ou jaunes. Le soleil fait ressortir ces différences de couleur d'une façon curieuse. A l'endroit le plus rapide de la cataracte, sur un bras du fleuve que les barques évitent à cause de l'impétuosité du courant, des nègres attendent les voyageurs que les rameurs font débarquer sur un rocher d'où la vue s'étend au loin. Ces nègres, sous les yeux des Européens, se précipitent dans le fleuve avec une poutre sur laquelle, après le premier plongeon, ils se mettent à cheval. Ils font ainsi la descente de la cataracte, emportés par les flots torrentueux du Nil avec une vitesse insensée, se tenant très adroitement en équilibre sur leur grosse poutre de bois. Ils abordent un peu plus loin et reviennent en courant demander bagchich. La barque reprend sa course au milieu des roches. Elle longe bientôt les maisonnettes blanches d'Assouan et la jolie île d'Éléphantine.

Cette île est pour moi le séjour rêvé. Vue du quai d'Assouan, elle apparaît gracieuse, pittoresque, verdoyante, n'ayant pas de fleurs, mais justifiant, par sa fraîcheur et sa fine verdure, son nom d'île fleurie. Les dahabiehs qui sont à l'ancre autour d'elle égaient sa rive. Quelques ruines, aperçues à travers des feuillages d'arbres, rappellent que là s'éleva jadis Éléphantis. Des villas blanches, couvertes de feuilles, s'alignent sur les hautes dunes dorées entre des palmiers doums, font éclore des rêves d'envie dans l'esprit de ceux qui les contemplent. Dans la transparence du ciel pâle, on aperçoit très haut de grands oiseaux qui planent sans mouvement, immobiles, au-dessus de l'île délicieuse. Des barques glissent légères autour d'elle sur une eau si calme et si pure qu'elle reflète le ciel. Le fleuve est là comme un lac isolé dans le sable qui retiendrait sur sa surface limpide une oasis enchantée. On ne peut se lasser de la voir et de l'admirer. Elle apparaît, dans ce site merveilleux que la nature a placé loin de tout bouleversement humain, comme la retraite idéale de ceux qui aiment la solitude, la chérissent par-dessus tout, veulent endormir leurs regrets et leurs mélancolies en rêvant paresseusement sous un ciel divin dans une paix consolatrice. L'île d'Éléphantine verse l'oubli de toutes ces créations monumentales de l'homme. Son charme vainc la grandiosité des temples. Le soir, celui qui médite sur sa terre bénie devine, derrière la colline de sable qui cache l'horizon vers la cataracte, l'étoile chère aux marins des mers australes, celle qu'ils contemplent avec amour au milieu des constellations d'étoiles, la resplendissante Étoile du Sud...

VIII

Le retour est triste.
De ce voyage à travers les temples, on revient fatigué, accablé. On sent que l'on a vu trop de choses; on est écrasé par l'énormité de ce que l'on a vu. La main-d'œuvre surtout semble fabuleuse. Que de vies ont été employées à édifier ces sanctuaires, ces tombeaux, ces monuments de pierre?... Que d'hommes n'ont connu d'autre peine dans leur existence que celle d'entasser des blocs sur des blocs pour la très grande gloire d'un pharaon orgueilleux. On a vécu des temps historiques légendaires, on a fait un voyage dans le grandiose, mais on revient les épaules lourdes, l'esprit angoissé. On veut du repos. Ce repos, on le trouve sur ces eaux du Nil, toujours calmes, toujours amies, sur lesquelles flottent des chargements de gargoulettes, ces exquises gargoulettes au col élancé que les femmes arabes portent sur leur tête en allant aux fontaines.
Une immense lassitude s'empare de tous les passagers. Ils revoient avec indifférence, avec dédain presque, les ruines de Komombo, d'Edfou, de Luxor, de Karnak, de Dendérah, défiler sous leurs yeux. Les pylônes et les statues géantes n'impressionnent plus. Seules, les barques aux grandes voiles qui passent rapides le long des rives charment encore. Elles frô-

lent le bateau. Le soir, elles ressemblent à de grands papillons de nuit se confondant bientôt avec l'obscurité et se perdant dans des ténèbres inconnues. Les champs de canne à sucre, d'orge, de blé, de maïs, de trèfle, de coton, se suivent invariablement entre le désert et le fleuve. Et toujours, l'on voit des villes aux maisons gaies, des villages aux huttes sombres, des bancs de sable, des minarets, des caravanes marchant sur le bord des canaux, des indigènes travaillant la terre, charriant des matériaux dans des couffes ou puisant de l'eau à l'aide des chadoufs. Les sakiehs n'interrompent pas leur monotone plainte. Les collines rocheuses inquiètent toujours avec leurs ouvertures mystérieuses, leurs nombreuses cavités où les hommes d'autrefois ensevelirent leurs morts. Les journées se passent, les haltes se succèdent, c'est toujours le même accablement qui pèse sur les esprits, la même confusion qui trouble les mémoires, la même hâte d'en finir avec ces spectacles obstinément superbes...

Mon voyage s'est terminé dans une apothéose de sable.

Un khamsin violent s'était élevé du côté du désert de Libye. Les sables tourbillonnaient autour des collines qui se voilaient peu à peu, disparaissaient derrière les nuages de grains blancs soulevés par le vent. Le désert et le fleuve étaient fouettés par cette rafale. Le Nil s'agitait, devenait écumant comme une mer en furie. Des vagues blanchâtres se brisaient violemment contre le bateau qui s'en allait, dans un balancement insensé, comme une barque assaillie par une tempête sur l'Océan. Des trombes de sable, entraînées par-dessus les cultures, s'abattaient sur le fleuve avec un vacarme qui étouffait les grincements des plaintives sakiehs. Le désert luttait de rage avec le Nil, excités tous les deux par le khamsin. L'atmosphère était lourde, sèche. On suffoquait. Les palmiers pliaient sous l'orage. Les grands oiseaux du fleuve s'enfuyaient éperdus. Le ciel, d'un bleu très pâle, presque gris, se confondait à l'horizon avec la chaîne libyque enveloppée de poussière. Le sable aride, projeté dans l'eau avec le limon, se mêlait à cette bourbe bienfaisante, devenait limon à son tour. Bientôt, le soleil atteignit à l'horizon la couche de sable soulevée dans les airs. Son disque doré se blanchit, devint pâle. Il apparut comme à travers un voile, comme une grande hostie, et il descendit vers les monts d'Occident sans empourprer les choses, sans embraser le ciel, annihilé par ce soulèvement du désert. Déjà, vers l'Orient resté pur, la citadelle du Caire se montrait, toujours fière avec ses deux longs minarets. Et je songeais, avec une tristesse infinie, que dans ce pays d'Égypte, cher à tous ceux qui pensent, l'homme avait pu édifier des œuvres colossales, la nature avait pu produire des merveilles, le désert n'en restait pas moins le grand maître des destinées de cette verdure et de ces pierres, car par un effort lent, mais sûr, il marchait à la conquête totale de ces terres, à leur envahissement par ses sables...

VIII

AU PAYS DU MAHDI

L'arrivée de Slatin à Assouan. — Le dernier prisonnier des derviches. — L'agence d'Autriche. — A propos d'une contestation. — Boab et Saïs. — Gordon. — Au Darfoùr. — La révolte du Mahdi. — Le nouveau prophète. — Devant Khartoum. — La prise de la ville sainte. — Omdourman. — La mort du Mahdi. — Le khalife Abdullah. — Les ruines de Khartoum. — Les derviches. — Les forces du khalife. — Une expédition au Soudan. — Les ressources des captifs. — Un ami inconnu. — L'oiseau providentiel. — Préparatifs de fuite. — Le chamelier libérateur. — Une fuite éperdue. — En Égypte. — Le Soudan à feu et à sang. — Slatin-pacha.

Le 16 mars 1895, un homme en haillons, fatigué, chancelant, couvert de sable et de poussière, arriva à Assouan, près de la première cataracte du Nil. Cet homme venait du désert. Il déclara être Slatin, l'ancien lieutenant de Gordon, l'ex-gouverneur du Darfour au temps où cette province, comme toutes les autres du haut Nil, reconnaissait la suzeraineté du vice-roi d'Égypte. Il était resté onze ans en captivité dans ces régions du Soudan fermées à la civilisation européenne depuis la révolte du Mahdi et sa victoire définitive sur les troupes égyptiennes et anglaises. Par une fuite accidentée de vingt-trois jours, effectuée tant à pied qu'à chameau, il avait pu mettre entre lui et les partisans du khalife Abdullah, successeur de celui qui fut le Mahdi, la ligne infranchissable des troupes égyptiennes campées à l'extrême limite sud de l'Égypte, à Ouadi-Halfa.

L'arrivée de Slatin était un événement. Sa fuite, venant peu après celle des pères Rossignoli et Ohrwalder, réduisait à un le nombre des Européens retenus à Omdourman, la nouvelle capitale du Soudan, qui comme une rivale triomphante s'était élevée sur les rives mêmes du Nil, en face des ruines de Khartoum, la ville jadis si florissante des tribus soudanaises.

Si celui-là, le négociant Charles Neufeld, pouvait triompher de la surveillance de ses geôliers et gagner par les mêmes moyens que ses ex-compagnons d'infortune des horizons plus hospitaliers, on pourrait dire que plus rien d'européen n'existe désormais dans ces lieux qui furent pourtant si longtemps ouverts aux missionnaires comme aux commerçants des peuples d'Occident. Il éprouvera, hélas ! dans ses tentatives de fuite des difficultés plus grandes que ceux qui ont réussi à s'échapper. Moins heureux qu'eux, ne pouvant circuler librement, ayant constamment aux pieds des fers qui sont pour le khalife un gage précieux que les services rendus par lui ne prendront point fin, il passe son temps à fabriquer du salpêtre, d'autant plus apprécié que cette fabrication est aussi utile qu'indispensable à ses maîtres et qu'il est le seul à en connaître les moyens.

Le retour de Slatin au Caire fut un véritable retour d'enfant prodigue.

L'agence diplomatique d'Autriche-Hongrie fit une chaleureuse réception à ce compatriote passé, en 1879, au service du gouvernement égyptien et si longtemps absent. Un appartement fut mis à sa disposition dans les locaux mêmes de l'agence. La porte, enguirlandée de feuillage, fut pour la circonstance surmontée d'un écriteau blanc sur lequel on lisait ces mots écrits en allemand : « Soyez le bienvenu dans cette terre qui est comme celle de la patrie. »

Les visiteurs affluèrent aussitôt, curieux de renseignements sur ces mahdistes inconnus, sur ces derviches représentés comme un perpétuel épouvantail par les politiques anglais. La légende prit son vol. Des anecdotes plus ou moins fausses circulèrent au milieu de racontars plus ou moins véridiques. Dans ces onze années de captivité, la voix publique trouvait une source inépuisable de récits merveilleux qu'elle aimait à déverser un peu partout, dans toutes les conversations.

J'étais au Caire à cette époque. J'allai voir Slatin, désireux d'avoir de sa bouche même des renseignements sur son évasion, sur son séjour dans le Soudan, sur ses rapports avec le Mahdi et avec le khalife Abdullah. Il y avait à peine huit jours que Slatin était arrivé dans la capitale de l'Égypte. Il n'était pas encore remis de ses émotions, bien naturelles d'ailleurs. Il était quelque peu surpris des événements qui s'étaient déroulés devant ses yeux depuis quelques semaines et manifestait un certain trouble d'esprit, une certaine hésitation dans les idées que justifiait son brusque changement de situation. Sa fuite mouvementée et pleine de périls, venant après onze ans de privations et de désespérance, le tourmentait encore. Sa présence au Caire, au milieu de compatriotes et d'amis, lui semblait un rêve difficile à dissiper. Slatin ne devint réellement maître de lui-même que longtemps après. Tout d'abord, il fut étourdi, ébloui même.

Les notes que je recueillis après ma longue conversation avec lui furent l'expression réelle et sincère de ce qu'il me raconta alors. J'ai su depuis qu'il avait contesté quelques parties de mon récit, quand ce récit parut dans *le Temps*. Peut-être qu'il n'eut pas tort !... mais j'eus raison de mettre dans sa bouche les renseignements que je publiai en mai 1895. Ce que j'écrivis, je le tenais de lui-même. Si donc mon récit n'est pas d'une exactitude absolue, il rend du moins nettement la pensée de Slatin, telle qu'elle jaillit de son esprit dans une première conversation après sa douloureuse aventure. Les choses que je raconte sont celles qui vinrent à son esprit lors de sa première évocation du passé. La réflexion les corrigea peut-être. Elles ont pour moi un intérêt plus grand que si elles avaient été rectifiées, car elles sont l'expression du premier jet. Et ce premier jet donne, sinon la vérité, du moins la sincérité.

⁂

Slatin était un homme d'une quarantaine d'années, d'une taille moyenne, plutôt petit, avec des yeux d'un gris d'acier et une petite moustache blonde. Il parlait convenablement le français, avec quelque difficulté cependant provenant probablement du long mutisme qu'il avait dû garder pendant ce séjour forcé aux portes de Khartoum. Son visage ne portait aucune trace des souffrances subies. Si le khalife ne lui avait pas confié de poste élevé à sa cour, il lui avait au moins laissé une liberté relative.

Slatin était le gardien d'Abdullah. Au Caire, pour parler plus couramment, on dirait qu'il en était le *boab* et le *saïs*, c'est-à-dire le portier et le coureur. Il y avait une certaine ironie amère dans ce poste de gardien confié à un homme dont le sort était précisément d'être soumis à une surveillance incessante.

Pendant dix ans, son rôle consista à se tenir devant la porte du palais, attendant le moment où le khalife sortait pour le précéder dans ses courses à travers les rues de la ville ou dans les environs d'Omdourman.

Le soir, quand le khalife, ayant dit ses prières, se retirait chez lui, Slatin était libre. Il pouvait, à son aise, se reposer dans la petite maison que le khalife lui avait octroyée ou se promener, mélancolique et seul, sous ce grand ciel étoilé d'Afrique, rêvant aux siens, à l'Égypte, à l'Europe, à la liberté, mais sans pouvoir franchir les bornes de la ville et sans pouvoir se créer des relations parmi ces populations qui l'entouraient. Cela, le khalife ne le permettait pas.

A l'heure des prières du matin, Slatin devait être de nouveau à son poste. En cas de fuite possible, il ne pouvait donc avoir que dix heures environ d'avance sur ceux qui l'auraient poursuivi.

Slatin qui, pendant les deux premières années, avait ainsi précédé à pied le khalife dans ses promenades, reçut un jour de lui une marque de faveur. Abdullah le fit appeler et lui dit : « Maintenant ton éducation est finie, tu iras désormais devant moi à cheval », et il lui fit cadeau d'une monture. De simple saïs qu'il était, Slatin devenait presque pareil à un de ces anciens hérauts d'armes qui précédaient les seigneurs féodaux. Le métier n'était guère attrayant, mais au moins il permettait de vivre au grand air avec l'illusion de la liberté.

Slatin avait été appelé, en 1874, au Soudan par Gordon

qui l'avait nommé inspecteur des finances. Ce poste ne lui plaisant pas, Gordon l'avait envoyé peu après au Darfour comme gouverneur de la partie sud-ouest. Au moment des événements, de la révolte du Mahdi, Slatin commandait seul dans tout le Darfour. Il se trouvait à Dara, au sud d'El Facher, la capitale.

Le Mahdi venait d'anéantir complètement l'armée du général anglais Hicks sur la route d'El Obeïd. Par ce fait, Slatin et les siens se trouvaient emprisonnés, sans communication aucune avec les forces anglo-égyptiennes, ni du côté du désert, ni du côté du Kordofan, toutes les tribus s'étant soulevées contre les envahisseurs et s'étant jointes aux troupes du Mahdi.

Celui-ci s'avançait victorieux sur Dara. Déjà les soldats de Slatin murmuraient contre leur chef, déjà quelques-uns de ses officiers parlaient de défection. Il était seul d'Européen au milieu de troupes soudanaises ne reconnaissant presque plus ses ordres. Il fut obligé d'obéir aux injonctions du Mahdi et de se rendre. La résistance eût été inutile. Le Mahdi l'emmeua avec lui à El Rahad, dans le Kordofan.

C'était en juin 1884.

C'est là que pour la première fois Slatin vit celui qui était apparu aux fanatiques du Soudan comme un nouveau prophète, qui avait soulevé les peuplades autour de lui et avait commencé la guerre sainte. Il était grand, de forte constitution, donnait l'impression d'un homme doué d'une rare énergie. Brun, avec la barbe courte, il avait alors quarante-quatre ans. Il était très instruit, possédait à fond le Koran et sacrifiait la direction des troupes à la propagande religieuse. Il ne commandait pas lui-même ; il avait laissé le rôle militaire au khalife Abdullah Eben Mohammed, du Darfour, celui-là même qui devait lui succéder un an après, en juin 1885, quand la fièvre typhoïde l'emporta.

Sa mission religieuse l'absorbait tout entier. Il considérait son œuvre comme une œuvre sainte, une œuvre de prosélytisme. A peine Slatin fut-il tombé entre ses mains qu'il entreprit sa conversion. Pendant tout le mois qu'ils passèrent ensemble à El Rahad, le Mahdi le fit appeler souvent, le convertissant de force à l'islamisme, lui apprenant sa religion nouvelle, lui expliquant le Koran, lui faisant réciter les prières que désormais il devait dire matin et soir. Le nouveau converti n'avait pas de résistance à faire, de débat contradictoire à engager sur l'Évangile ou sur le Koran. Le Mahdi, dans sa croyance ardente, n'aurait pas toléré longtemps une désapprobation de ses doctrines.

Ces cours de religion furent bientôt interrompus. Les nécessités de la lutte appelaient le Mahdi à Khartoum. Ils partirent en août pour la ville sainte dans laquelle s'était désespérément enfermé Gordon. C'est alors que le Mahdi donna Slatin au khalife Abdullah, avec ordre de le bien traiter, mais de veiller à ce qu'il ne pût communiquer en aucune façon avec qui que ce fût, et surtout avec ceux qui s'était rangés autour de Gordon.

Par un de ces rapprochements familiers à ces populations indigènes, Slatin était considéré comme le neveu de Gordon. Le Mahdi ne lui parlait jamais que de « son oncle ». S'il l'avait d'ailleurs emmené avec lui dans cette expédition, c'est qu'il comptait s'en servir comme interprète. Comment correspondre avec les Européens de Khartoum sans l'assistance de l'un d'eux?

Khartoum était à peine en vue de l'armée que le Mahdi dictait à Slatin une lettre avec ordre de la transcrire en français et de l'expédier à Gordon. Slatin fit ce que le

Mahdi lui ordonnait, mais après les sommations faites au malheureux gouverneur du Soudan de se rendre avec promesse qu'il aurait la vie sauve, il ajouta quelques mots : « Fixez-moi un rendez-vous, disait-il, comme pour répondre à la lettre que je suis forcé de vous écrire. Il me sera possible alors de fuir et de vous rejoindre dans les murs de la ville. »

Gordon ne répondit pas.

Le Mahdi attendit quelques jours, puis, persuadé que Slatin l'avait trompé et n'avait pas fidèlement traduit sa pensée, il le fit mettre aux fers. Il y resta huit mois, s'affaiblissant de plus en plus, n'ayant comme nourriture que quelques grains de dourah que ses gardiens lui donnaient. La prise de Khartoum fut la cause de sa délivrance.

C'est le 26 janvier 1885 que la grande ville sainte du Soudan tomba entre les mains des mahdistes. Gordon fut assassiné par un fanatique aux portes mêmes du palais et sa tête, comme un trophée ou comme un épouvantail, fut montrée le soir même à Slatin dans sa prison. Puis, le Mahdi, satisfait sans doute par l'anéantissement de ses ennemis et sa victoire définitive, fit rendre la liberté au « neveu » de celui qui n'était plus.

Le Mahdi, aussi sectaire que farouche dans ses croyances religieuses, ne considérait plus Khartoum comme la ville sainte. Des chrétiens l'avaient occupée, l'avaient tenue sous le joug pendant des années, lui avaient ainsi enlevé le caractère sacré qu'elle avait aux yeux des musulmans sincères. Fervent comme il l'était, il ne pouvait, lui, nouvel élu de Dieu, nouveau prophète, mettre le pied dans cette ville qui avait été profanée. Sa destruction seule pouvait être une purification suffisante.

Aussi, alors que ses troupes victorieuses donnaient l'assaut et emportaient la ville si fièrement campée entre le Nil blanc et le Nil bleu qui se rejoignent après en avoir baigné les contours, restait-il sur la rive gauche du Nil blanc, en face de la cité déchue, sur l'emplacement même où par ses ordres allait bientôt s'élever la capitale nouvelle, Omdourman, faite des débris de l'ancienne.

Ce rêve qu'il caressait, un autre devait l'accomplir.

Comme Moïse mourant aux approches de la terre promise, il mourut à l'heure où les siens restaient seuls maîtres de ces vastes régions du Soudan égyptien, où une ère de domination exclusive allait commencer pour les soldats de la révolte.

***

Le khalife Abdullah lui succéda.

Il était plus énergique que le Mahdi, plus robuste, plus trempé dans toutes les choses de la guerre, mais il n'avait aucune éducation religieuse. Le rôle de prophète ne lui convenait pas. Son fanatisme contre Khartoum fut néanmoins à la hauteur de celui du Mahdi. Il fit brûler une partie de la ville, il en détruisit l'autre partie, et les briques des maisons ruinées, transportées sur la rive opposée du fleuve, servirent à édifier les maisons nouvelles d'Omdourman.

La capitale actuelle a prospéré rapidement. Deux cent mille habitants se pressent aujourd'hui dans ses murs. Pour aller de la limite sud à la limite nord de la ville, me disait Slatin, il faut une heure et demie de marche. Les maisons sont fort simples. Elles ont toutes l'aspect des maisonnettes de terre que l'on voit dans les villages égyptiens. Des briques ou de la terre mêlée de paille constituent tous les matériaux. Les rues sont étroites et sinueuses selon la coutume orientale.

De Khartoum, il ne reste que peu de chose.

Les grands jardins de dattiers et de citronniers qui en faisaient le plus bel ornement ont été seuls respectés. Ils peuvent encore abriter de leur léger ombrage ceux qui seraient tentés de venir méditer sur les ruines de cette cité dont le nom évoque maintenant un monde inconnu, un pays de légendes. Le voile qui la cache à nos yeux sera peut-être un jour déchiré. Alors, par ce même Nil de plus en plus majestueux, on pourra voir les bandes de touristes Cook qui actuellement s'abattent sur ce qui fut Memphis, puis sur ce qui fut Thèbes, aller jusqu'à ce qui fut Khartoum, tout en dissertant sur celui qui fut le Mahdi.

Depuis que les routes du Soudan égyptien ont été ainsi fermées à toutes les entreprises européennes, on peut dire que les nouvelles les plus étranges sur les agissements des partisans d'Abdullah, plus connus sous le nom de « derviches » et ainsi appelés à cause de la similitude de leurs vêtements avec ceux des religieux mahométans, n'ont pas cessé de circuler en Égypte comme en Abyssinie, dans les ports de la mer Rouge comme dans les grandes villes d'Europe. Que n'a-t-on pas dit sur les forces imposantes du khalife, sur ses menées contre les Italiens et les Anglais, sur ses attaques projetées contre Kassala ou Ouadi-Halfa, sur les envois d'armes effectués à travers la Tripolitaine ou clandestinement le long des rives du Nil sous l'œil bienveillant de certaines puissances d'Occident ?

Il suffit de l'arrivée d'un témoin oculaire — chose aussi rare que l'oiseau phénix, il est vrai — pour ramener à de justes proportions des dires qui ne sont basés souvent que sur des conversations erronées, à dessein ou non, de chameliers ou de trafiquants. Slatin, qui pendant dix ans a vécu aux côtés du khalife, n'a jamais vu en lui un homme ne rêvant que guerre et combats, vengeance et extermination de chrétiens.

Abdullah est devenu un homme calme, vivant le plus possible dans son palais, au milieu de ses cinq cents femmes, récitant cinq fois par jour ses prières, ne s'aventurant jamais dans des excursions lointaines, et cela uniquement par peur, sachant le mauvais parti qui lui serait fait s'il tombait au pouvoir de certaines tribus de derviches, nullement soumises à son autorité. Les forces qu'il a à sa disposition sont en effet respectables, très suffisantes en cas de défense, mais nullement propres à une attaque offensive. Quelques tribus vivant uniquement de vol et de pillage peuvent en effet tenir en haleine les Européens qui s'approchent des frontières du Soudan, mais le gros des troupes mahdistes reste bien tranquille à l'intérieur des terres sans la moindre idée de ces savantes machinations qui sont élaborées, non dans l'entourage du khalife, mais bien dans les milieux prétendus informés des villes de la côte.

Ceci ne veut pas dire qu'une expédition au Soudan soit chose facile.

Les derviches sont assez nombreux et assez forts pour opposer une très sérieuse résistance. On parle sans cesse de leurs projets contre Kassala. Outre qu'une attaque de leur part est rendue difficile par les deux fleuves qui protègent la ville du côté de Khartoum, ils ont encore à compter avec une tribu campée sur leurs rives et qui, sans être favorable aux Italiens, n'en est pas pour cela davantage du parti d'Abdullah.

Quant aux invasions mahdistes par Ouadi-Halfa, il n'est personne en Égypte qui n'ignore que c'est là l'un des principaux arguments de la politique de l'Angleterre pour justifier son rôle de gardienne de l'Égypte, et de montrer perpétuellement là-bas, sur le haut Nil, toute une horde de barbares prête à s'abattre sur le delta. L'expédition qu'elle vient d'entreprendre au Soudan n'était justifiée par rien. Elle ne fera jamais croire que la frontière du pays ait été sur le point d'être franchie par des bandes ennemies. Le derviche envahisseur fut longtemps un fantôme menaçant ; malheureusement pour les effaroucheurs, il a été longtemps réduit au rôle d'ombre. Les mahdistes ont des armes, non pas par ces moyens ténébreux dont je parlais tout à l'heure, mais simplement par suite de leurs anciennes victoires sur les Anglais et des captures très importantes de munitions qu'ils firent alors. Les caravanes de Tripoli leur en apportent peut-être encore, mais cela rentre dans le domaine de l'hypothèse.

* *
*

Le khalife Abdullah ne fut pas avec Slatin d'une extrême générosité. Quoique cependant fonctionnaire du palais, il ne lui donnait pas de traitement.

Les conditions d'existence étaient ainsi plutôt dures pour Slatin, qui devait se nourrir comme il pouvait. Les seules largesses du khalife consistaient à donner à son prisonnier un ou deux esclaves tous les deux ans. Cet ou cette esclave, Slatin les vendait généralement aussitôt et, avec le produit de sa vente, il pouvait pendant quelque temps subvenir à ses besoins. Mais l'esclave n'était pas coté plus de quarante talaris. Or, le talari d'Omdourman vaut la cinquième partie d'un maria-thérésa d'Autriche

— monnaie qui a cours en Abyssinie — ce qui fait à peu près deux piastres d'Égypte, soit cinquante centimes de notre monnaie.

On peut donc dire que le traitement d'un saïs ou boab à Omdourman équivaut à vingt francs tous les deux ans.

C'est maigre, surtout quand on a été gouverneur d'une province. Heureusement qu'il est avec les chameliers des accommodements.

Par l'entremise de l'*Intelligence Department* du Caire et de gens faisant le commerce des caravanes avec le Soudan, la famille de Slatin put lui faire passer constamment quelque argent qu'il dissimulait soigneusement et dépensait le moins possible pour ne pas éveiller les soupçons du khalife qui ne connaissait que trop l'état des finances de son « gardien ».

Pendant dix ans, Slatin vécut de cette vie, pas trop malheureux au fond, mais aspirant sans cesse à cette liberté qui est le suprême désir du prisonnier.

Un jour, un oiseau de passage tomba à ses côtés. Cet oiseau portait au cou un papier sur lequel un joyeux fantaisiste d'Europe avait tracé quelques mots disant à peu près ceci : « Que celui qui trouvera ce billet pense à celui qui l'a écrit. » Suivaient le nom et l'adresse.

Slatin les a oubliés aujourd'hui, mais l'auteur de ces quelques lignes serait bien étonné d'apprendre en quelles mains et dans quels lieux l'oiseau messager a porté sa courte missive. Slatin a dû dans ses nuits de liberté penser bien souvent à ce correspondant lointain, qui restera toujours inconnu pour lui.

Pendant ce temps, on s'occupait sérieusement au Caire des moyens d'assurer sa fuite. On s'entendait avec quelques-uns de ceux qui s'en vont de temps en temps trafiquer par caravanes jusqu'à Omdourman.

Des sommes assez fortes leur étaient données ; d'autres encore leur étaient promises.

Enfin, dans le commencement de février 1895, Slatin, assis un soir devant sa porte, vit venir à lui un chamelier qui, laconiquement, prononça ces quelques mots : « Sois prêt pour après-demain ! » en passant à ses côtés, et qui, sans rien dire de plus, continua sa marche.

Slatin n'eut pas une minute d'étonnement ou d'hésitation. Il avait compris.

Deux jours après, à la même heure — le khalife Abdullah, ayant terminé ses prières, venait de rentrer et, par suite, Slatin était libre — il vit le même homme s'approcher de lui, qui lui dit : « Suis-moi ! » Slatin se leva et le suivit sans un mot d'explication.

Les deux hommes s'engagèrent dans les rues les plus désertes de la ville, évitant celles où circulent toute la nuit des patrouilles, parvinrent sans encombre dans la campagne, en un endroit déterminé où un homme et trois chameaux attendaient. Les trois hommes se hissèrent sur leurs bêtes et partirent au galop. Ils avaient jusqu'au lever du soleil avant qu'on se mît à leur poursuite.

Les trois chameaux marchèrent vingt et une heures de suite sans s'arrêter, effectuant un trajet de cent trente milles, soit environ deux cent quarante kilomètres.

Malheureusement, c'étaient des bêtes de mauvaise qualité. Au bout de ce temps, elles furent épuisées et ne purent plus avancer. Slatin se réfugia alors dans les montagnes qui s'élèvent près de là, tandis que ses compagnons allaient à la recherche d'autres chameaux. Il resta caché cinq jours, passant par les inquiétudes les plus diverses, voyant passer peu après dans la plaine des hommes envoyés à sa poursuite par Abdullah.

Au bout de cinq jours, ses deux compagnons et lui, montés sur de nouveaux chameaux, reprirent leur route. Ils arrivèrent au Nil, dans les environs de Berber. Grâce aux outres gonflées qu'ils attachèrent à leurs bêtes, ils purent traverser à la nage le grand fleuve.

Suivre le chemin des caravanes eût été une folie. Aussi firent-ils un immense coude à l'est et s'enfoncèrent-ils dans le désert du côté des monts d'Etbaï. Près d'arriver au but, Slatin dut encore abandonner son chameau. Il continua sa route à pied pendant les quatre derniers jours et arriva enfin de nouveau sur les bords du Nil, à Assouan, ayant évité même Ouadi-Halfa, où les troupes anglo-égyptiennes ont pourtant établi leur dernier avant-poste.

Là, Slatin était en sûreté. Sa fuite avait duré vingt-trois jours.

*
* *

Slatin a rassemblé dans un volume qui a paru en même temps en Allemagne et en Angleterre, volume intitulé : *Le Soudan à feu et à sang*, ses souvenirs sur ses années vécues à Omdourman. Ce livre est une source précieuse de documents pour tous ceux que cette impénétrabilité actuelle du haut Nil inquiète et intrigue. Il donne des renseignements précis sur certaines particularités mystérieuses qu'offrent les régions du Soudan.

Si Slatin a souffert, il a été largement récompensé de ses souffrances. Le gouvernement égyptien a pensé qu'il était de son devoir d'assurer l'avenir de celui qui avait été à la peine pour lui, qui avait subi pour lui une longue captivité. Il l'a adjoint au directeur de l'*Intelligence Department* et lui a alloué une assez forte indemnité. Actuellement, Slatin qui a été créé pacha suit les opérations militaires du sirdar de l'armée égyptienne, le général Kitchener-pacha. Il fournit à l'état-major anglais les renseignements qui lui sont nécessaires pour sa marche sur Dongola, pour sa lutte avec le khalife.

Tout en lui sachant gré des très intéressants détails qu'il m'a donnés sur sa vie passée, sur les hommes avec lesquels il a vécu, sur les lieux qu'il a parcourus, sur les mœurs qu'il a observées, je formerai un vœu qu'il doit former lui-même, surtout en revoyant ces terres qu'il y a un an il traversait en fugitif : c'est que son dernier compagnon d'infortune, celui qui seul à présent demeure entre les mains du khalife, puisse s'échapper sain et sauf de cette mystérieuse cité d'Omdourman.

IX

ALEXANDRIE

La ville antique. — Les lettrés et les marchands. — Une ville d'affaires. — Le cosmopolitisme et l'indépendance d'Alexandrie. — La municipalité. — Une cité hospitalière. — La populace. — Le centre des émeutes. — La politesse alexandrine. — La liberté de la rue. — Pas de ruines. — Le triomphe de l'histoire. — Les voies et les maisons. — Les clubs. — Le *Phare d'Alexandrie*. — Le canal Mahmoudieh. — Le jardin de Nubar-pacha. — Ramleh. — Le vieux port. — Un coin délicieux. — Les quais nécessaires. — Les cotons. — Ras-el-Tin. — L'hôpital du gouvernement. — La spéculation. — L'amertume du départ. — Les ennuis de la douane. — La fantaisie des employés. — Mesures absurdes. — En mer. — La dernière pensée.

Alexandrie fut jadis la ville des lettrés, des poètes, des philosophes et des savants. Elle fut aussi la ville des marchands et des marins. Les navigateurs et les fabricants lui assurèrent au même titre que les plus illustres docteurs le premier rang parmi tant de cités jalouses de sa prépondérance. Elle eut pour parrain le conquérant de Macédoine, pour protecteurs des Ptolémées, et si le souvenir des luttes soutenues par les Pères de l'Église d'Alexandrie lui donne de temps en temps dans l'histoire une apparence d'austérité et de sévérité monacale, la légende de Cléopâtre, la reine aimée du consul romain, enveloppe son passé d'un charme mystérieux qui couvre d'un voile discret les fautes de la souveraine, mais transmet d'âge en âge, pour la plus grande gloire de la cité orgueilleuse, le renom de grâce et de beauté qu'eut la femme.

Alexandrie connut la suprématie dans les arts et dans les sciences. L'incendie fameux de sa bibliothèque, ordonné selon les uns par un khalife barbare, selon les autres par de farouches sectateurs du Christ, marque la fin totale de sa gloire. Elle cessa de marcher à la tête de la civilisation et pendant deux ou trois siècles elle disparut de la scène du monde. Sa position admirable sur la grande mer bleue la sauva de l'oubli. Comme aux siècles lointains, le commerce et le négoce lui rendirent sa situation florissante. Les richesses affluèrent de nouveau. Son trafic se développa. Après la forte impulsion donnée par les Bonaparte et les Méhémet-Ali, elle reconquit son rang. Elle est aujourd'hui sans rivale sur les côtes orientales de la Méditerranée. Si l'on peut regretter que ses aspirations ne se tournent plus vers la science, on admire néanmoins sa prodigieuse activité et son fécond développement qui en font une ville commerçante de premier ordre, la grande ville d'affaires du pays et de la côte.

Le Caire n'est la première ville que par les plaisirs. Et encore Alexandrie ne lui est pas sensiblement inférieure. Elle n'a pas la pompe officielle, mais elle a le goût exquis de ses habitants qui savent composer un spectacle, organiser une fête, trouver des attractions nouvelles, faire éclore des résurrections d'époques lointaines, avec une intuition réelle de ce qui est beau, de ce qui ne sera pas vulgaire. Les cités commerçantes connurent toujours le luxe. Jadis ce furent elles qui brillèrent d'un vif éclat par la magnificence de leurs cérémonies, par la diversité de leurs plaisirs, par la richesse de leurs fêtes. Les banquiers d'Alexandrie, les négociants des docks et du port, et bien d'autres qui ignorent la pratique des affaires et les richesses qui en découlent, mais qui ont le souci de la splendeur de leur ville, maintiennent les traditions anciennes, conservent à Alexandrie sa renommée de ville hospitalière, élégante et aimable.

Alexandrie appartient politiquement à l'Égypte. Par l'origine de sa population, par ses mœurs, par ses coutumes, par son cosmopolitisme outré, elle ne semble réellement inféodée à aucun pays, à aucun peuple, à aucune histoire. Elle est méditerranéenne avant tout. Elle est un port ouvert à tous les peuples, elle leur donne à tous droit de cité. Elle est la patrie de celui qui la choisit et qui travaille à sa grandeur. Elle est Alexandrine en un mot, car elle a sa personnalité et sa vie propre. Quand on a parcouru l'Égypte d'un bout à l'autre, quand on est allé du delta aux cataractes et qu'on revient à Alexandrie avec le douloureux regret de fuir cette terre heureuse, on a bien déjà, le long de ses rues bruyantes ou près des vagues qui battent sa plage, la sensation que l'on n'est plus dans le pays des temples, que l'on a même marché déjà sur la route d'Europe.

De cette indépendance est né l'esprit d'initiative qui est caractéristique chez les Alexandrins. Une population éprise à ce point de liberté ne pouvait subir la loi commune, contraindre ses aspirations, laisser le pouvoir central lui imposer ses vues et ses idées par l'entremise d'un fonctionnaire administratif.

Alexandrie est la seule ville d'Égypte qui ne soit

pas livrée à un gouverneur nommé par les ministres. Elle possède une municipalité élue librement par elle, mais au suffrage restreint. Le cens électoral est extrêmement petit. Je ne crois pas qu'il y ait mille électeurs, et la ville a 300000 habitants. Cette municipalité, par sa composition cosmopolite, est bien la représentation exacte de cette population si diverse. La plupart des pays d'Europe ont quelques-uns de leurs nationaux dans cette assemblée, la France entre autres. Le gouvernement égyptien, en octroyant ce système administratif spécial à la grande cité commerçante, s'est réservé le droit de nommer le président de cette municipalité. Ce fonctionnaire, qui est en quelque sorte le maire d'Alexandrie, met à exécution les projets votés par les élus de la ville. Le premier choix du gouvernement a été heureux. Chakour-bey, qui occupe actuellement cette fonction, est un homme aimable qui a au plus haut degré le souci de tout ce qui peut contribuer à la grandeur d'Alexandrie. Il fait les honneurs de sa ville avec une simplicité et une bonne grâce qui contribuent à augmenter le bon renom d'hospitalité qu'a su si justement acquérir la population alexandrine.

Toutes les villes d'Égypte sans exception peuvent être jalouses d'Alexandrie sur ce point. Les étrangers qu'une heureuse chance met en rapport avec l'élite de la cité conservent de leurs relations avec elle un souvenir charmant. Ils sont reçus là comme des amis, comme des hôtes, au sens antique du mot. Ils ne passent pas comme de simples inconnus, comme des voyageurs que la vague emporte et qu'on oublie. Le Caire est devenu la proie du tourisme. Alexandrie a su ne pas faire de l'indifférence sa vertu dominante. Il n'y a pas que de vains chercheurs de curiosités embrigadés par des agences de voyage parmi ceux qui foulent la terre d'Égypte.

La population est surtout juive, grecque ou levantine. La populace est composée des mêmes éléments renforcés de l'élément italien et de l'élément indigène. Alexandrie n'a pas échappé à la loi commune des grands ports. Elle a aussi sa plèbe des quais, difficile à manier, turbulente, indisciplinée, constamment prête à un mouvement dans la rue. Les mesures d'ordre ne sont pas toujours commodes. L'administration doit, dans ses rapports avec elle, être d'une prudence extrême, pour ne pas provoquer des désordres. On sait trop avec quelle facilité les émeutes de 1882 éclatèrent dans les quartiers populaires et avec quelle rapidité elles conduisirent aux massacres de la place des Consuls et à l'intervention anglaise. La basse classe d'Alexandrie, par son effervescence latente, constitue un perpétuel danger qui se ferait réel le jour d'une complication en Égypte. C'est d'elle que partirait le signal de nouveaux troubles.

La politesse alexandrine que je loue a pourtant une tache. Elle provient sans doute de cette multitude quelque peu interlope, du va-et-vient de voyageurs débarqués par les navires, et peut-être aussi de la curiosité des habitants. Je ne connais pas de ville où la liberté de la rue soit moins grande, où les passants — et surtout les femmes — soient moins à l'abri de regards indiscrets et de dialogues inopportuns. Et je ne parle pas seulement des quartiers excentriques !... La rue Chérif-pacha et la place des Consuls, qui sont les rendez-vous des élégants n'échappent pas à cette critique. Il est vraiment pénible pour une femme, même accompagnée, de ne pouvoir se promener tranquille dans le centre de la ville. Elle est dévisagée avec une insistance générale qui devient de l'impudence et elle est jugée et détaillée à voix haute avec une hardiesse impertinente. Mes observations personnelles se sont renforcées de protestations nombreuses que j'ai entendu formuler un peu partout. La politesse alexandrine serait parfaite si elle comprenait que l'urbanité n'exclut pas — au contraire — une certaine indifférence du prochain.

Alexandrie n'a ni temples, ni ruines, ni hypogées. Il y a bien la colonne de Pompée, mais c'est peu de chose. De cette absence de monuments, je ne la blâme pas. Ceux qui passent quelques jours dans ses murs la visitent pour elle-même. Elle seule les attire. On goûte près de son rivage un repos ineffable, une joie douce de ne pas être en butte aux invasions des touristes. Alexandrie, comme souvenirs de l'antiquité, a son histoire. Cela suffit à sa gloire qui n'est inférieure à aucune des cités de l'Égypte, haute ou basse. Les pierres ne sont pas la seule consécration du passé. Il y a la légende... Qui lutterait victorieusement sur ce terrain avec la ville des Ptolémées !...

Alexandrie est presque une ville européenne. Ses maisons sont hautes et belles, ses rues sont tracées en ligne droite, ses places ont des palais, des pelouses et des statues. La circulation des gens et des voitures y est très animée. De vastes et riches magasins attirent les passants, donnent de l'éclat aux rues. Les voies sont pavées et bien entretenues. Les cafés seuls font défaut. Il n'y a pas d'établissements sérieux offrant toutes les ressources dont un étranger a besoin. Cela provient de la concurrence des clubs.

Il y en a deux principaux, le club Khédivial et le club Méhémet-Ali. Ces clubs offrent un confort remarquable. Ils sont richement et luxueusement installés, possèdent salles de jeu, de billard, de café, de restaurant, de lecture, de correspondance, de conversation. Ils reçoivent la plupart des journaux et des revues d'Europe. Ils ont chaque matin les dépêches politiques de la veille et les dépêches de Bourse. Ils sont d'un secours précieux et d'une utilité rare pour tous ceux que les choses d'Europe intéressent malgré l'éloignement, pour ceux qui veulent être renseignés sur les arts, les sciences, le mouvement littéraire et dramatique, les événements importants, les questions du jour, pour tous ceux enfin qui veulent lire.

Les publications d'Égypte ne suffisent pas. Alexandrie possède cependant le journal le plus vieux et le plus important du pays, le *Phare d'Alexandrie*, bien connu en Europe pour son impartialité, son indépendance vis-à-vis des divers intérêts qui se disputent sur cette terre égyptienne tant bouleversée. Son directeur, Haïcalis-pacha, un Grec d'origine, maintient d'une main sûre sa ligne de conduite. La ville dans laquelle il vit depuis de nombreuses années lui est chère. Il soutient avec ardeur toutes les idées, tous les projets, tous les travaux qui apporteront un peu de gloire ou un peu de bien-être à la cité dont il est devenu l'un des premiers citoyens. Les écrivains, les voyageurs, les artistes sont sûrs de trouver auprès de lui un accueil empressé et aimable. Ceux qui l'ont connu gardent de lui un souvenir sympathique où entre un peu de reconnaissance pour la franche cordialité éclose dès la première rencontre, cordialité, hélas ! si rare.

Les rues commmerçantes d'Alexandrie lassent vite l'étranger qui aspire à un air plus pur. La promenade du canal Mahmoudieh, celle de Ramleh, les jardins de certains grands propriétaires, celui de Nubar-pacha par exemple, qui offre une retraite exquise avec ses sentiers bordés de roses et d'iris courant dans un enchevêtrement de palmiers, de bananiers, d'orangers et de plantes rares, les bords de la mer surtout, attirent davantage ceux qui aiment la solitude, la belle nature ou un beau spectacle. La route qui suit le canal Mahmoudieh est délicieuse au soleil couchant. La vue s'étend au loin sur une plaine de verdure et sur le lac Mareotis. On passe le long des jardins à la végétation luxuriante et près des grandes barques qui descendent ou montent lentement. La route de Ramleh — la promenade à la mode — est moins pittoresque et moins agréable, quoiqu'elle conduise au rendez-vous estival des Égyptiens, aux bains de mer de San-Stefano, où se retirent tous les Européens à l'époque des grandes chaleurs. Le coin le plus charmant d'Alexandrie, pour moi, est une berge de sable située, derrière la place des Consuls, sur la courbe du fer à cheval formé par le vieux port. Ce coin est ignoré, car, à part quelques enfants jouant avec des coquillages, il n'y a jamais personne. La mer qui baigne cette berge est d'un bleu très foncé. Des deux promontoires qui forment les deux pointes du fer à cheval, celui de droite se termine par quelques brisants et une tour ronde, l'autre est le fameux heptastadion de l'antique Alexandrie à l'extrémité duquel se dressait le célèbre phare, l'une des sept merveilles du monde. La vue est admirable. Le bruit des vagues seul rompt le silence qui plane sur ce coin retiré où l'on peut rêver ou lire à l'aise.

Le charme du lieu rend incompréhensible l'abandon dans lequel on l'a laissé. Une contemplation de quelques minutes fait entrevoir combien serait merveilleuse une promenade ombragée, qui, comme un quai immense, partirait du Phare, longerait la courbe, se terminerait à la tour ronde après un parcours de dix kilomètres. Il n'y aurait guère au monde de promenade rivale. On m'a dit que la municipalité avait décidé la construction de ce quai gigantesque. Je suis étonné que la ville ait tant attendu. Il est de ces choses qui frappent à première vue, qui sont nécessaires malgré leur inutilité apparente. Sans ce quai, Alexandrie ne sera jamais qu'une ville incomplète, car elle sera privée de son plus merveilleux attrait. Une promenade le long de ce quai vaudra plus tard la contemplation de n'importe quel temple de la haute Égypte.

Le commerce des cotons est considérable dans le port. La visite des bâtiments où, au moyen de presses hydrauliques, on comprime le coton dans des balles cerclées de fer, pour être expédié au loin, est extrêmement curieuse. Le mouvement des navires n'est pas moins intéressant. Le port est l'un des plus beaux du monde, malgré son chenal hérissé de brisants, malgré ses passes dangereuses. La jetée s'avance audacieusement très loin dans la mer. A côté du nouveau phare s'élèvent les constructions blanches de la résidence d'été khédiviale, du palais de Ras-el-Tin.

Il y aurait bien des choses à dire sur la plupart des édifices publics de la ville. Je n'en veux retenir qu'un, car il a droit à une mention spéciale, c'est l'hôpital du gouvernement. Il est construit sur une colline qui domine la mer près du vieux port. La conception d'un corps massif de bâtiments a été abandonnée quand il s'est agi de l'édifier. On a préféré le système des pavillons isolés, infiniment plus sain et plus hygiénique. L'hôpital ressemble donc à un vaste jardin dans lequel s'élèveraient, dans tous les bosquets, d'élégants pavillons. Les malades sont à l'aise et les convalescents jouissent d'un panorama admirable. La visite de cet établissement n'inspire pas cette angoissante mélancolie que l'on éprouve dans les salles de nos vastes hôpitaux.

Le développement commercial d'Alexandrie en a fait une ville de spéculation. On y spécule sur tout, sur les cotons, sur les sucres, sur les blés, sur les terrains, sur les mines, sur les affaires lointaines. La Bourse abrite une vraie multitude. On parle dans nos pays de fortunes rapidement conquises. Les gens de finance et de négoce qui vivent en Égypte en ont vu d'autres. L'appât du gain est prodigieusement développé dans la vallée du Nil. Il ne trouve une légère excuse que dans ce fait que seules les œuvres de charité ont un développement aussi considérable. Ce sont elles qui donnent naissance à ces fêtes si brillantes où l'étranger peut admirer l'extrême élégance et la beauté tant vantée de ces Juives, de ces Grecques et de ces Levantines qui forment l'élite des Alexandrines.

Hélas! si Alexandrie est le port d'arrivée sur cette terre sacrée d'Égypte, elle est aussi la ville où l'on quitte ce ciel merveilleux sous lequel on a vécu d'heureux et d'inoubliables jours. On n'évoque pas Alexandrie sans une certaine amertume, comme si l'antique cité devait porter le poids des regrets soulevés par un départ inévitablement triste. Le dernier regard jeté sur la place des Consuls où se dresse la statue de Méhémet-Ali, en face de ce terrain abandonné et fermé par une grille où s'élevait jadis le Consulat de France brûlé en 1882 — terrain qui reste à perpétuité terre de France — est douloureux. Le navire qui va fuir sur la Méditerranée loin des côtes arides d'Égypte n'emportera pas que des cœurs joyeux. Il en est pour lesquels l'éloignement de ce sol béni est d'une tristesse infinie. L'Égypte laisse des traces profondes dans les souvenirs. Tous ceux qui ont rêvé dans la lumière éblouissante de son soleil ont comme un spleen, comme un mal secret, en songeant au passé, aux heures vécues près des grands déserts...

Comme si les ennuis d'un embarquement n'étaient pas suffisants, la douane du port tient à se montrer tracassière vis-à-vis de ceux qui partent. Il y a là une anomalie intense. Je comprendrais des difficultés à l'arrivée, j'admettrais même des mesures sévères à l'égard des nouveaux débarqués, basées sur la nécessité de ne pas laisser s'introduire dans le pays des gens indignes ou douteux. Mais qu'importe aux autorités d'Alexandrie qu'un navire en partance emporte vers les rives d'Europe des passagers, si tarés qu'ils soient !... Une réforme s'impose pour le bon renom de la ville. Les voyageurs qui s'en vont sont encore pleins d'enthousiasme pour ce chaud soleil, pour cet air si doux, pour ce pays si beau. Pourquoi leur susciter l'unique sujet de mécontentement qu'ils gardent contre l'Égypte !...

La règle douanière veut donc que les bagages soient visités dans le port même à leur sortie d'Égypte. Pourquoi ? — Nul ne sait. Généralement les visites de douane ne se font qu'à l'entrée dans un pays. Cette mesure ridicule est d'autant moins justifiée que jamais les bagages ne sont ouverts et que moyennant un droit fixé par un employé de la douane le voyageur passe librement. Il lui suffit de donner son nom et la somme qu'on lui réclame. La chose paraîtrait donc assez simple s'il n'y avait pas d'abord le temps très long, perdu avec ces formalités, et ensuite la fantaisie de certains employés de la douane. Lors de mon dernier départ, le drogman qui s'occupait de mes bagages et qui selon l'habitude avait fait passer ma carte de visite au bureau, revint vers ma voiture et me déclara que l'employé *voulait* me voir. Je fus obligé de descendre, de parcourir des salles encombrées de malles et de me présenter devant celui qui avait exigé ma comparution. Pendant ce temps, il y avait plus de quinze voitures à la porte derrière la mienne, attendant leur tour... et le bateau partait dans un délai d'une demi-heure. L'employé — un jeune indigène d'une vingtaine d'années — tenait ma carte entre ses mains. Il me contempla quelques secondes... puis fit signe au drogman que c'était bien, que je pouvais aller. Comme ce jeune homme ne parlait que l'arabe, je me suis toujours demandé ce qui serait arrivé si ma figure lui avait déplu et s'il avait contrarié mon départ. Je sais bien que l'Égypte fait encore partie de l'Empire Ottoman, mais les mœurs turques en ont disparu depuis longtemps. Elles n'étaient pas si bonnes que l'on sente le besoin de les faire renaître. Il est inadmissible qu'un Européen qui s'en va, et qui par ce fait seul débarrasse le pays de toute crainte à son sujet, se voie contraint de montrer son visage dans un bureau de douane que le gouvernement n'a établi que pour visiter des colis et des valises. De pareilles fantaisies dépassent les bornes. Elles deviendraient grotesques si l'on n'y mettait pas une fin.

Le port est vaste, la sortie est difficile, mais le navire fuit avec une rapidité désespérante. Le dernier phare est dépassé. Et l'on s'en va, et l'on vogue sur la grande mer bleue, et la rive sablonneuse devient de moins en moins nette. Pas une colline, pas un mont, dont le sommet s'apercevrait de plus loin. Non! une longue plage basse qui se confond bientôt avec le ciel et l'eau. L'Égypte disparaît comme par enchantement. On la devine longtenps encore derrière la vague lointaine. Puis, la nuit tombe, et c'est fini. Des ténèbres épaisses séparent désormais de ce pays sur lequel doivent veiller des fées. Et plus d'un s'éloigne du bastingage en essuyant une larme !...

FIN DE LA PREMIÈRE PARTIE

DEUXIÈME PARTIE

I

LE KHÉDIVE ABBAS-HILMI

Son avènement. — L'ordre de succession. — Le firman d'investiture. — Les mentors du vice-roi. — Un rêve légitime. — Sympathies égyptiennes. — Nécessités occidentales. — Les intrigues du palais. — La retraite au désert. — Les palais d'Abdin et de Koubbeh. — La journée du khédive. — Ses essais et ses créations. — Le théâtre. — Un mariage princier. — L'hospitalité orientale. — Nubar-pacha. — Une réception par le souverain. — Le tribut à la Turquie. — La vassalité à l'Angleterre. — Le vieillard d'Arcadie.

Le khédive Abbas-Hilmi a vingt deux ans.

De taille moyenne, un peu gros, la lèvre surmontée d'une légère moustache brune, la physionomie bien ouverte, l'œil vif et franc, qu'il soit sous la redingote européenne avec le tarbouch national ou sous l'uniforme des officiers de sa garde, il attire à lui les sympathies par sa bonne grâce, son amabilité, sa jeunesse, son désir de bien faire et de se dévouer, avec le concours de tous ses sujets, à la cause de son pays.

Sa jeunesse a pu être envisagée avec une certaine défiance par quelques esprits chagrins. En un temps où par une loi inéluctable les divers trônes d'Europe se rajeunissent, un pareil reproche tombe de lui-même.

La grande majorité du peuple égyptien, déçue de son prédécesseur Tewfik qui passait pour n'avoir pas une fermeté suffisante en face des empiètements extérieurs, a vu en elle l'indice d'une énergie et d'une volonté qui étaient nécessaires pour l'heure présente, qui le seraient peut-être encore plus pour l'heure future. Elle a eu foi dans le jeune souverain qui venait à elle. Elle l'a reçu avec enthousiasme, et les acclamations sans nombre qui à son arrivée retentirent sur son passage à Alexandrie et au Caire furent d'un bon augure pour celui auquel elles s'adressaient comme pour ceux qui se pressaient autour de lui.

Il avait alors dix-sept ans et quelques mois ; il ne dépassait donc que de très peu l'âge requis par la loi musulmane pour être majeur et régner.

Son avènement à la vice-royauté d'Égypte eut lieu sans difficultés, la succession au trône ayant été réglée sous Ismaïl en faveur de la famille de Méhémet-Ali, par ordre de primogéniture et non par ordre de séniorité, comme c'est la coutume à Constantinople.

La mort de son père le surprit au commencement de 1892 au Theresianum de Vienne où il terminait ses études. Il partit aussitôt. A Trieste, au moment de s'embarquer sur le navire mis à sa disposition par le gouvernement autrichien, il reçut la dépêche du sultan lui conférant la puissance suprême dans la vallée du Nil.

La remise des pouvoirs eut lieu au palais d'Abdin. Un seul incident se produisit. Le sultan avait cru pouvoir détacher la presqu'île sinaïtique des terres soumises à l'autorité khédiviale. Le gouvernement égyptien refusa d'entendre la lecture du firman d'investiture du nouveau vice-roi qui sanctionnait cette prise de territoire. La cérémonie n'eut pas lieu. Sur les représentations unanimes, le sultan céda. Un second firman, conforme en tout point à celui qui avait été fait pour Tewfik, fut envoyé au Caire et lu par le représentant de la Sublime Porte en présence du jeune souverain et de tous les corps constitués de l'État.

Abbas-Hilmi était désormais vice-roi d'Égypte, le septième depuis la chute des Mameluks. Il parut à tous qu'avec lui une ère nouvelle s'ouvrait pour le pays, tant il est vrai, comme l'a dit quelqu'un, que les peuples se modèlent sur leur souverain, tremblants s'il est craintif, vigoureux s'il est jeune, hardis s'il est téméraire.

On a dit souvent : le khédive règne, mais ne gouverne pas. C'est une erreur. Dès son début, le khédive actuel s'est appliqué à être quelqu'un, à gouverner aussi librement que le lui permettaient les nécessités de la situation, à ne pas être un simple jouet entre les mains de tuteurs plus ou moins obligatoires.

Le sage Mentor disait aux Crétois « La royauté n'est qu'une servitude déguisée. » Mieux que tout autre, Abbas-pacha s'en est rendu compte par le nombre de mentors au milieu desquels il est obligé de vivre. Ce qui lui fait honneur, c'est qu'en dépit d'eux il a su rester lui-même, ne tolérant de leur part aucune absorption de ses idées propres, les émettant sans crainte à l'heure voulue.

Un prince jeune, aussi dédaigneux de la trop passive indifférence en matière politique que soucieux de la grandeur de son pays et de l'intérêt de son peuple, ne peut, appelé à diriger les affaires d'Égypte, qu'avoir un rêve en tête. Les uns le traiteront d'illusoire, les autres le considéreront avec plus de justesse comme le fruit de légitimes espérances. Ce rêve, le nouveau vice-roi l'a fait. Il le poursuit depuis quatre ans ; il le poursuivra de longues années encore s'il le faut, non seulement parce qu'il a le droit pour lui, mais parce qu'il sait que le temps des rêves éternellement longs est passé et que tout a une fin.

Ce rêve, digne de tout souverain qui a conscience de lui-même, c'est l'affranchissement de son pays. Il est trop attaché à l'Égypte pour ne pas la vouloir grande et libre. Ses sentiments bien connus à ce sujet lui ont valu d'universelles sympathies ; elles lui ont attiré de même d'injustifiables attaques qui, à la honte de leurs promoteurs, ont été unanimement réprouvées. Le bon sens s'oppose à tout reproche adressé à un souverain épris de liberté et de justice.

Au premier abord, il paraît timide. Mais non, il a une volonté très ferme, s'occupe lui-même des affaires, émet son opinion sur presques toutes les questions posées en conseil des ministres, la développe souvent, l'impose parfois. Les Anglais qui l'entourent, fonctionnaires ou diplomates, savent qu'il n'abandonne pas facilement ses idées, qu'il est prêt à toutes les discussions.

Cette autonomie de l'Égypte qu'il rêve, d'autres la désirent. La France n'a pas cessé de la réclamer au nom des principes souverains du droit. C'est pour cela qu'il s'est tourné vers elle, qu'il fait bon accueil à tous ceux qui portent un nom français, à toutes les choses qui viennent de France.

Des sympathies qu'il a manifestées pour nous comme des répulsions qu'il a montrées d'autre part, on a tiré des conclusions exagérées. Les uns s'en sont allés, disant : il est trop francophile. D'autres ont crié : il est trop anglophobe. Quelques-uns, plus sages, ont simplement fait remarquer qu'il était avant tout égyptien.

Ceux-là étaient dans le vrai.

Le khédive n'a de haine ni d'amour pour personne. Son cœur va tout entier vers les siens. Ses sympathies pour la France sont aussi fortes qu'elles sont sincères ; elles sont très grandes, mais elles s'arrêtent, tout le monde le comprendra, à un point donné, celui où les intérêts de l'Égypte commencent. La France est pour lui le pays qui appuie ses idées d'Égypte libre et il l'aime. Mais il sait qu'à côté de cela il y a des nécessités occidentales dont il doit tenir compte, et avec la parfaite correction qui le caractérise, il les respecte scrupuleusement.

Les esprits malveillants — et il y en a — ont prétendu qu'il parlait trop, qu'il avait des écarts de langage, qu'il tenait des propos inconsidérés, qu'il accomplissait des actes qui n'étaient pas toujours compatibles avec sa haute situation.

Certes, le temps où ce vice-roi, petit-fils de Méhémet-Ali, faisait coudre les lèvres de l'une des femmes de son harem pour avoir parlé contre son ordre dans l'intérieur du palais n'est plus. On serait tenté presque de le regretter. Les bruits les plus invraisemblables, les racontars les plus dénués de fondement, ne proviennent souvent que d'une interprétation, fausse à dessein, de paroles prononcées par le khédive ou de décisions prises par lui.

Abbas-Hilmi est trop environné d'intrigues. L'appréciation la moins intentionnée qu'il formule sur la conduite d'un de ses ministres dans telle ou telle affaire est transformée immédiatement en un blâme énergique, prélude de la chute certaine du cabinet. Le renvoi du ministère est une de ces nouvelles périodiques à courte durée qui font la joie des colporteurs de faux renseignements.

Comme ce tyran de Sienne qui par plaisir roulait des blocs de pierre du haut du mont Amiata sans se préoccuper de savoir qui et quoi elles écrasaient, ils sont là quelques-uns, indigènes ou Européens, qui par jalousie ou parti-pris travestissent infailliblement tout ce que dit ou fait le jeune vice-roi, sans souci du tort qu'ils peuvent ainsi causer au bien général du pays. A la louange du khédive, ces racontars influent peu sur lui. Que d'histoires ont ainsi circulé dans toutes les bouches du Caire ou d'ailleurs, qui n'auraient pour ainsi dire rien de vrai !

La jeunesse le rend peut-être parfois impatient. Que ne dirait-on pas si, jeune comme il est, il regardait les événements d'un œil profondément indifférent.

Les actes les plus étrangers à la politique sont sujets à des commentaires sans fin. Quand l'an dernier il eut l'idée de mobiliser son corps de dromadaires et de s'enfoncer dans le désert arabique du côté de la mer Rouge, quels bruits n'ont pas couru ! De suite il a été question de velléités d'indépendance, d'appels aux tribus bédouines, de réveil du fanatisme.

Les politiciens chercheurs de querelles ne veulent donc pas comprendre qu'il arrive un moment où les intrigues méchantes lassent, où un besoin de grand air et de liberté se fait sentir, où l'atmosphère viciée de la ville épouvante, et où le souverain, comme un simple rêveur, tourne ses regards vers la solitude quelle qu'elle soit, à plus forte raison vers ces plaines infinies de sable qui, sous les feux ardents du soleil comme sous la lumière douce des étoiles, font par leur grandiosité étrange oublier les choses d'ici-bas !

Le khédive a deux résidences : l'une, officielle, au palais d'Abdin, placé en plein centre du Caire ; l'autre, privée, au palais de Koubbeh, situé dans la campagne à une heure de la ville. C'est dans cette dernière qu'il habite; c'est dans la première qu'il préside le conseil des ministres, donne ses audiences, reçoit le corps diplomatique et les fonctionnaires, qu'il offre ses fêtes à la population cairote.

Deux ou trois fois par semaine, assis dans son landau ou conduisant lui-même une légère voiture, il s'achemine le matin vers la ville, tour à tour à travers des champs de verdure ou des coins de désert, au milieu de son escorte de cavaliers à ceinture d'or, portant à chaque instant la main à son tarbouch pour répondre aux saluts unanimes des passants. Les réceptions finies, il déjeune avec quelques personnes de sa suite, puis à trois heures il regagne son palais de Koubbeh avec la même escorte et par le même chemin.

Là, loin des affaires publiques, heureux au milieu de ses champs de blé ou de coton et de ses jardins plantés de sycomores et d'acacias, il se livre à ses occupations favorites.

Il a voulu prouver que les conditions matérielles de son peuple étaient facilement susceptibles d'améliorations, que les sales petites huttes de terre mêlée de paille habitées par les fellahs pouvaient, sans qu'aucun changement fût apporté au principe même de leur construction, devenir sinon confortables, du moins convenables. Pour cela, il a fait bâtir sur ses terres un village modèle, dans lequel il a réalisé toutes les conditions de salubrité, d'hygiène, de propreté et de bien-être, village qui est l'objet de toute sa sollicitude. Il a créé une vacherie modèle, remarquable d'après les connaisseurs, une école, un haras dans lequel il élève quarante juments poulinières. Ses chevaux comme ses attelages ont toujours été vainqueurs dans toutes les luttes du Caire ou d'Alexandrie. Il a organisé un corps de pompiers. La musique khédiviale qu'il a placée sous la direction d'un musicien hongrois peut rivaliser avec les meilleures d'Europe.

Tous ces essais qu'il a tentés dans l'intérêt de son peuple ont produit d'excellents résultats. Rien, dans les questions agricoles comme dans les questions administratives ne veut être ignoré par lui. Avec cela, simple et modeste. Il n'aime pas le bruit, le luxe, les fêtes. Il se tient autant qu'il peut à l'écart de tous les plaisirs mondains.

Le théâtre pourtant l'intéresse. Il s'y rend très souvent, d'autant plus souvent que le Français qu'il y a mis comme directeur, M. Morvand, est plus attaqué. Les colonies anglaises et italiennes ne pardonnent pas à ce théâtre d'être français; elles voudraient, sinon l'angliciser, du moins l'italianiser. Le khédive reste sourd à toutes les attaques. Il a tenu dernièrement à décorer en public de l'ordre du Medjidié M. Morvand, montrant par là que sa confiance n'est pas déplacée et qu'il tient à ce que son théâtre s'inspire longtemps encore de nos auteurs et de nos musiciens.

Là encore, il n'aime pas à se montrer. Il n'occupe jamais sa grande loge d'honneur; il préfère prendre place dans la baignoire d'avant-scène d'où il jouit du spectacle sans être vu. Ces jours-là, les affiches théâtrales sont rayées d'une bande blanche portant ces mots : Son Altesse le Khédive honorera de sa présence la représentation de ce soir.

Il s'est marié dernièrement avec l'une des dames de la suite de sa mère, sans éclat, sans fêtes, simplement. Lors du mariage de sa sœur, la princesse Khadija Hanem avec le prince Abbas-pacha Halim, il a laissé sa mère la vice-reine, et son frère, le prince Méhémet-Ali, recevoir chacun séparément les invités dans le palais de Koubbeh. Mais, soucieux de la bonne ordonnance de la fête, il s'est promené longtemps comme un simple spectateur dans les allées du parc brillamment illuminées par des feux de toutes couleurs, au milieu des tentes bariolées d'où s'échappaient, très languissantes dans la nuit tiède, des mélopées de chanteurs arabes qui faisaient rêver, dans ce décor vraiment étrange, aux mille et une nuits des conteurs d'autrefois.

On a souvent parlé de l'hospitalité écossaise et de l'amabilité française. Il est juste de célébrer à la fois l'amabilité et l'hospitalité orientales. Les pachas et les beys d'Égypte sont d'une courtoisie telle qu'il est parfois difficile d'en évoquer une semblable dans ses souvenirs. Ils reçoivent avec une bonne grâce, une affabilité, une simplicité d'allures qui charment en même temps qu'elles attirent les sympathies et qui, par contraste, font parfois douter de quel côté sont venues les mœurs civilisées.

Tous ceux qui ont approché le khédive, comme son premier ministre, Nubar-pacha, dont l'amabilité séduisante et la finesse d'esprit sont bien connues, comme bien d'autres encore, ont été frappés du caractère tout à fait amical que prend dès le début toute entrevue ou toute conversation.

La valeur incontestable de tels hommes réduit à néant les prétentions anglaises de n'abandonner l'Égypte que le jour où elle sera capable de se diriger elle-même.

Nubar-pacha, qui en même temps qu'il est un causeur exquis est, comme son souverain, un agriculteur de premier ordre — les bœufs de sa ferme de Choubrah dont il est très fier et qui sont les plus beaux qu'on puisse voir en font foi — est aussi un profond lettré. On le verra bien quand paraîtront ses mémoires, pages du plus haut intérêt, embrassant dans les moindres détails les règnes de six vice-rois ayant régné sur l'Égypte dans le cours de ce siècle.

Le khédive a au plus haut point cette amabilité qui conquiert ceux qui le voient pour la première fois.

A peine le grand maître des cérémonies a-t-il introduit le visiteur dans la salle où reçoit le vice-roi que celui-ci se lève, vient à sa rencontre, lui serre la main, le remercie d'être venu le voir, le fait asseoir à ses côtés et lui parle de choses et d'autres avec une bonne grâce qui séduit immédiatement. Un serviteur offre des cigarettes. La conversation continue, puis le khédive se lève, indiquant que l'audience est finie, accompagne de nouveau le visiteur jusqu'au salon voisin, le remercie encore ; et l'étranger, comme l'indigène, se retire sur l'impression toute charmante que lui laisse ce souverain, déjà mûr malgré sa jeunesse, plein de bonne volonté, d'autant plus sympathique qu'il est plus attaqué par ceux-là même qui devraient s'abstenir de tout commentaire malveillant sur lui.

Plusieurs fois, j'ai eu l'honneur d'être reçu par lui ; toujours j'ai éprouvé ce même charme.

Certes, son sort n'a rien d'enviable.

Souverain d'un pays soumis à toutes sortes de tutelles étrangères, dans l'administration comme dans les finances, dans l'armée comme dans le commerce, il est vassal théoriquement d'une puissance à laquelle il paye une redevance annuelle de 17 millions de francs environ et dont il ne reçoit rien en échange — la Turquie — et vassal en fait d'une autre qui lui impose ses fonctionnaires et ses soldats, ses déclassés et ses inutiles, et qui inscrit sur son budget les frais généraux d'une occupation non justifiée — l'Angleterre. L'Europe presque tout entière a chez lui des représentants qui surveillent ses dépenses comme ses recettes, qui mettent le holà à ses *desiderata*, qui lui font sentir bien souvent que, quoique maître, il a à compter avec eux.

Il n'est pas de souverain dont la position soit plus délicate, dont le tact doive être plus parfait ; il n'en est pas non plus dont la défense soit plus nécessaire contre les manœuvres intéressées d'avides politiciens. On ne peut pas dire que le khédive ait droit au titre d'homme heureux. Comme autrefois pour le roi de Sardes, l'oracle de Delphes lui préférait encore ce vieillard d'Arcadie qui cultivait son champ, n'était jamais sorti de chez lui, et qui, n'ayant pas de désirs, n'avait pas de besoins.

II

L'INFLUENCE FRANÇAISE

Le vaisseau fantôme. — Plus de Malte. — L'empreinte française. — Une force morale. — Les ahurissements d'un voyageur français — Un doyen de faculté — Les impressions d'un flâneur. — La langue dominante. — Un mort bien vivant. — *Franghi* et *Inglisi* — Le soulèvement d'Arabi. — Le départ de l'amiral Conrad. — Le rêve de Napoléon. — La commission de savants. — Une œuvre de régénération. — Méhémet-Ali et la France. — Le colonel Selves et l'armée. — Les écoles. — Les travaux des ingénieurs. — Les bienfaiteurs de l'Égypte. — Le roi Sennachérib. — L'eau du Nil.

Les aimables diseurs de bons mots et conteurs d'historiettes qui fourmillent dans les cercles du Caire comme partout ailleurs rapportent l'anecdote suivante :

Un capitaine égyptien, à la suite de travaux effectués au canal de Suez, fut chargé de rapatrier les quelques centaines d'ouvriers maltais qui avaient été spécialement embauchés pour la circonstance. L'embarquement se fit à Alexandrie. Le temps était beau, la mer était calme. La troupe partit, toute joyeuse de regagner ses foyers. Trois jours devaient suffire au capitaine pour faire fouler à ses hommes le sol de Malte ; trois autres lui étaient accordés pour revenir rendre compte de sa mission.

Une semaine s'écoula. Rien !

On télégraphia à Malte pour savoir d'où venait ce retard et quel jour le bateau était sorti du port. Malte répondit : « Savons pas ce que vous voulez dire ; vu aucun bateau ! »

On fut étonné, mais on patienta. Peut-être quelque avarie était-elle survenue qui avait retardé la marche des rapatriés ?...

La deuxième semaine s'écoula. Rien !

On télégraphia à Malte qui répondit de nouveau : « Ni vu, ni connu ; pas de bateau ! » Pour le coup, on fut atterré. Comment pas de bateau ?...

Alors, on télégraphia un peu partout, en Asie Mineure et en Tripolitaine, à Candie, à Chypre, en Morée, à Smyrne, à Jaffa, à Tunis, à Alger, à Naples, à Brindisi, en Sicile ; on s'adressa même à Gibraltar, à Port-Saïd et à Constantinople, aux trois portes de la Méditerranée. Rien ! rien ! rien !...

La même réponse revenait de partout : pas de bateau !

Désespéré, on s'avoua vaincu, et la mer ayant toujours été calme, on en fut réduit à penser qu'un nouveau vaisseau fantôme sillonnant les mers sans aborder nulle part allait recommencer la course fantastique que les légendes avaient chantée aux marins.

Les temps fabuleux étant morts, un jour vint pourtant, le vingt et unième, où la ville d'Alexandrie, stupéfaite, vit rentrer dans son port le bateau mystérieux, sans avaries, sans dégâts, avec son capitaine et sa troupe d'ouvriers maltais, non rapatriés. La population se porta sur les quais, inquiète, anxieuse d'avoir une explication.

Le capitaine descendit à terre. Chacun remarqua son air sombre et préoccupé. Il fendit la foule, muet, soucieux, comme porteur d'une nouvelle effroyable, courut chez le gouverneur de la ville qui l'attendait avec une impatiente curiosité, et là, essoufflé, la voix troublée, terrifié lui-même de ce qu'il allait faire connaître, lui lâcha cette phrase aussi simple que précise : « Excellence, il n'y a plus de Malte. »

* * *

Je ne sais pas pourquoi, en entendant conter cette histoire, je pensais à beaucoup de nos compatriotes qui, n'ayant vu l'Égypte qu'en rêve ou sur des images et ne se fondant que sur les événements de ces dernières années, pensent et disent mélancoliquement : « Là-bas, il n'y a plus de France ! »

Qu'ils se rassurent !

Cette terre des pharaons, à laquelle tant de liens et tant de souvenirs nous rattachent depuis un siècle, n'est pas, en tant que terre marquée d'une empreinte française, pareille à cette Malte introuvable de l'anecdote. Elle n'est pas un vain mirage. Ceux qui veulent s'en rendre compte n'ont pas à redouter l'odyssée décevante du capitaine égyptien. Ils n'ont qu'à prendre le paquebot à Marseille, à voguer pendant cinq jours sur les flots bleus de la Méditerranée, à débarquer à Alexandrie, à parcourir le Delta, et là, à voir et à entendre.

L'expérience est simple et concluante.

Ils verront qu'il n'est pas toujours facile à la force de s'imposer dans un pays, d'y établir ses usages, ses coutumes, sa langue, d'y remplacer une autre influence, toute morale celle-là et toute française, qui s'affirme, non par des uniformes et par quatorze ans de domination, mais par un siècle de coopération commune dans la régénération d'un peuple et la marche vers la civilisation.

Ils verront que le Nil — en cela tout différent du fleuve Léthé — n'a pas versé à ses riverains l'oubli de ceux qui, pendant de longues années, ont vécu parmi eux en amis, les instruisant littérairement et militairement, les initiant aux progrès de la science, les tirant, au point de vue de leurs origines historiques, de l'incertitude dans laquelle ils étaient plongés, les associant à des travaux gigantesques, dignes de ce pays auquel les anciens avaient attribué deux des sept merveilles du monde. Ils entendront des paroles amies, des saluts échangés dans une langue qui est la leur, des conversations de rues ou de salons qui leur seront familières. Ils se croiront bien souvent sur les rives de la Seine, rarement sur celles de la Tamise.

L'influence de la France en Égypte est manifeste.

Elle est partout, dans les moindres détails, dans les moindres choses. Elle n'éclate pas tapageusement, d'une façon criarde, comme l'autre, mais on la sent quand même toujours autour de soi, comme mêlée à tout ce que l'on voit, à tout ce que l'on touche. On ne peut pas la définir exactement, mais elle existe. Elle est dans l'air que l'on respire. Elle est comme ces parfums qu'une jolie femme laisse sur son passage. L'atmosphère en est saturée. On ne les voit pas, mais on les devine. Ils vous enveloppent de leur charme pénétrant. La femme qui les a exhalés est déjà loin, a disparu même, mais son souvenir reste toujours là pour ceux qui viennent après elle, qui passent là où elle a passé, qui évoquent son image et qui l'aiment, parce qu'ils s'imprègnent de l'air qu'elle a imprégné d'elle.

Pour la plupart de nos compatriotes, un premier voyage en Égypte n'est pas seulement une tournée d'observation, mais bien une découverte. Le Français croit tomber en pays étranger, il tombe en pays ami.

Il arrive, navré d'abord de ne savoir ni l'anglais, ni l'arabe, muni de dictionnaires de poche, de manuels de conversation, de guides en plusieurs langues, se bourrant à la hâte la tête de quelques phrases anglaises usuelles, balbutiant tant bien que mal quelques mots de cette langue qu'il croit en vigueur dans le pays. Comment lui trouver à redire, alors qu'un de nos doyens de faculté les plus connus de Paris, prenant congé d'un jeune professeur qui partait pour l'Égypte chargé d'un cours dans l'une des principales écoles du Caire et lui demandant s'il parlait anglais, répliquait, sur sa réponse négative : « Quel dommage ! vous serez obligé de prendre un interprète pour faire votre cours ! »

Le jeune professeur est ici depuis trois ans. La question de l'interprète ne l'a pas encore beaucoup préoccupé. Il n'en aurait eu besoin que dans un cas : s'il avait su, non le français, mais l'anglais.

Le Français, à peine arrivé, est rapidement convaincu de l'inutilité qu'il y a de parler une langue étrangère à la sienne : il risquerait de ne pas se faire comprendre. Ses premières promenades dans les rues suffisent à l'édifier. Tout en flânant, il contemple d'un œil distrait les gens qui passent, les magasins avec leurs devantures, leurs vitrines.

Puis, soudain, cet examen l'intéresse. Il voit bien quelques *bars,* quelques *peluqueros,* quelques *ristorante,* mais il constate que la plupart des enseignes qui se succèdent devant lui n'ont rien d'incompréhensible. Il retrouve des formules connues, des réclames écrites dans sa langue. Il croit se promener dans une rue de sa ville natale. De temps en temps, un indigène l'accoste, murmurant quelques mots qui ne lui paraissent point barbares : *Mossié, une belle canne ! — Mossié, un bon boudi, — Mossié, vos souliers ! — Mossié, le « Journal égyptien », le « Phare d'Alexandrie » !* — C'est un vendeur ambulant, un ânier, un décrotteur, un crieur de journaux. Des groupes passent auprès de lui, des couples le frôlent, parlant haut ou parlant bas, mais tous avec des voix qui ne lui sont nullement étrangères.

Des affiches blanches, collées sur quelque mur, pareilles à nos affiches officielles, attirent son attention. Il s'approche. C'est quelque avis du ministère des finances ou des travaux publics, imprimé en deux langues. Au-dessous du texte arabe, le texte français. Au fond, l'avis lui est indifférent, mais il le lit quand même, ravi.

La porte du jardin de l'Esbékieh s'ouvre devant lui ; il entre, il se promène sous les arbres. Dans le fond, la musique khédiviale joue quelques morceaux de son répertoire ; il reconnaît *la Vague, la Tsarine ;* il se croit aux Tuileries ou au Palais-Royal. Il sort. Le théâtre khédival se dresse devant lui. A la porte, des grandes affiches rouges ou jaunes annoncent *les Vingt-huit jours de Clairette* ou *le Cid.*

Il enfile la galerie de la grande rue pareille à celles de la rue de Rivoli. Il s'arrête devant quelque boutique de librairie ; tous les ouvrages français — romans, poèmes, voyages — sont là, bien rangés derrière la vitre. Il aperçoit quelque couverture de volume avec un nom de gros fonctionnaire égyptien ou de personnage indigène comme nom d'auteur ; il en feuillette quelques pages. Ce sont des compilations de documents officiels, des séries de rapports administratifs ou des impressions sur l'état du pays, le tout écrit en bel et bon français.

Le moindre poteau indicateur, le moindre écriteau

lui est en général familier. Les timbres-poste eux-mêmes, avec leur valeur marquée en arabe et en français qui s'étale autour de la Pyramide et du Sphinx, n'ont pas subi l'anglicisme.

Le soir, il va dans un café, dans un cercle, dans une réunion. Il cause. Il apprend que, malgré l'Angleterre, un grand nombre de hauts postes dans les diverses administrations sont encore occupés par des compatriotes; que les écoles suivent l'enseignement de nos lycées, ont des professeurs sortis de nos écoles, qui propagent notre influence en inculquant aux jeunes indigènes notre langue et nos méthodes; que le droit égyptien est calqué sur notre droit; que la plupart des contestations se règlent en français, parce que notre langue est langue judiciaire; que les Anglais enfin, comme un de leurs meilleurs moyens de domination, ont dû se livrer aussitôt à l'étude de cette langue.

Les uniformes rouges qu'il voit de temps en temps passer devant ses yeux troublent bien ses pensées. cette influence qui se manifeste par la force le déroute bien un peu ; mais, malgré tout, derrière elle, comme une ombre implacablement attachée à ses pas, il devine l'autre, forte sans affirmation de sa force, qui englobe tout sans éclat, sans bruit, pénétrante et sûre.

Alors, étonné, convaincu, avec une satisfaction intérieure d'autant plus grande qu'elle a été moins prévue, il finit par se dire tout bas :

« Qu'est-ce qui disait donc que la France était morte ici ? »

Il est des morts dont le souvenir est bien vivant.

Et puis, comme revanche, il apprend que les indigènes disent de quelque chose qui est bien : c'est *franghi!* et de quelque chose qui est mal : c'est *inglisi !* — C'est peu, objectera-t-on. C'est possible, mais, comme dit la chanson, ça fait toujours plaisir.

***

On sait comment se fit l'occupation anglaise.

Les agissements d'Arabi-pacha avaient jeté le pays dans un état de surexcitation aiguë qui se traduisait par des troubles continuels et qui nécessita, de la part des grandes puissances, l'envoi de navires dans les eaux d'Alexandrie.

Le 11 juin 1882, des massacres odieux ensanglantaient cette ville.

Un mois après, le 11 juillet, l'amiral anglais en opérait le bombardement. Les autres vaisseaux s'étaient retirés. La flotte française avait levé l'ancre le matin même, ayant reçu l'ordre de s'éloigner et de ne prendre part à aucune opération.

Les Anglais, restés seuls maîtres du terrain, forçaient le canal de Suez, débarquaient à Ismaïlia, mettaient en déroute l'armée d'Arabi à Tell-el-Kébir, et le 11 septembre, faisaient leur entrée au Caire. Depuis ce jour-là, ils occupent militairement l'Égypte, répondant à toutes les demandes d'évacuation que l'heure n'est pas encore venue pour le peuple égyptien d'être complètement livré à lui-même.

On peut dire que la France, elle, l'a occupée pacifiquement pendant près d'un siècle.

C'était l'un des rêves de Napoléon que de civiliser cette contrée, qu'il considérait comme la route des Indes. Aussi, quand le Directoire, pour une insulte faite à notre pavillon consulaire, le chargea de châtier les

Mameluks, dont le joug pesait sur l'Égypte, partit-il avec empressement, emmenant avec lui, non seulement une légion de soldats, mais aussi toute une commission de savants.

Tandis que les uns s'illustraient aux Pyramides et à Héliopolis, les autres étudiaient le pays à fond, formaient l'Institut égyptien, commençaient des travaux, recueillaient des observations, des manuscrits, des collections, ouvraient des chaussées, donnaient l'essor au commerce, préparaient les réformes scolaires et judiciaires, jetaient les premières bases de cette civilisation à la française que Méhémet-Ali allait poursuivre.

Le grand vice-roi marcha sur les traces de Bonaparte.

Dans cette œuvre de régénération de tout un peuple, qu'il entreprit avec courage et qui dura près de quarante ans, il convia la France à ses côtés, lui empruntant ses militaires, ses marins, ses professeurs, ses médecins, ses ingénieurs, ses mécaniciens, ses agriculteurs qui, tour à tour, réglèrent l'inondation du Nil, bâtirent des écluses, des digues, des ponts, tracèrent des routes, installèrent des fonderies de canons, des poudreries, des arsenaux, des chantiers, des camps; réorganisèrent l'armée, créèrent une flotte, construisirent des écoles, des hôpitaux, des usines, des fabriques, importèrent des méthodes nouvelles, soumirent le pays à une rénovation complète qui le transfigura.

Le colonel Selves, qui devint le célèbre Soliman pacha, groupa à ses côtés d'anciens officiers ayant tous appartenu comme lui aux armées de Bonaparte, et avec eux entreprit la réforme militaire de ces troupes braves, mais ignorantes de tout ordre et de toute tactique, qui, quelques années plus tard, étonnèrent l'Europe par leur marche triomphale en Syrie, leur siège de

Saint-Jean-d'Acre, leurs victoires éclatantes de Konieh et de Nézib qui firent trembler le sultan à Constantinople. Par eux, l'éducation militaire de l'Égypte fut faite, des écoles de cavalerie et d'infanterie furent fondées, l'artillerie fut organisée.

Son éducation littéraire et scientifique était entièrement à faire. Méhémet-Ali se tourna vers la France. Quarante jeunes gens furent envoyés à Paris avec mission d'étudier toutes les connaissances pour pouvoir à leur retour les enseigner à leurs concitoyens. Le nombre de ces jeunes gens ne fit qu'augmenter. Des écoles furent fondées, peuplées de professeurs français ou de ces indigènes qui avaient puisé en France les premiers principes de leur éducation, qui rapportaient les méthodes françaises, contribuaient à propager dans le peuple l'amour de celle qui avait été pour eux une seconde patrie.

Les savants de l'expédition d'Égypte avaient renoué à travers les siècles la tradition des conceptions fabuleuses des pharaons. Les ingénieurs français appelés par Méhémet-Ali pour continuer leur œuvre ne faillirent point à leur tâche.

Linant de Bellefonds, directeur des travaux pendant quarante ans, procéda à l'endiguement du Nil, au creusement des canaux d'irrigation, à la création de canaux du Delta, à la première étude complète du percement de l'isthme de Suez, à la reconstruction de la digue d'Aboukir détruite par les Anglais en 1799 dans le but d'isoler l'armée française enfermée dans Alexandrie.

Mougel entreprit ce travail gigantesque d'un grand barrage du delta, de près de mille mètres de longueur, avec ses quatre cents arches soutenant une belle route, prêtes à maintenir les eaux du grand fleuve.

Coste inaugura le canal Mahmoudieh creusé par cent mille ouvriers, fournissant l'eau du Nil à Alexandrie.

Bien d'autres encore marquèrent le pays d'œuvres dignes du génie français et de l'antique Égypte. Jumel importa le coton qui porte son nom, établit des filatures qui firent la richesse du pays. Clot-bey propagea la médecine, institua des écoles spéciales, des hôpitaux, des ambulances, consacra sa vie à la diffusion dans le peuple de cette science utilitaire. Champollion s'immortalisa par ses découvertes.

Tous les successeurs de Méhémet-Ali, Ibrahim, Abbas, Saïd, Ismaïl, Tewfik, dans leurs travaux, dans leurs réformes, dans leurs institutions, eurent recours aux compatriotes de ceux que leur grand devancier avait associés à son œuvre. Les noms du grand initiateur du canal de Suez, de Lesseps, de Mariette, de Maspero, des ingénieurs Cordier, Brocard, Lasseron, de tous ceux enfin qui, pacifiquement, firent aimer et admirer la France en Égypte par leur dévouement à sa cause, sont là pour affirmer une influence qui ne s'est jamais démentie.

*
* *

Tant d'efforts dépensés n'ont pas été vains.

Nos compatriotes peuvent avec confiance demander : Que fait l'influence française en Égypte ? — Nul ne se lèvera pour dire ce que répond le Sphinx de la *Légende des Siècles*, interrogé sur ce que fait le roi Sennachérib :

Le roi Sennachérib fait ceci qu'il est mort.

L'héritage de tant de traditions est en de bonnes mains.

Ceux qui en ont la garde maintiennent hautement le bon renom de notre race. Au premier rang des institutions qui rendent le plus de services à la cause française, il faut placer l'école et l'église.

Ce qu'elles ont fait et font encore mérite d'être connu et doit l'être.

Ne croyez jamais aux proverbes, dit lui-même un autre proverbe. C'est à ce dernier qu'il ne faut pas croire.

Il en est un trop répandu sur toutes les rives du grand fleuve, trop empreint dans l'esprit de l'indigène, pour qu'on puisse faire fi de lui. « Qui a bu de l'eau du Nil veut en reboire, » dit-il.

L'histoire est là pour montrer que la France a bu de cette eau plus que toute autre.

Les événements diront le reste.

III

LES ÉCOLES FRANÇAISES

L'influence de l'école. — Jules Simon. — L'appui constant de la France. — La prépondérance des établissements religieux. — Les jésuites. — Les frères des écoles chrétiennes. — Les missions africaines de Lyon. — L'Alliance française. — Les écoles coptes d'Égypte. — Les écoles de filles. — Les sœurs de Saint-Vincent de Paul, du Bon Pasteur, de la Mère de Dieu, les franciscaines, etc. — Quelques statistiques de religions et de nationalités. — L'École française de droit. — L'École khédiviale de droit. — L'École normale. — L'École des Arts-et-Métiers. — L'École Kléber. — L'Orient silencieux. — Notre grande auxiliaire. — Une fête chez les jésuites.

Jules Simon a dit dans l'une de ses études que le peuple qui avait les meilleures écoles était le premier des peuples et que, s'il ne l'était pas aujourd'hui, il le serait demain.

Avec plus de justesse encore, on pourrait dire, en introduisant une légère variante dans ce raisonnement, que le peuple qui se sert pour étendre son influence de ce puissant moyen de propagande qu'offrent les établissements d'instruction et d'éducation est le peuple qui comprend le mieux ses intérêts au point de vue de la vulgarisation de ses mœurs et de ses idées. Si la France a pu, malgré une occupation militaire, sinon accroître, du moins garder les positions qu'elle avait acquises en

Égypte par un siècle de prépondérance pacifique, elle le doit, en premier lieu, sans contestation aucune, aux nombreuses écoles de toutes sortes qu'elle a suscitées, soutenues, subventionnées, encouragées.

Les impressions ressenties au temps de la jeunesse sont les plus fortes et les plus durables. L'enfant élevé dans un milieu où, sans contrainte et de par la volonté seule des siens, on lui apprendra la langue et les méthodes d'un pays, ne pourra, arrivé à sa maturité, quel que soit le poste, haut ou bas, qu'il occupera dans l'échelle sociale, qu'aimer ce pays d'où il aura tiré les principes de son éducation et dont il aura pris les coutumes et le langage, grâce à ceux qui se sont donné pour mission de l'élever et de l'instruire.

La France n'a jamais refusé son appui aux maisons scolaires françaises qui se sont ouvertes dans la vallée du Nil. Des ordres religieux comme des sociétés laïques poursuivent sans relâche la tâche qu'ils ont entreprise de maintenir notre influence parmi ce peuple d'Égypte qui l'a toujours connue sans jamais la combattre. Il n'est pas d'année qui se passe sans que par leurs soins une nouvelle école soit fondée dans quelque village. Dans le delta comme dans la haute Égypte, l'instruction française est largement répandue. C'est par ce contact incessant de quelques-uns de nos compatriotes avec la population indigène que celle-ci persiste à ne pas considérer la France comme une étrangère, parce qu'elle apprend ce que les nôtres ont appris.

Les résultats ont été et sont toujours si probants que quelques chiffres et quelques données s'imposent. L'exposé des faits est le plus sûr témoignage des services rendus.

Les écoles qui, soit directement, soit indirectement,

participent à l'extension de notre influence en Égypte sont de deux sortes : 1° celles qui sont uniquement sous notre protectorat et ne relèvent que de nous en tout et pour tout ; 2° celles qui appartiennent au gouvernement égyptien, sont sous sa dépendance, mais sont pourvues d'un directeur et de professeurs français. Nous nous occuperons tout d'abord des premières.

Elles sont au nombre de 42, dont 25 pour les garçons et 17 pour les filles. Toutes, sauf l'École française de droit qui est entre les mains directes du gouvernement français et les deux écoles fondées à Assiout par l'Alliance française et à Manfalout par la Société des écoles coptes d'Égypte, appartiennent à des ordres religieux. Celles de garçons sont dirigées par les frères des écoles chrétiennes, les jésuites et les pères des missions africaines de Lyon ; celles de filles, par des sœurs de divers ordres.

Ce qui frappe tout d'abord au début d'une étude sur l'instruction en Égypte, c'est cette place prépondérante occupée par les établissements religieux. C'est grâce à eux que notre influence se perpétue dans ce pays. Devant les efforts incessants qu'ils font pour la maintenir, les dissentiments religieux doivent s'effacer. La population l'a bien compris. Le nombre d'enfants israélites, musulmans et schismatiques qui fréquentent ces écoles est un sûr garant de la liberté de conscience que tous ces religieux se sont donné à cœur de faire régner chez eux de la façon la plus absolue.

*
* *

Les frères des écoles chrétiennes s'implantèrent les premiers en Égypte.

Méhémet-Ali, sur les instances de la colonie française, avait, en 1844, appelé les pères lazaristes à Alexandrie et leur avait fait don d'un emplacement, sous la condition stricte d'y établir une école. Les lazaristes, qui ne tenaient pas à s'occuper d'instruction, appelèrent à leur tour les frères et les chargèrent de les remplacer. Ceux-ci ouvrirent immédiatement une école gratuite qui prospéra de telle façon qu'en 1859 Saïd-pacha, par un contrat intervenu entre lui et le ministre de France moyennant lequel les frères s'engageaient à avoir toujours une école au Caire, leur fit dotation d'une somme de 30 000 francs et d'un immense local qu'ils ont occupé depuis cette époque. Les frères se trouvèrent alors à la tête de deux établissements, l'un au Caire, l'autre à Alexandrie.

Les débuts de l'école du Caire furent modestes. Quatre ou cinq frères seulement enseignaient à une centaine d'élèves répartis dans l'école gratuite et le collège payant qui venait d'être créé. Le vice-roi et le consul de France les visitaient de temps en temps et les soutenaient.

Quand les écoles égyptiennes furent fondées en 1865, on s'inspira des méthodes alors professées chez les frères. Ismaïl pacha leur fut très sympathique. Il plaçait chez eux ses Mamelucks, tous âgés de vingt à vingt-cinq ans, et envoyait des prix pour les distributions.

L'école devint très prospère. En 1870, elle avait 400 élèves. Lors des événements de 1882, 200 personnes s'y réfugièrent et furent logées et nourries pendant vingt jours. Arabi, qui s'était montré bienveillant pour l'école, fit savoir aux frères qu'il leur donnerait une garde, s'ils le jugeaient nécessaire. Dès que le calme fut rétabli, l'école recommença. Elle comptait alors une trentaine de frères et 500 à 600 élèves.

L'école d'Alexandrie, elle, resta fermée pendant toute la durée des évènements.

Depuis lors, les deux écoles n'ont cessé de se développer. Chacune s'est vue dans la nécessité de créer près d'elle deux succursales, le nombre des élèves croissant d'année en année. Il est actuellement d'un millier environ pour chacune d'elles.

Les frères, encouragés par leur succès, ne s'en tinrent pas aux deux grandes villes du delta. Petit à petit, ils s'établirent dans d'autres endroits. Ils ont aujourd'hui deux écoles à Port-Saïd, deux à Mansourah, une à Suez, une à Ramleh, une à Tahta.

Ce qui leur fait honneur, c'est que partout où ils fondent un collège ils lui adjoignent une école gratuite où se donne l'enseignement primaire. Celle du Caire compte environ 500 élèves, en majorité grecs, musulmans ou israélites. Le gouvernement français lui alloue une légère subvention. L'enseignement secondaire qui conduit au baccalauréat égyptien ne se donne qu'au collège payant.

La plus grande indépendance religieuse règne parmi les enfants de toutes nationalités et de tous cultes confiés aux soins des frères. Ils regardent comme leur premier devoir de ne pas faire de prosélytisme. Tout enfant cherchant chicane à un de ses camarades au point de vue de sa religion est sévèrement puni. Lors du Ramadan ou de quelque fête religieuse non catholique, toutes les permissions nécessaires pour satisfaire aux exigences du culte sont accordées.

Un musulman, présentant son fils au directeur, lui disait : « Il est bien entendu que toute liberté lui sera laissée quant à ses croyances religieuses. — Non seulement, lui fut-il répondu, nous ne l'obligerons pas à aller à la messe, mais cela lui sera formellement défendu. »

Lors de ma visite aux frères, le directeur me fit admirer, du haut de la terrasse de l'école d'où l'on domine superbement la ville, tout ce fouillis de toits parsemés de clochetons bariolés dressés vers le ciel. Le soleil disparaissait derrière les collines du désert. C'était l'heure où les muezzins font entendre leurs lamentations au sommet des minarets. De tous côtés nous arrivaient leurs plaintes se répétant comme des mots d'ordre de sentinelles. Le frère, me montrant l'une des mosquées les plus rapprochées de nous, d'où la prière du muezzin nous parvenait distincte et languissante, me disait tout heureux :

« C'est là que réside l'un des cheiks religieux les plus influents du Caire. Il a étudié chez nous autrefois et n'a cessé d'entretenir avec ses anciens professeurs les rapports les plus cordiaux. De temps en temps il vient nous voir et bien souvent il nous a été d'un grand secours. Nous avons d'ailleurs à l'école un autre cheik d'El Azhar, qui fait cinq heures de cours par jour. »

Les frères sont très sympathiques à la population indigène, et cela se comprend dans ce pays où tout se ramène à une question de religion.

**

La compagnie de Jésus ne vint que plus tard en Égypte.

Léon XIII ayant créé un séminaire copte au Caire, lui en avait offert la direction. Deux pères partirent aussitôt, arrivèrent dans cette ville en janvier 1879, furent présentés par le ministre de France à Ismaïl pacha qui leur fit le meilleur accueil, et, en septembre de la même année; ils ouvraient le séminaire avec huit séminaristes.

Bientôt quelques familles les priaient de diriger l'éducation de leurs enfants et le collège se trouva ainsi fondé sans préméditation. Il marcha tant bien que mal jusqu'en 1882, époque à laquelle les lazaristes d'Alexandrie, dont le collège venait d'être détruit par un incendie, leur offrirent leur succession dans l'enseignement de la jeunesse. La compagnie accepta et résolut de transporter à Alexandrie le collège naissant du Caire. Mais, tandis que le nouvel établissement s'ouvrait, l'ancien ne fermait point ses portes. Il avait semblé aux jésuites qu'ils pouvaient faire marcher de pair l'un et l'autre et que la charge qu'ils assumaient, bien que lourde, n'était pas au-dessus de leurs forces.

Les cours s'organisèrent rapidement à Alexandrie; des programmes furent élaborés, soumis au ministre de l'instruction publique à Paris qui, pour encourager l'école naissante, lui accorda un privilège important, celui de pouvoir présenter ses élèves devant un jury nommé et présidé par le consul de France et autorisé à délivrer comme les facultés françaises notre baccalauréat ès lettres et ès sciences. Grâce à cette faveur, le collège d'Alexandrie avait sa voie toute tracée ; il l'a suivie avec succès. Parmi les élèves, quelques Français, mais surtout des Levantins et des Grecs.

Au Caire, l'activité n'avait pas été moindre, mais le milieu n'était pas le même. La plupart des élèves se destinaient aux administrations égyptiennes ; il fallait un programme d'études répondant à leurs besoins. De conversations entre directeurs d'écoles naquit l'idée d'un baccalauréat égyptien qui fut bientôt adopté par le gouvernement. Les mathématiques, l'histoire, les langues faisaient le fond des études préparatoires. Les jésuites se conformèrent à cet enseignement, tout en maintenant quelques cours de rhétorique et de philosophie pour les jeunes gens se vouant aux carrières libérales et désireux de terminer leurs études à Alexandrie en vue de l'obtention du diplôme de bachelier français. 320 élèves suivent actuellement ce programme conforme aux nécessités du pays.

Les jésuites fondèrent un troisième établissement à Minieh.

On sait quelle propagande les missions américaines font parmi les populations coptes de la haute Égypte. Les jésuites, à leur tour, ont résolu d'organiser plusieurs écoles pour filles et garçons dirigées, soit par des religieux, soit par des laïques. Cette création toute récente produit déjà de bons résultats.

La cause française est utilement servie par cette propagande incessante.

*
* *

Les pères des Missions africaines de Lyon ont depuis dix ans fondé trois écoles à Zagazig, Ziftah et Tantah. La dernière est de beaucoup la plus importante. Elle jouit d'une grande considération dans le delta ; mais la création la plus curieuse de ces pères est leur institut agricole de Samanout, que l'on suit avec une extrême bienveillance en France. Sur des terrains achetés par eux, ils dressent de jeunes indigènes à l'étude pratique de l'agriculture. Dans un pays essentiellement agricole, une pareille institution ne pouvait qu'avoir une réussite complète.

L'*Alliance française* ne possède qu'une école, celle

d'Assiout, composée uniquement d'Égyptiens, 120 environ, et qui a un budget de 6,000 francs ; mais elle s'intéresse à tous les établissements scolaires de l'Égypte, auxquels elle donne des livres et des prix. Presque dans tous, il y a un prix dit *prix de l'Alliance française.*

La *Société des écoles coptes d'Égypte,* récemment fondée à Paris dans le but de développer la langue et les méthodes françaises tout le long du Nil, n'a encore qu'une école à Manfalout, avec 40 élèves et un budget de 3 000 francs. Ce n'est encore qu'un essai, mais l'essai est heureux.

Plus on monte dans la haute Égypte, moins les jeunes indigènes sont malléables. Les écoles sont ouvertes à tous les cultes. On y rencontre des catholiques, des protestants, des musulmans, des grecs, mais surtout des coptes. Partout, on enseigne le français.

*
* *

Il n'a pas été moins fait en Égypte pour l'instruction des filles que pour celle des garçons.

Dès 1844, les sœurs de Saint-Vincent-de-Paul, sur la demande de Méhémet-Ali, s'installaient à Alexandrie. Deux ans plus tard, les sœurs du Bon-Pasteur créaient au Caire l'établissement qui devait être le premier parmi tous ceux de l'Égypte et qui compte aujourd'hui 800 élèves, tant catholiques qu'israélites et musulmanes. Les premières ouvraient plusieurs années après une succursale à Suez ; les dernières en créaient trois, à Choubrah, Suez et Port-Saïd.

Les franciscaines ont des écoles au Caire et à Alexandrie. Elles ont ceci de curieux qu'étant italiennes et parlant italien, elles se sont mises sous notre protection et s'efforcent de rendre leur enseignement aussi français que possible. Elles sont venues à nous par besoin et par sentiment. C'est toujours notre consul qui préside leurs distributions de prix et à qui elles s'adressent dans les cas difficiles. Ismaïl-pacha avait été très bon pour elles. Il leur avait fait don à son avènement d'une somme de 50 000 francs et leur accordait chaque année une subvention.

Les sœurs de la Mère-de-Dieu, qui étaient autrefois à la maison de la Légion d'honneur à Écouen, ont au Caire et à Alexandrie deux pensionnats qui sont plutôt les pensionnats aristocratiques. Beaucoup de filles de pachas sont élevées là.

Les autres écoles de filles sont celles de Zagazig, de Tantah, de Méhallad-Kébir, tenues par les sœurs des Missions de Lyon, du Caire par les sœurs de N.-D. de la Délivrance, venues l'an dernier de la Martinique, de Ramleh par les sœurs de N.-D. de Sion, de Minieh par les sœurs du Sacré-Cœur.

L'enseignement professé dans toutes ces maisons est l'enseignement primaire en vigueur dans toutes les écoles religieuses de France.

Les religions les plus diverses se donnent rendez-vous dans ces établissements, dont la direction seule est catholique et où les visages gracieux et souriants des Européennes se mêlent aux visages voilés de blanc des Syriennes et des indigènes.

*
* *

Ainsi, d'Alexandrie à Ghirgeh, dans le delta et dans la haute Égypte, 42 établissements scolaires, dans lesquels l'enseignement tout entier se donne en français, contribuent à la diffusion de notre langue et par suite à l'extension de notre influence parmi les populations de la grande vallée.

Il n'y a plus ici ni laïques, ni religieux ; il n'y a que des Français animés du même esprit de patriotisme. Le représentant de la France est pour tous un chef auquel ils tiennent à rendre hommage dans toutes les circonstances, auquel ils s'adressent pour présider leurs fêtes et leurs cérémonies, duquel ils attendent toute protection.

L'Angleterre a cherché à se glisser dans ces maisons bien françaises ; elle n'y a pas réussi.

Qu'un Français de marque, qu'un membre du Parlement, à quelque opinion qu'il appartienne, se rende en Égypte, il est sûr de voir organiser dans l'une quelconque de ces écoles une fête en son honneur où il pourra prendre contact avec les élèves et juger de l'œuvre accomplie. MM. Félix Faure, aujourd'hui président de la République, et Boulanger, premier président de la Cour des Comptes, en savent quelque chose.

« Votre qualité de Français, m'écrivait le directeur des frères lorsque je lui manifestai le désir de visiter l'école, suffit pour que vous receviez chez nous le meilleur accueil. »

Je tenais en effet à relever quelques statistiques que je jugeais intéressantes : celles de la classification des élèves de diverses de ces écoles par nationalités et par religions. J'ai pu me procurer les chiffres pour les principales maisons du Caire tenues, soit par les frères et les jésuites, soit par les sœurs du Bon-Pasteur, de la Mère de Dieu et de N.-D. de la Délivrance ; les voici.

Les 1,270 jeunes gens se répartissent :

Pour la nationalité : en 567 Égyptiens, 222 Syriens,

149 Grecs, 89 Italiens, 78 Français, 45 Turcs, 39 Anglais, 31 Allemands, 29 Autrichiens, 7 Belges, 7 Espagnols, 3 Polonais, 3 Suisses, 1 Persan.

Pour la religion : en 572 catholiques appartenant aux rites latin, copte, grec, arménien, syrien, mais relevant tous de Rome; 361 schismatiques des mêmes rites, mais ne reconnaissant pas l'autorité du pape; 167 musulmans, 165 israélites, 5 protestants.

Les 948 jeunes filles comprennent : 207 Égyptiennes, 178 Italiennes, 167 Syriennes, 86 Maltaises, 83 Turques, 78 Grecques, 70 Françaises, 24 Allemandes, 24 Espagnoles, 15 Anglaises, 13 Autrichiennes, 6 Belges; ou 579 catholiques, 198 israélites, 110 schismatiques, 58 musulmanes, 3 protestantes.

Plus on remonte le Nil, plus le nombre des Européens décroît. A Assiout, il n'y a plus que 6 Européens pour 112 coptes et 10 musulmans; à Tahta, plus d'Européens, mais 177 coptes et 17 musulmans.

Ces chiffres disent mieux que n'importe quoi combien est grande l'utilité de l'œuvre poursuivie dans toutes ces écoles qui sont nôtres, puisque tous ces enfants, aussi séparés par leur nationalité que par leur religion, ne sont rapprochés que dans une seule chose : leur éducation, qui est une éducation bien française.

* * *

L'École française de droit est la seule école qui soit directement sous notre protectorat.

En 1890, le directeur de l'École khédiviale de droit, un Français, étant mort, les Anglais manifestèrent l'intention de le remplacer par un des leurs. Plusieurs membres de la colonie française se demandèrent alors s'il ne serait pas utile à notre cause de créer une école toute française, qui préparerait les jeunes gens aux examens de nos facultés de droit. M. le sénateur Boulanger, alors au Caire, soutint cette idée qui fut adoptée. Les frères offrirent spontanément et gratuitement le local; quatre fonctionnaires de l'administration des domaines et un avocat se mirent gracieusement à la disposition des fondateurs pour y professer des cours.

La première année commença ainsi avec 15 étudiants, mais ne s'acheva qu'avec 3, tant la nouvelle idée avait été attaquée de divers côtés. On ne se découragea pas. Les 3 fidèles furent envoyés à Paris et passèrent avec succès le premier examen de droit. L'école se rouvrit en novembre 1891 avec deux années, les mêmes professeurs, les 3 anciens élèves et 10 nouveaux.

C'est alors que le gouvernement français, s'intéressant à l'œuvre, envoya, sur la demande de notre agent consulaire au Caire, un docteur en droit pour diriger l'école, M. Pélissié du Rausas. Les 13 étudiants passèrent de nouveau leurs examens respectifs à Paris avec succès, l'un même avec éloges. L'école était définitivement constituée.

Le gouvernement n'a pas eu à se plaindre des sympathies qu'il a manifestées pour elle en lui octroyant successivement deux nouveaux docteurs en droit. Les 54 étudiants envoyés à Paris, en juillet 1894, pour y passer leurs examens, ont vu 50 des leurs admis, dont plusieurs avec éloges.

Entre temps, l'école s'établissait dans un local à elle après être restée trois ans locataire des frères. Quelques-uns des anciens professeurs, dont le concours désintéressé avait assuré la réussite, étaient remplacés par ceux que le gouvernement envoyait à mesure; un cheik de la mosquée d'El Azhar leur était adjoint pour faire un cours de droit musulman.

La rentrée qui s'effectua en novembre 1894 fut brillante : 79 élèves dont 37 nouveaux. La plupart appartenaient aux meilleures familles coptes et musulmanes du pays et aux diverses administrations. Quelques-uns étaient Anglais.

J'ai relevé, par curiosité, les professions d'un certain nombre d'entre eux. J'ai trouvé un chef de bureau au ministère de l'intérieur, un sous-chef au ministère de la guerre, un secrétaire de ministre, plusieurs attachés au parquet de la cour indigène, un attaché au drogmanat de l'agence d'Angleterre, un rédacteur du journal *El Ahram*, un directeur d'octroi, deux attachés au conseiller judiciaire anglais, un inspecteur anglais de la police.

On voit que par sa composition et par son enseignement l'école se crée des sympathies qui remontent à la France, parmi les gens pouvant avoir plus tard une réelle influence sur leur pays, puisqu'ils y occuperont des situations élevées.

Chaque année, le directeur emmène à Paris tous ses élèves pour leur faire subir leurs examens. Il y a trois ans, ils étaient trente-cinq. Le directeur les conduisit, tous couverts de leurs tarbouchs, à la revue du 14 juillet. Le spectacle de nos troupes les frappa profondément; ils ne cessaient, paraît-il, d'acclamer M. Carnot. Ils revinrent enthousiasmés. Quelques-uns pourtant manifestèrent le regret que le président ne fût pas revêtu d'un bel habit doré.

Depuis ce jour, le ministère des affaires étrangères réserve chaque année une soixantaine de cartes pour le directeur de l'école qui se rend aux tribunes de Longchamps avec tous ses élèves. La revue du 14 juillet fait désormais partie essentielle du programme suivi par tous ces jeunes Égyptiens pendant leur séjour à Paris. Ils interrompent leurs examens pour aller acclamer le chef de l'État.

L'an dernier, 52 élèves passèrent à Paris leurs examens, 46 furent admis. La dernière rentrée qui s'effectua en novembre 1895 comprit 92 étudiants dont 44 nouveaux. En même temps, le gouvernement français envoyait un quatrième professeur. Le ministre de l'instruction publique en Égypte, S. E. Fakri-pacha, honora de sa présence la séance de distribution des prix, présidée par le ministre de France, qui eut lieu en janvier de cette année.

Comme chaque été, le directeur de l'École vint à Paris au mois de juillet dernier avec 55 de ses élèves. Tous subirent à la Faculté de droit les examens rendus plus difficiles pour eux par l'adjonction d'une composition écrite, en raison de la nécessité d'un plus sûr maniement de la langue française que pour les épreuves orales. Quarante-cinq ont été reçus avec d'excellentes notes. Un professeur a même pu dire que l'école du Caire faisait une trouée brillante dans la masse des étudiants de Paris.

Avec le même enthousiasme que les années précédentes, tous ces jeunes Égyptiens couverts de leur tarbouch national ont salué de leurs vivats le Président de la République à la revue de Longchamps.

L'école a une voie toute tracée. Ses débuts rapides et couronnés de succès font espérer d'un avenir qui ne trompera pas la sollicitude du gouvernement français.

Les écoles du gouvernement égyptien qui ont à leur tête des Français sont au nombre de trois : l'École normale, dirigée par M. Peltier ; l'École khédiviale de droit, dirigée par M. Testoud ; l'École des arts et métiers, dirigée par M. Meunier. Les deux premières ont, en outre de leurs directeurs, des professeurs français ; la troisième n'a que des professeurs indigènes.

L'École normale comprend deux sections : la section française et la section anglaise. L'élève a le droit de choisir la langue dans laquelle il désire faire ses études. Le chiffre de 400 élèves pour la section française et celui de 80 élèves pour la section anglaise prouve suffisamment où vont leurs préférences. L'école a prospéré entre les mains de nos compatriotes. Iacoub-Artin-pacha, sous-secrétaire d'État à l'instruction publique, leur a rendu hommage dans ses deux très intéressantes études sur l'instruction en Égypte

L'École de droit a deux langues officielles : le français et l'arabe. Elle comprenait l'an dernier 272 élèves, divisés en trois sections : celle des élèves du jour, celle des élèves du soir et celle des officiers de police. Le programme des cours est sensiblement pareil à celui des facultés françaises. Les examens ont lieu au Caire. Le personnel enseignant se compose de : 4 Français, 1 Belge, 1 Italien, 4 indigènes, plus 2 cheiks de l'Université d'El Azhar pour le droit mulsuman et l'arabe littéraire. Le droit musulman y est enseigné d'après le rite Hanafite, qui est en vigueur en Égypte, le droit romain d'après les méthodes françaises.

L'École des arts et métiers n'admet qu'une seule langue : l'arabe. Cela tient à son caractère essentiellement scientifique. Les mathématiques sont partout et toujours enseignées en arabe.

Un de nos compatriotes, M. Landoswisky a créé au Caire, sous le patronage de l'*Alliance française*, en 1878, la seule école française laïque existant en Égypte. Cet établissement, qui a pris le nom d'*École Kléber,* en souvenir du général assassiné au Caire après le départ de Bonaparte, contribue, comme les écoles religeuses dont je viens de parler, à l'extension de l'influence française en Égypte. Elle est complètement indépendante et s'inspire des idées les plus libérales.

*_**

La visite de ces écoles est des plus curieuses.

Ces classes où se meuvent de nombreuses têtes, toutes recouvertes de l'inévitable tarbouch, sont très pittoresques. La caractéristique de l'élève indigène est d'être extrêmement bavard. C'est avec joie qu'il se précipite au tableau noir. Là, qu'il s'agisse d'un triangle ou d'une règle de grammaire, ce n'est pas une démonstration qu'il fait, mais un véritable discours. Ce sont des joûtes oratoires à n'en plus finir entre élèves et professeurs.

L'éloquence a dû naître sur les bords du Nil. Et pourtant l'on parle de l'Orient silencieux !...

C'est là, dans tous ces établissements si divers, mais si ressemblants par leur même but, qu'il faut chercher la raison pour laquelle notre influence n'a pas subi l'affaiblissement qu'elle aurait pu subir par suite des événements. L'école a été et est encore notre grande auxiliaire.

Je me souviendrai toujours de la réception charmante que les jésuites du Caire offrirent, à son arrivée en Égypte, à M. Cogordan, ministre de France nouvellement accrédité auprès de S. A. le Khédive, et à la colonie française de la ville. Sur un petit théâtre dressé dans la grande salle du collège de Fagallah, portant sur la frise, en grosses lettres, cette belle devise : *Fortes fortibus creantur,* des élèves jouèrent devant nous et devant leurs camarades un drame en vers, récitèrent et chantèrent quelques vers et quelques chœurs, tous empreints du même esprit d'amour et de respect pour la France.

On se sentait véritablement entre amis et compatriotes, malgré la diversité des races.

Certes, l'air que l'on respirait dans cette grande salle du collège était bien français. Nous fûmes tous sincèrement émus quand nous vîmes les trois cents jeunes élèves se lever spontanément et choquer avec vigueur leurs six cents mains, lorsque le père supérieur, s'adressant au ministre, prononça ces paroles qui définissaient bien les résultats conquis par les écoles françaises d'Égypte : « L'affection et la reconnaissance que nos élèves nous portent ne s'arrêtent pas à nous ; elles remontent jusqu'à la France. Leurs maîtres sont français ; ils voient en eux la France qui les aime, qui les instruit et les élève, la France qui leur prépare leur avenir. Et, comme ils ont le cœur bien fait, ils aiment leur bienfaitrice comme on aime une mère. La France, ils vous l'ont dit tout à l'heure, devient pour eux une seconde patrie. »

En buvant du vin de Chypre et en fumant des cigarettes après la fête avec tous ces bons pères aux longues et belles barbes, tous les spectateurs ne pouvaient s'empêcher de penser comme moi que là, dans ces écoles, se gardait véritablement et pieusement le culte de notre pays, de notre histoire, de tout ce qui évoquait parmi ces jeunes générations le souvenir de la France.

IV

QUESTIONS RELIGIEUSES

La messe consulaire. — Une manifestation française — L'église du Mouski. — Les honneurs rendus au ministre de France. — L'union religieuse en Orient. — *Dieu sauve la République française.* — La protectrice des intérêts catholiques. — Les capitulations. — Un protectorat exclusif. — De François Ier à nos jours. — La religion franque. — Un droit de préséance. — La question copte. — Les coptes schismatiques et les coptes rattachés à Rome. — Les droits de l'Autriche — Venise et le traité de Campo-Formio. — Les franciscains réformés. — La mission du Soudan. — Une faute. — Le ministre d'Autriche à la messe consulaire copte. — La fusion des Églises. — Le cardinal Langénieux au Caire. — Le monopole des protectorats. — Du haut d'une chaire.

Quatre fois par an, aux grandes fêtes religieuses de l'année, Pâques, Pentecôte, Toussaint, Noël, le ministre de France au Caire, en grand costume, accompagné de tout son personnel, du consul, des députés de la nation et de la plupart des membres de la colonie française, se rend à l'église latine du Mouski et y entend la grand'-messe, dite messe consulaire, spécialement chantée en son honneur.

Tous les Français résidant au Caire sont conviés à cette cérémonie. Le plus grand nombre, malgré les divergences d'opinions politiques et religieuses, se fait un devoir d'y assister, comme une affirmation toujours répétée des droits que les traditions et les traités nous ont légués depuis des siècles dans tous les pays ressortissant à l'empire ottoman.

Pour rendre la manifestation plus imposante, le ministre donne rendez-vous à ses compatriotes dans les salons mêmes de l'agence de France. Une longue file de voitures stationne devant la porte. Le ministre monte dans la première. Le cortège s'ébranle, s'engage d'abord dans les larges avenues du quartier Ismaïlieh, puis dans les rues étroites du quartier arabe, devant les yeux ébahis des étrangers qui s'arrêtent, regardent, se demandant quels sont ces hommes, les uns en uniforme, les autres en habit noir, où vont toutes ces voitures filant dans la même direction les unes à la suite des autres. Ce cortège — les indigènes qui le voient passer le savent bien — va représenter dans l'église catholique du Caire la France protectrice des intérêts religieux en Orient.

L'église, ce jour-là, n'est pas assez grande pour contenir les nombreux fidèles qui se pressent sous ses voûtes. Tout à l'heure, quand le ministre de France entrera précédé de ses huit cawas aux pantalons bleus bouffants, à la petite veste rayée de fils d'or, frappant les dalles de leur longue canne à pomme d'argent, et des enfants de chœur aux robes rouges, entourant le prêtre portant la croix qui sera allé attendre à la porte le représentant de la France, lui rendant ainsi les honneurs souverains, bien des têtes se pencheront pour le voir, parmi lesquelles apparaîtront des visages bronzés d'hommes du pays et des visages voilés de femmes coptes.

La messe est dite avec tout le cérémonial usité dans

les grandes solennités. Un évêque ou un archevêque officie généralement. Le ministre est placé devant le chœur, ayant à ses côtés les deux députés de la nation, derrière lui tous les Français qui l'ont accompagné. Ses huit cawas se tiennent devant lui, debout, sur deux rangées, appuyés sur leur longue canne, formant comme une haie pour les prêtres qui viendront à diverses reprises dans le courant de la cérémonie, suivis d'enfants de chœur, selon le rite et selon le protocole, le saluer et le faire participer aux droits et aux honneurs dévolus seulement au prêtre officiant. Comme à ce dernier, ils lui apporteront l'évangile et le crucifix à baiser ; comme lui, ils l'encenseront par trois fois avec les profondes salutations d'usage.

La messe, très curieuse, très compliquée, se déroule majestueusement pendant deux heures avec ses diacres, ses sous-diacres, ses enfants de chœur, évoluant autour de l'autel suivant les rites les plus cérémonieux de la liturgie romaine, sur l'accompagnement de chants plaintifs de l'orgue et de voix fraîches d'enfants psalmodiant des cantiques. Tour à tour, debout, assise ou agenouillée, la petite phalange française est là, écoutant les prières sacrées, se conformant aux prescriptions liturgiques, suivant les mouvements du ministre qui est devant elle.

Ce spectacle est des plus curieux. Il l'est bien davantage encore quand on apprend par une lèvre indiscrète qu'une partie des assistants n'appartient pas à la religion célébrée devant elle, qu'il y a là des protestants, des israélites, des membres de loges maçonniques, des vénérables même. C'est que les passions religieuses sont de celles qui s'éteignent le plus vite loin de la mère patrie, en Orient surtout, car il y a là un intérêt supérieur, celui du pays, qui commande l'apaisement aux consciences des plus sectaires, le silence aux voix des plus intraitables.

Ce ne serait pas faire œuvre de Français que de ne pas prêcher et approuver, quand elle existe, l'union en tout et pour tout.

La messe se poursuit, s'achève.

Soudain, tout le monde est debout. Pas un assistant qui ne sente tressaillir un peu son cœur.

Dans cette église lointaine, sur une terre non française, chantée par des prêtres généralement italiens ou autrichiens, une phrase s'élève au milieu des derniers tumultes de l'orgue, se répercutant par trois fois sur les voûtes et sur les parois ; c'est le *Domine, fac salvam rempublicam Gallorum* — *Dieu sauve la République française* — invocation lancée par l'Eglise en l'honneur de celle qui assume la protection de ses intérêts dans les terres du sultan.

Puis, la porte du chœur s'ouvre. Un prêtre portant la croix en sort, passe devant le ministre, rentre dans la sacristie. Derrière lui viennent successivement les enfants de chœur portant les encensoirs, les objets du culte, les vêtements sacerdotaux, puis les sous-diacres, les diacres, les prêtres, et enfin l'évêque officiant qui s'arrête devant le ministre, le salue cérémonieusement comme deux heures auparavant, au moment d'entrer dans le chœur, et s'en va.

La messe est finie. L'Église a rendu une fois de plus l'hommage qu'elle devait à la France.

La même cérémonie se répète à quelques jours d'intervalle dans les églises des catholiques orientaux rattachés à Rome — arméniens, grecs, syriens — sauf pourtant dans les églises coptes.

※
※ ※

Ce n'est pas sans une très grande curiosité et sans une certaine émotion qu'un Français assiste pour la première fois à l'une de ces messes consulaires. La curiosité s'explique par l'attrait d'une solennité toute nouvelle pour lui ; l'émotion est aussi compréhensible en présence de ce fait d'un ministre de France reçu avec tous les honneurs dans n'importe quelle église catholique d'Orient par des prêtres de n'importe quelle nationalité.

Les églises sont ainsi un peu comme des terres françaises éparpillées sur la terre ottomane.

Cette protection religieuse, exclusivement réservée à la France de par les capitulations, n'a pas été l'une des moindres causes de notre influence traditionnelle en Orient ; elle n'a pas cessé de contribuer à son extension. Son importance a toujours été telle que la Convention elle-même avait continué à subventionner les institutions religieuses établies dans toute l'étendue des territoires turcs.

On sait que les capitulations sont des traités intervenus entre le sultan de Constantinople et certaines puissances, garantissant aux étrangers résidant ou voyageant dans l'empire ottoman certaines immunités et l'exercice de certains droits que la loi musulmane ne leur garantissait pas. Elles consacrent entre autres le libre exercice du culte catholique.

La première capitulation, qui date de 1535, ne fit que généraliser l'application de principes et d'usages depuis longtemps suivis dans les pays musulmans. Elle eut une importance capitale au point de vue des rapports religieux de la chrétienté avec le sultan, car, pour la première fois, celui-ci consentit, par l'intermédiaire du roi François Ier, à entrer en relations officielles avec le pape. Dès lors, l'Église eut une situation officielle dans les provinces musulmanes et, en particulier, dans les lieux saints qu'elle avait essayé de conquérir par tant de croisades. Elle put y exercer pacifiquement son influence, grâce à François Ier, et, dès le seizième siècle, les institutions catholiques se développèrent rapidement en Orient ; les ordres religieux se multiplièrent ; des églises furent construites et des monastères fondés sur tous les points de l'empire ottoman.

Les traités qui assuraient ainsi la liberté du culte catholique pouvaient cependant à un moment donné être violés ; des atteintes pouvaient être portées aux privilèges religieux. Dès lors, l'une des puissances contractantes des capitulations devait forcément intervenir pour en assurer le respect ; l'Église devait avoir besoin du protectorat de l'une d'elles. Ce protectorat appartient à la France de par la tradition historique constante et ininterrompue et de par les textes formels des capitulations.

M. du Rausas, qui professe à l'École française de droit au Caire un cours fort intéressant sur le régime capitulaire, s'est complu à rechercher tous les exemples qui, historiquement, démontrent ce protectorat exclusif de la France.

Il en est de fort curieux.

Dès 1528, avant même qu'un traité fût intervenu avec le sultan, François Ier se faisait auprès de Soliman le porte-parole de la catholicité au sujet d'une ancienne église transformée en mosquée et s'affirmait ainsi protecteur du Saint-Siège.

Quelques années plus tard, l'ambassadeur de France à Constantinople, faisant un pèlerinage à Jérusalem, un historien arabe conte qu'il était attendu comme le Messie par tous les chrétiens qui avaient à se plaindre des santons.

Au seizième siècle, des pèlerins flamands, suisses, allemands, vénitiens et espagnols ayant été faits prisonniers et réduits en esclavage, ce furent les rois Henri II et Charles IX qui négocièrent leur rachat et leur firent rendre la liberté.

Dans un mémoire adressé au roi Louis XIII où il lui est rendu grâce par tous les religieux de Jérusalem en sa qualité de « seul protecteur, seul conservateur des lieux saints », on lit à la fin ces quelques lignes : « Tout l'État du Turc est rempli de chrétiens, lesquels tous subsistent par le seul nom français et se maintiennent avec cette protection. »

Enfin, un discours adressé à Louis XIV par l'ambassadeur de France à Constantinople débutait ainsi : « Les rois de France ayant été de tout temps les protecteurs de la religion chrétienne dans les États du Grand Seigneur, etc., etc. »

La religion chrétienne, par ce privilège qu'avait la France de la représenter et de la protéger seule, devint bientôt, aux yeux des Ottomans, à ce point inséparable du nom de France qu'ils ne la désignèrent plus que sous le nom de religion franque. C'est sous cette appellation qu'elle figure désormais dans presque tous les traités.

La capitulation de 1740, que Louis XV conclut avec le sultan Mahmoud pour renouveler et confirmer définitivement celle de 1535, reconnaît d'une façon formelle la protection de la France dans toute l'étendue de l'empire ottoman sur tous les religieux de la religion franque sans distinction de nationalités.

Elle accordait en outre à l'ambassadeur de France un

droit de préséance et le droit de représenter à Constantinople tous les souverains n'ayant pas d'ambassadeur accrédité auprès de la Sublime Porte. Le Saint-Siège était dans ce cas.

Comme confirmation de ces prérogatives, toutes les capitulations conclues avec les autres puissances restaient muettes sur la question religieuse.

C'est donc en vertu de ces droits que le ministre de France au Caire, dans toutes les églises catholiques de l'Égypte, province ottomane, est reçu comme le représentant officiel du Saint-Siège, comme le protecteur auquel tous les religieux, sans distinction d'origine, doivent s'adresser, en cas de conflit avec les autorités du pays. On comprend dès lors quelle importance devait avoir cette protection et quelle influence devait acquérir la puissance protectrice auprès de populations ne connaissant en somme d'autre loi que leur loi religieuse

Cette influence subsiste toujours.

La messe consulaire en est une des preuves les plus évidentes ; elle en est aussi la dernière manifestation.

Il n'est pas exagéré de dire que c'est avec un soin jaloux que nous devons veiller au maintien de cette coutume qui reste comme le signe caractéristique des droits que nous possédons vis-à-vis des églises de tous les rites relevant de Rome. Nous l'avons pourtant laissée échapper et passer en d'autres mains dans les églises du rite copte.

* *

Car il y a aussi la question copte.

Si elle ne divise pas autant de diplomates que la question d'Orient, elle soulève néanmoins un débat intéressant entre l'Autriche et la France.

Les coptes sont les véritables descendants des anciens Égyptiens convertis au catholicisme dans les premiers siècles de notre ère. Ils ont gardé les traditions du passé en dépit des dominations successives qui ont pesé sur eux. L'Église copte actuelle n'est autre que l'ancienne Église d'Alexandrie qui fournit tant d'illustres évêques, docteurs et anachorètes, depuis Athanase, Cyrille, Origène jusqu'à saint Macaire, saint Pacôme et saint Antoine. Ils se séparent de l'Église de Rome en ce qu'ils suivent Eutychès dans sa croyance en une seule nature dans Jésus-Christ.

Les coptes, comme d'ailleurs tous les chrétiens orientaux, se séparent en deux catégories : ceux qui sont restés schismatiques et ceux qui se sont rattachés à Rome. Ces derniers — 6 ou 7,000 environ — ne sont qu'en fort petit nombre, comparativement aux 5 ou 600,000 qui n'obéissent qu'au patriarche schismatique copte d'Alexandrie.

Ce sont pourtant eux qui font l'objet du litige.

Les usages et les traditions voudraient qu'en leur qualité de catholiques d'Orient, soumis au Saint-Père, ces coptes fussent protégés par le ministre de France en Égypte et célébrassent une messe consulaire en sa présence. Il n'en est rien. C'est l'agent diplomatique d'Autriche qui depuis quelques années préside à leurs solennités. A quel moment précis celui-ci s'est-il rendu pour la première fois dans l'Église copte du Caire ? C'est un point sur lequel on n'est pas suffisamment renseigné. Toujours est-il que la coutume en a été prise et que nous l'avons laissée prendre sans qu'une protestation énergique fût faite.

On trouve toujours des raisons pour justifier un fait établi. L'Autriche en a trouvé.

L'article 10 du traité de Passarovitch, conclu en 1718

entre la Porte et la république de Venise, conférait aux Vénitiens le droit d'exercer les pratiques de leur culte et de visiter leurs églises dans tous les États du sultan. Or la république de Venise n'existe plus depuis 1797. Le traité de Campo-Formio l'a annexée à l'Autriche. Cette dernière puissance prétend avoir hérité ainsi de tous les droits acquis par l'État vénitien.

Les principes du droit international n'admettent pas une telle prétention : lorsqu'un État est annexé par un autre État, les conventions internationales conclues par l'État annexé, sauf celles qui se rapportent à des questions territoriales ou financières, disparaissent avec lui. D'ailleurs, les avantages concédés par le sultan à la grande cité commerçante, avantages obtenus également par les autres villes méditerranéennes, Florence, Pise, Gênes, ne consacraient nullement en leur faveur un droit de protection religieuse, mais seulement un droit de propriété. Les églises et les couvents autorisés n'en restaient pas moins sous le protectorat général de la France.

Comment cette question vénitienne se rattache-t-elle à la question copte ? — Voici :

Ce furent les franciscains réformés vénitiens, devenus Autrichiens par la suite, qui s'attachèrent à la conversion des coptes schismatiques et qui en convertirent un certain nombre. Le fait d'avoir converti équivaut, aux yeux de l'Autriche, à un droit de protection, sanctionné selon elle par le traité de Passarovitch dont elle se prévaut dans le cas qui nous occupe.

On peut toutefois lui reprocher de s'en être aperçu un peu tard.

Mgr Sogaro, évêque autrichien du Soudan, par cela même en relations constantes avec les coptes répandus en grand nombre dans la haute Égypte, vint après les événements de 1885 se fixer au Caire ; il prit l'habitude de célébrer dans son église, propriété autrichienne, des messes auxquelles il convia spécialement les coptes. Le ministre de France protesta contre ces messes ; on lui répondit qu'il ne fallait pas y attacher de l'importance, attendu que Mgr Sogaro n'était là que provisoirement.

L'Autriche prit ainsi contact par ses prêtres avec un certain nombre de coptes qui s'habituèrent à avoir au milieu d'eux son représentant, si bien qu'un beau jour, suivant en cela l'exemple du ministre de France dans les églises latines, l'agent diplomatique autrichien se rendit en grand costume à l'église copte où il se fit dire une messe consulaire. Le silence de la France ne fit que l'encourager.

La messe consulaire d'Autriche a lieu maintenant régulièrement comme la messe consulaire française.

Les droits de la république de Venise sur les coptes n'ayant jamais été admis, l'Autriche ne peut se prévaloir de ces droits. Les franciscains ayant voulu établir sur eux un protectorat, sinon de droit, du moins de fait, Napoléon Ier, en 1806, fit proclamer par le Pape la reconnaissance du protectorat de la France sur la basse Égypte. Malheureusement, nous laissâmes, en 1846, se fonder la mission des Pères de Nigritie, plus connue sous le nom de mission du Soudan, protégée par l'Autriche. Ces religieux étendirent ainsi leur influence sur les coptes et s'attribuent maintenant, à tort ou à raison, la propriété de leurs établissements.

Ce protectorat est d'autant plus anormal que l'Autriche n'a aucun intérêt de langue, de politique ou de tradition historique dans la question. Lors du sacre du nouvel évêque des coptes ralliés à Rome, Mgr Kyrillos Macaire — celui-là même envoyé en mission auprès du négus Ménélik par le Pape Léon XIII après la guerre italo-abyssine — l'agent diplomatique d'Autriche qui présidait à la cérémonie fut forcé de s'adresser en français aux assistants après la messe pour se faire comprendre d'eux. La plupart des prêtres coptes, à commencer par l'évêque lui-même, ont fait leurs études au séminaire français des jésuites de Beyrouth. Mgr Macaire, dans une cérémonie récente, rendait hommage à la France en présence de notre représentant au Caire.

Cette protection de 5 ou 6000 coptes romains n'est peut-être pas aujourd'hui d'une importance considérable, mais elle deviendrait digne de toute notre attention, si les idées du Souverain Pontife se réalisaient un jour. Le rattachement des Églises d'Orient à l'Église de Rome entraînerait en effet dans le giron de l'Église catholique les 6 ou 700000 coptes schismatiques, les confondrait avec le petit nombre de coptes déjà ralliés et les placerait en conséquence sous le protectorat de l'Autriche qui acquerrait ainsi une influence considérable en Égypte.

Une pareille hypothèse ne nous permet pas de nous désintéresser de cette question de la protection des coptes.

On comprend d'autant moins cet abandon de notre part que les coptes, tant schismatiques que catholiques, n'ont pas ménagé en maintes circonstances leurs sympathies pour la France. Sans remonter au siècle dernier où le patriarche copte d'Égypte ayant un rapport à adresser au sultan le faisait passer par les mains de l'ambassadeur de France, il suffit de rappeler avec quel éclat le cardinal Langénieux fut reçu il y a deux ans par les coptes du Caire.

Le cardinal revenait de Jérusalem où il avait présidé le congrès eucharistique en qualité de légat du pape. Il logeait à l'agence de France. Le patriarche schismatique copte vint le voir le premier. Le lendemain, le cardinal lui rendit sa visite dans son église. Le patriarche, pour le recevoir, revêtit ses vêtements sacerdotaux, la cape et la mitre, et fit sonner les cloches à toute volée, comme pour un supérieur. C'est alors que l'on parla de la fusion des deux Églises.

L'agent diplomatique d'Autriche demanda l'an dernier au gouvernement égyptien de reconnaître le protectorat autrichien sur les coptes; le gouvernement égyptien répondit que la question n'était pas de son ressort et qu'elle ne pouvait être résolue qu'à Rome.

La question copte est une de celles qu'il ne faut pas laisser de côté. La protection religieuse en Orient n'a sa raison d'être que si elle est un monopole.

Il est inadmissible qu'un tel rite échappe au protectorat d'une puissance, alors que tous les autres sont placés sous ce protectorat. Les religieux de tous ces rites ont assez prouvé leur dévouement à la France par leur infatigable propagande pour que nous n'ayons pas l'air d'abandonner certains d'entre eux et d'oublier les services qu'ils nous ont rendus.

Le souvenir de la France ne sera jamais perdu dans un pays, tant que du haut d'une chaire, devant des populations dans lesquelles l'esprit religieux est profondément enraciné, seront prononcées des paroles telles que celles qu'un prêtre maronite adressait le jour de l'Épiphanie à ses fidèles dans une église du Caire : « Prions pour le sultan, souverain de tout l'empire, pour le khédive, souverain du pays, pour la France, notre protectrice. Que notre devise soit toujours : L'âme à l'Église, le cœur à l'Égypte, l'esprit à la France. »

V

CHOSES DE FRANCE

La colonie française. — Les députés de la nation. — Le cercle français. — Un dualisme. — Les locaux du cercle. — Un peu d'intransigeance. — Les qualités françaises. — Une œuvre utile. — La presse. — Le *Bosphore égyptien.* — Le théâtre khédivial. — *Aïda.* — Les œuvres représentées. — Les loges de harem. — L'agence de France.

Il n'y a pas au Caire que des écoles françaises et des religieux français. Il y a aussi une colonie française, un cercle français, une presse française et un théâtre français. Les uns et les autres, dans leur sphère respective, travaillent à la conservation de nos mœurs, de notre langue et de notre influence en Égypte. Ils ont à soutenir des assauts qui sont rudes. Si la France et l'Angleterre luttaient seules jadis sur cette terre d'Égypte, il n'en est plus de même aujourd'hui. Le cercle des combattants s'est élargi. Toutes les puissances européennes convoitent, sinon la suprématie totale, du moins une suprématie partielle, grâce à laquelle leurs nationaux peuvent se substituer à leurs rivaux. Et ce ne sont pas les plus petites — au contraire — qui sont les moins intrigantes. L'Égypte est devenue un champ libre où se livrent, malheureusement pour elle, trop de joûtes politiques, financières, industrielles et commerciales.

*.

La colonie française fut toujours très nombreuse. Elle n'a pas diminué. Dans les administrations de l'État comme dans les administrations particulières, dans les ministères, dans les banques, dans les usines, dans les hauts emplois civils, dans le barreau, dans la médecine, dans le gros commerce et dans la petite industrie, elle est largement et avantageusement représentée. Nul ne pourrait dire à quel chiffre elle s'élève. Les tentatives de recensement n'ont jamais donné de résultats positifs ; elles se heurtaient à de trop grandes difficultés. Le consulat de France lui-même ignore sur combien d'individus s'étend sa juridiction. Il y a tant de nos compatriotes qui ne se font pas inscrire chez nos consuls ! La colonie française est en tout cas l'une des plus importantes du Caire, sinon la plus importante.

En vertu de ces vieilles capitulations qui sont quelque peu démodées aujourd'hui, surtout en Égypte, la colonie française a le droit d'élire deux d'entre elles pour la représenter auprès du gouvernement français. Ces deux élus prennent le titre de « députés de la nation » et jouissent du privilège de communiquer directement avec le ministre des affaires étrangères sans passer par l'intermédiaire habituel de l'agent diplomatique de France en Égypte. Cette institution qui avait du bon autrefois n'est plus d'aucune utilité. Des mœurs nouvelles ont si singulièrement affaibli les prérogatives, parfois terribles, de l'agent français, que cette espèce de protection contre une tyrannie éventuelle, accordée aux sujets français, n'a plus de raison d'être. L'élection est d'ailleurs faite sur un mode déchu contraire à nos principes républicains. Comme sous François I*er*, les commerçants seuls ont droit de vote et d'éligibilité. Certaines protestations ont étendu ce privilège dans ces dernières années aux professions dites libérales. Le suffrage n'en est pas moins extrêmement restreint. Il y a, je crois, 60 à 70 électeurs consulaires, et rien que le Cercle français compte 250 membres. Les députés de la nation ne représentent donc pas réellement la colonie; ils représentent une coterie. Ils n'ont pas pouvoir d'agir et de parler au nom de tous les Français. Cette vieille institution ne se justifie désormais que si elle s'appuie sur la masse totale des Français résidant dans une même ville. Le développement des arts, des sciences et de l'industrie a amené dans ce pays une population qui est trop considérable pour qu'elle soit tenue à l'écart par une minorité, une aristocratie en place.

Cette anomalie crée un dualisme entre la colonie et le cercle. Chaque fois qu'un compatriote illustre est de séjour au Caire, une réception est donnée en son honneur par les Français d'Égypte. Mais qui doit la donner, le Cercle ou la colonie ?... Qui la présidera ?... Le premier député de la nation ou le président du Cercle ? — C'est généralement tantôt l'un, tantôt l'autre. Je ne crois pas qu'il y ait conflit, mais il y a bien quelquefois dissentiment. Ce dualisme est fâcheux. L'unité est nécessaire, surtout à l'étranger. En toute sincérité, le président du Cercle est le plus qualifié pour parler et agir au nom de la colonie française. Il dispose d'abord d'un local permanent magnifiquement aménagé, de fonds toujours disponibles, d'une organisation toujours prête, de moyens de propagande rapides. Ce sont des avantages tels que sa désignation est inévitable. Et puis, il représente le plus grand nombre de Français. Je sais bien qu'il en est qui ne font pas partie du Cercle, mais il en est encore bien davantage pour lesquels les députés de la nation sont des inconnus.

*
* *

Le Cercle français fut fondé véritablement, il y a quatre ans, sous l'impulsion de M. de Reverseaux, notre ministre au Caire. Il est installé dans un local splendide, en face du jardin de l'Esbékieh, sur la voie la plus riche et la plus mouvementée de la ville. Le local est vaste. Il y a salle de jeu, salle de billard, bibliothèque, salle de lecture, salon et une superbe terrasse, d'une fraîcheur délicieuse au soleil couchant, d'où l'on plonge sur les pelouses et les bosquets du jardin. Les salles sont très animées à partir de cinq heures. Presque tous les membres s'y réunissent journellement. On joue, on boit, on lit, on cause surtout. Les journaux français apportés par le dernier courrier fournissent matière à de nombreuses discussions. Les Français sont généralement, pris en particulier, des gens aimables, bienveillants et sympathiques. Mais, en bloc, certains sont d'une intransigeance qui est contraire à nos principes libertaires. Que de Français de passage en Égypte j'ai connus, qui avaient été chagrins de cette espèce d'ostracisme qui s'abat sur ceux qui n'épousent pas les querelles de ceux-là et qui pratiquent une indépendance, incontestable cependant, dans leurs allures, dans leurs opinions et dans leurs relations. Dame, la colonie française ne s'ouvre pas aussi facilement que les colonies étrangères. L'assaut en est parfois rude. Mais quand on y est entré, on est quelque peu prisonnier d'une unique ligne de conduite. La colonie est un peu comme cette phalange macédonienne que l'on ne pouvait forcer et de laquelle on ne pouvait sortir quand on y avait pénétré.

Le Français a une réputation de gaieté, d'esprit, de bonhomie, d'assimilation, d'indépendance de caractère, de largeur de vues et d'idées, qui lui assure la première place. En restant fidèles à ces traditions nationales, les Français d'Égypte maintiendront toujours leur prépondérance dans ce pays, parce que ce sont là des qualités maîtresses qui ne peuvent être vaincues.

Le Cercle a été une œuvre utile. Il a rallié tous les Français éparpillés, il a concentré les forces, il est devenu un centre de résistance contre tous les efforts adverses. Il a comme devoir d'être la maison hospitalière de France, ouverte à tous ceux qui viennent, qui passent ou qui s'en vont. Il est l'une des institutions les plus fécondes en résultats et les plus heureuses.

La plupart des journaux — même ceux qui ne soutiennent pas la cause française — sont rédigés en français. Le *Journal Officiel* lui-même se sert de notre langue. On ne peut pas parler de la presse sans évoquer immédiatement un disparu, un vaillant : *le Bosphore égyptien*. Pendant dix ans, son directeur, notre compatriote Barrière-bey, mena dans ce journal une campagne vigoureuse contre l'occupation anglaise qui lui valut d'injustes et de nombreuses attaques. Il tint haut et ferme le drapeau français, ne reculant devant aucune fatigue, devant aucune crainte. Si des circonstances malheureuses ont voulu que ce journal cessât de livrer le bon combat, il est juste de garder le souvenir du temps où il fut un courageux organe. Le *Journal Égyptien* permet aujourd'hui à Barrière-bey de poursuivre sa lutte.

**
* **

Le théâtre khédivial du Caire est dirigé par un Français qui fait jouer des œuvres françaises par des artistes de notre pays. C'est en cela qu'il nous intéresse. Il soulève d'ailleurs tant de discussions, il provoque tant de colères et tant de jalousies, qu'on ne peut guère le passer sous silence. Pendant trois mois et demi d'hiver, il est le lieu de ralliement de tous les Européens résidant au Caire et de tous les hauts fonctionnaires indigènes, il est le point où converge tout le monde, le centre d'où partent tous les potins, tous les racontars, d'où viennent les légendes et les nouvellles. Il est très joli, ce théâtre, avec ses larges loges allant du haut jusqu'en bas sans galeries de fauteuils les masquant et les enlaidissant. La salle est, les soirs de représentations, élégante et riche. Les femmes sont toujours en grande toilette, les hommes en habit noir. La tenue journalière est celle des grandes soirées de gala. L'élite des colonies étrangères assiste à chaque représentation. Les loges sont ainsi quatre fois par semaine des salons où les saluts s'échangent, où les visites se rendent. La clôture du théâtre en mars marque la clôture de la saison. Le Caire devient insensiblement plus triste. On sent que la vie mondaine est interrompue par ce fait seul de la disparition du théâtre.

Il fut construit en 1869 sur l'ordre du prodigue khédive Ismaïl. Mariette et Verdi composèrent spécialement pour lui, l'un la fable, l'autre la musique d'*Aïda*. L'opéra ne fut donné qu'en 1872, mais il fut éblouissant par la mise en scène déployée, par la recherche des détails dans le décor, par la figuration noire qui défila dans le fameux cortège au son des trompettes de cuivre. Le théâtre connut la richesse tant qu'Ismaïl vécut. Les premiers chanteurs du monde parurent sur la scène, engagés à des prix fantastiques. Ces jours ont fui, mais le théâtre a conservé un bon rang. La subvention de 130 000 francs que lui octroie le gouvernment égyptien permet de constituer une troupe bonne et de monter des ouvrages avec un certain luxe. Le privilège de quatre ans accordé à un de nos compatriotes par le khédive fait depuis quelques années régner sur cette scène nos œuvres musicales et dramatiques. L'opéra y est joué tous les ans ; l'opéra-comique, l'opérette et le vaudeville, à tour de rôle. Les spectateurs de tous pays qui suivent assidûment les représentations entendent *les Huguenots* ou *Hérodiade* comme *Mignon* et *la Navarraise*, *le Fiacre 117* et *Divorçons* comme *le Petit Faust* et *Mam'selle Nitouche*. Toutes les oreilles doivent se plier à l'audition de notre langue. Les Anglais n'ont pas toujours eu à se louer de ce théâtre. Plus d'une fois, la salle mise en douce gaieté par l'apparition sur les planches de compatriotes à eux plus ou moins malmenés en a profité pour faire une petite manifestation qui ne devait pas être de leur goût. L'Anglais du *Petit Faust* et Crakson du *Grand Mogol* ont souvent été accueillis par de longues hilarités. Par contre *la Fille du Tambour-major* soulevait des applaudissements bruyants au dernier acte, lors de l'entrée des Français à Milan. On ne saurait croire l'importance qu'a pour notre influence cette prépondérance de la langue française dans les œuvres représentées au théâtre khédivial. Nul ne peut se passer de l'entendre sans renoncer au plaisir le plus couru pendant le cours de la saison au Caire.

Le khédive ne manque que fort peu de soirées. La salle est originale et curieuse avec ses cinq ou six loges grillées du premier étage. Ce sont les loges de harem. L'ouverture en est masquée par un grillage de fer sur lequel sont peints, en blanc, des dessins et des arabesques. Les femmes indigènes sont là à l'abri des regards indiscrets des spectateurs. Elles peuvent enlever le voile qui cache leur visage sans enfreindre les lois sévères du Koran. Les femmes de harem sont très bavardes. Si on ne les voit pas, on les entend. Il s'élève souvent, au milieu d'un acte même, un babil qui est doux comme un gazouillement d'oiseaux, mais qui met en mauvaise humeur les assistants épris du drame qui se déroule devant eux.

Malgré *Sigurd*, malgré *Samson et Dalila*, malgré *Lohengrin*, l'œuvre de Verdi jouée pour la première fois sur la scène cairote demeure à travers les années l'œuvre favorite et toujours acclamée du public. *Aïda* est devenu l'opéra national. On peut le jouer autant qu'on veut, la salle est pleine du parterre à l'amphithéâtre. La légende de l'esclave éthiopienne emmenée captive par le pharaon attirera toujours ceux qui retrouvent dans les décors traversés par elle des paysages connus et aimés.

**

La France a sa maison au Caire, celle où réside son représentant auprès du khédive. Elle l'a achetée d'un homme de goût qui l'avait fait construire pièce par pièce avec des pierres, des poutres, des mosaïques, des moucharabiehs, des portes, des blocs de marbre, recueillis dans de vieilles mosquées ou dans de vieux palais. L'agence de France est la plus belle résidence du Caire. C'est une construction artistique dont la finesse égale l'élégance. On est heureux, en contemplant ce chef-d'œuvre, de voir flotter sur la toiture le drapeau aux trois couleurs françaises.

VI

L'ŒUVRE DE L'ANGLETERRE

I

Ce qui se passait 4500 ans avant notre ère. — La légende de Noverkara. — La destinée de l'Égypte. — Les dominations étrangères à travers les siècles. — Les responsabilités de l'Angleterre. — Quatorze années de tutelle. — Une parabole de grand vizir. — Une impression générale. — Pas de traces de l'influence britannique. — Qui a éduqué l'autre. — L'incertitude du lendemain. — Une colonie à fonctionnaires. — Comme un rêve.

En ce temps-là, l'Égypte fut parfaitement heureuse. Une félicité sans bornes s'étendit sur tout le pays, des sources du grand fleuve jusqu'aux cataractes nubiennes. Les habitants connurent partout la joie et l'abondance. Le Nil, père des eaux et bienfaiteur du sol, coula pendant onze jours et pendant onze nuits des flots de miel...

*
* *

Ceci se passait 4500 ans avant notre ère et non de nos jours, comme certains pourraient être tentés de le croire.

La tutelle de sir Eveling Baring, aujourd'hui lord Cromer, agent de Sa Très Gracieuse Majesté auprès de Son Altesse khédiviale, ne méritera pas, dans les pages de l'histoire future, les éloges que nous ont transmis, par des papyrus ou par des blocs de granit couverts d'hiéroglyphes, les artistes et les lettrés épris du règne de Noverkara, sixième pharaon de la deuxième dynastie. La légende qui s'établira sur cette période d'occupation dont nul ne peut prévoir la fin, mais dont plus d'un croit entrevoir la solution proche, ne s'acheminera pas vers la postérité, escortée des mêmes allégories charmantes et des mêmes souvenirs grandioses qui enveloppent cette antiquité tour à tour attirante ou fabuleuse. Des œuvres impérissables comme celles qu'ont laissées après eux les maîtres successifs de l'Égypte, depuis les Chéops et les Ptolémées jusqu'aux Bonaparte et aux Méhémet-Ali, ne rappelleront pas qu'il y eut une époque — déjà vieille de quatorze années — où l'élément britannique se substitua à l'élément indigène dans le gouvernement du pays.

On cherchera en vain dans les vieux papiers oubliés des fragments de chants ou de poèmes célébrant, comme les scribes d'autrefois dans leurs inscriptions, le très parfait bonheur du peuple égyptien, et cette très grande quiétude d'esprit qui fut toujours sa caractéristique en dépit des invasions et des calamités, car il fut un temps — lointain, hélas ! — où un conquérant barbare pouvait s'enorgueillir de ce que ses soldats n'avaient pas fait pleurer un enfant dans les cités qu'il avait prises, où des femmes de Memphis, sentant l'heure de la mort venue, exhalaient dans leur regret d'une vie doucement écoulée, cette plainte : « Nous pleurons après la brise du soir, au bord du courant ! »

où des prêtres enfin, s'en allant le long des rives du Nil, parlaient sous les hauts palmiers, souhaitant aux femmes qu'il y eût toujours pour elles des parfums, des essences, des guirlandes et des lotus, aux hommes qu'il y eût toujours pour eux de la musique avec des chants pour que, négligeant tous les maux, ils ne songeassent plus qu'aux plaisirs jusqu'au jour où il faudrait aborder à la terre qui aime le silence.

Ce n'est pas l'un des moindres étonnements des historiens que cette aménité de mœurs, cette douceur de caractère, cette patience inébranlable et cette constante docilité que les Égyptiens ont su garder à travers les âges malgré toutes leurs heures critiques.

Et certes, ces heures ont été nombreuses.

Il semble que, jalouse des dons merveilleux que la nature avait prodigués à cette terre, mère de la plus ancienne civilisation, une mauvaise fée ait jeté sur elle à plaisir un mauvais sort, le plus terrible de tous, celui des invasions perpétuelles.

Aussi loin que l'on remonte dans son histoire, on aperçoit l'envahisseur. Il vient de l'ouest, du sud, de l'est, du nord. Il change de mœurs, de couleur, de race. Il passe ou il s'implante, mais il arrive toujours fatalement, chassant celui qui l'a précédé, comme attiré par ce spectacle magique d'un fleuve sacré fertilisant des sables.

Destinée cruelle que celle de ce peuple n'ayant connu qu'à de rares intervalles ce que c'était que la liberté et ayant derrière lui un passé écrasant de six mille ans de soumission à des dominations étrangères, bien fait pour décourager toutes les espérances de l'avenir !.....

*
* *

L'Égypte a vu s'implanter chez elle les Asiatiques, les Éthiopiens, les Perses, les Macédoniens, les Grecs, les Romains, les Byzantins, les Arabes, les Mamelucks, les Français, les Turcs ; elle a maintenant les Anglais.

Tous ont tenu à ce que leur passage ne fût pas un jour soumis aux lois cruelles de l'oubli, à ce que leur génie ne fût pas jugé inférieur à celui de leurs devanciers. La tâche que certains d'entre eux laissaient à des successeurs avides de les égaler était parfois ardue. Peu n'ont pas su être à la hauteur de leur mission.

Cette diversité de maîtres, engendrant la rivalité, n'a peut-être pas été l'une des moindres causes de la grandeur de l'Égypte dans son asservissement. Les uns ont confié à la pierre le soin de perpétuer leur gloire ; d'autres ont eu foi simplement dans la renommée.

Notre admiration pour l'Égypte passée ne s'arrête pas aux monuments de granit, aux temples, aux tombeaux, aux statues, aux pyramides, elle s'adresse aussi aux entreprises guerrières, aux expéditions dans le désert ou dans des terres lointaines, aux travaux d'irrigation, au développement intellectuel et commercial des villes, aux légendes de l'époque chrétienne, aux rêveries monacales de la Thébaïde, aux universités florissantes de la période musulmane, à l'éclat des sciences et des arts, aux splendeurs des mosquées et de l'art arabe, aux découvertes des savants de ce siècle, aux réformes humanitaires accomplies peu à peu, aux temps prodigieusement heureux que traversèrent parfois ces populations si douces.

L'Angleterre a voulu avoir sa place dans ce long cortège de dominateurs de l'Égypte.

Elle l'a actuellement.

Les responsabilités qu'elle a, de ce fait, encourues devant les traditions historiques du pays ne lui ont pas paru trop hautes. Les esprits impartiaux reconnaîtront cependant que, jusqu'ici, son rôle n'a pas été brillant.

Ceux qui plus tard écriront ce que fut l'Égypte au dix-neuvième siècle, et qui parleront de la campagne de Bonaparte avec ses conséquences, de l'œuvre de réorganisation accomplie par Méhémet-Ali, de la jonction des deux mers par le percement du canal de Suez, ne pourront s'empêcher d'établir qu'au point de vue de la grandeur des hommes et de la conception des choses, cette première partie du siècle se rapproche plus des époques pharaoniques que de ces dernières années passées sous la tutelle britannique.

Ce jugement sera, dans l'avenir, au point de vue de l'histoire, la condamnation du régime anglais actuel.

Mais, à défaut d'œuvres indestructibles, il importait à l'Angleterre d'accomplir deux choses pour avoir droit à la reconnaissance du peuple égyptien : c'était de lui procurer d'abord un bien-être général, sinon pareil à celui qu'avait chanté la légende de Noverkara, du moins suffisant à faire taire la navrante plainte du fellah qui monte de plus en plus des champs et des villages, de faire luire à ses yeux ensuite, pour un jour peu éloigné, la réalisation de ce rêve caressé par tant de générations qui l'avaient précédé sur ce sol, celui d'être libre.

Le bien-être n'a pas été donné, la liberté n'est pas encore entrevue.

Une race ne s'implante pas toutefois chez une autre sans apporter des modifications dans ses mœurs, sans introduire des réformes dans ses institutions. Une œuvre, qu'elle soit bonne ou mauvaise, doit nécessairement être accomplie. L'œuvre de l'Angleterre pendant quatorze années consécutives existe donc. Les résultats de son occupation sont-ils positifs ?...

Il importe en tout cas de faire remarquer que l'Angleterre avait affaire à un pays merveilleux par son histoire et par son climat, à une terre dont la fertilité fut longtemps considérée comme une chose miraculeuse, à un peuple dont la malléabilité était proverbiale, à un ciel presque toujours invariablement pur, laissant, même aux jours très rares de brumes, entrevoir toujours par-ci par-là quelques déchirures bleues.

* * *

Un grand vizir de Constantinople qui, comme tous ses pareils, aimait à parler par paraboles, comparait l'Égypte à un arbre planté sur un sol qui serait l'empire ottoman. « L'arbre, par conséquent, disait-il, est turc, mais la jouissance des fruits appartient aux Égyptiens. »

Cette jouissance, ils ne l'ont même plus.

Un nouveau larron est survenu, qui s'est emparé du peu qui restait à prendre et qui jouit si bien de tous les fruits qu'il n'en laisse retomber aucun sur le sol et qu'il épuise l'arbre.

Une impression très nettement ressentie par tous les observateurs curieux de tirer, à la suite d'un séjour en Égypte, une conclusion de l'ensemble des remarques qu'ils peuvent avoir faites, est celle-ci : c'est que, si pour une raison quelconque l'Angleterre était amenée à évacuer aujourd'hui le delta et la vallée du Nil, il ne resterait pas, au bout d'un temps relativement très court, la plus petite trace de son passage. Avec le dernier soldat s'embarquant à Alexandrie sur le dernier vaisseau de guerre disparaîtrait le dernier vestige d'une influence qui n'a pas su s'immiscer dans le cœur même du pays, ni vaincre l'hostilité dont elle était entourée, et qui a eu besoin, pour paraître même exister, d'un contingent militaire toujours en permanence dans les villes.

On se demande alors ce que devient ce talent de colonisation considéré par certains comme l'apanage des Anglais.

Un homme d'État égyptien me disait : les Anglais sont venus chez nous soi-disant pour faire notre éducation ; c'est nous qui avons dû faire la leur.

Et en effet, celui qui s'est le plus façonné à l'autre dans ce contact anglo-égyptien, c'est l'Anglais.

L'indigène n'a voulu abandonner ni la langue européenne qui lui était familière, ni les mœurs et les méthodes du pays qui avait travaillé à son émancipation au commencement du siècle. Malgré les efforts de l'occupant, la France n'a pas cessé d'être sa seconde patrie. Ses regards sont toujours tournés vers elle, vers sa capitale, vers ses foyers d'instruction, vers ses idées libératrices, vers son enseignement, vers ses productions littéraires, vers tout ce qui émane d'elle.

L'Anglais n'a pas le caractère qui convient à ce peuple ennemi de toute morgue et de toute froideur. Le Français avec ses qualités expansives, sa générosité, sa bonne humeur, lui plaît davantage. Aussi va-t-il à lui un peu par instinct, beaucoup par atavisme.

L'histoire est là pour faire foi de cette constante confiance, depuis saint Louis jusqu'à nos jours.

Une heure pourtant s'est trouvée où une faute a été commise. Cette heure d'oubli, plus d'un en Égypte qui nous est resté fidèle ne peut en parler sans amertume, car c'est de cette heure que date un fait accompli maintenant, considéré comme un mal par la majorité du peuple égyptien.

De l'Égypte comparée à un être humain, on peut dire que le corps est devenu anglais, mais que l'âme est restée française.

L'Angleterre occupe le pays, il est vrai, mais la France le domine encore, malgré sa faute, de tout l'ascendant moral qu'elle avait su prendre sur lui à des époques meilleures. On n'insistera jamais trop sur cette réflexion qui vient à l'esprit de tout Français qui se hasarde dans cette Égypte qu'il croit déjà anglicanisée : « Mais qu'était donc notre influence avant les événements de 1882 pour qu'elle ait traversé, aussi forte et aussi vivace encore, une occupation étrangère de douze années ? »

L'Angleterre s'est pliée aux coutumes indigènes comme elle s'est pliée aux institutions françaises.

Est-ce par indifférence ou par manque de forces qu'elle n'a tenté aucune réaction ou qu'elle n'a pas réussi dans celle qu'elle a tentée ? Nul ne sait ! Toujours est-il que c'est parce qu'elle n'a pas frappé toutes les choses de ce pays d'une empreinte durable qu'elle disparaîtra toute entière avec son dernier bataillon.

Incertaine peut-être du lendemain, elle n'a rien bâti de solide. Elle a procédé par tâtonnements dans toutes ses tentatives de réformes, sans idées bien déterminées, sans plan d'ensemble, basant toutes ses méthodes sur l'empirisme, s'essayant à maintes choses sans les poursuivre toutes, secondée très imparfaitement par un bon nombre de ceux qu'elle avait envoyés là-bas pour accomplir son œuvre.

On a dit souvent que nos colonies n'étaient que des nids à fonctionnaires. L'Égypte entre les mains des Anglais n'a pas été autre chose. Ils s'en sont servi comme d'un immense déversoir pour le trop-plein de leurs cités populeuses, nommant des leurs aux emplois vacants, en créant même de nouveaux. Les choix, pour ne parler que de la question de compétence, n'ont pas toujours été heureux. Certaines de leurs entreprises ont donné la preuve d'une ignorance regrettable en la matière.

N'ayant pas su s'implanter moralement ni se faire aimer, ils passeront — s'ils s'en vont — comme passe un rêve, un mauvais rêve, ajouteront tout bas bien des Egyptiens qui liront ces lignes. Il ne restera rien d'eux, et c'est cette sensation très réelle éprouvée par tous les étrangers au cours d'un voyage en ces lieux qu'il importe de faire ressortir au début d'une étude sur l'influence anglaise en Égypte.

II.

Jadis. — D'Alexandrie à Khartoum. — La sécurité publique. — Les complexités des questions orientales. — Les imaginations trop vives. — Le Caire et Venise. — Danger nul. — Rixes d'indigènes. — Les vieillards protecteurs. — L'erreur des Occidentaux. — L'élément pondérateur. — A la sauce poivrade. — Opposition inutile. — L'intrusion anglaise et l'inimitié égyptienne. — Le règne de la stabilité. — Ce qui se dit sur le rôle de la France. — La nécessité d'une administration solide. — Slatin et le Soudan. — L'âge d'or de la sécurité. — L'arbitraire des grands. — La terreur des pachas et du peuple. — Mœurs patriarcales. — Les coutumes d'autrefois. — Changement de régime. — Pourquoi il y a eu faute. — La police. — La fin du brigandage.

Jadis, on pouvait aller à pied d'Alexandrie à Khartoum, sur un parcours de 3.500 kilomètres, avec un sac d'or sur la tête, sans courir le moindre danger.

Cette phrase est devenue proverbiale en Égypte. Il est rare qu'une conversation engagée sur la situation générale du pays avec un Égyptien ou un Européen égyptianisé par de longues années de séjour se poursuive pendant un temps assez long sans que ces quelques mots soient prononcés.

Le *jadis* qui les précède est gros de sous-entendus. Il provoque nécessairement l'idée d'un *aujourd'hui* ne présentant pas les mêmes conditions de tranquillité rassurante et par cela même impliquant un blâme à ceux qui sont chargés actuellement de veiller à la sûreté des routes et au maintien du bon ordre dans les villes et les campagnes.

Les questions de sécurité étant de celles qui intéressent au premier chef l'indigène comme l'étranger, il est bon de les considérer avant toutes les autres, parce que, dans le cas où elles n'existeraient qu'à l'état de problème à résoudre et non de problème résolu depuis les premiers jours, les esprits impartiaux seraient en droit, sans étude plus approfondie, de déclarer négatifs les efforts faits par un peuple qui se donne mission d'en éduquer un autre.

Ceux qui ont vécu sous les règnes de ces cinq vice-rois qui n'avaient d'autre régulateur à leurs actes qu'un conseil ou un ordre venu parfois de Constantinople pourraient donc dire qu'ils ont connu l'âge heureux, celui où le voyageur égaré dans le désert, comme le marchand demandant l'hospitalité dans quelque hutte misérable, pouvait s'endormir sous le ciel d'Égypte avec le même esprit calme et le même cœur confiant. Ceux qui ne savent pas ce que fut ce *jadis* et qui, moins favorisés que leurs prédécesseurs, vivent en un temps où une ingérence anglaise se fait sentir en tout et partout, amoindrissant les volontés khédiviales, peuvent-ils avec juste raison jeter un regard de regret sur le passé et, par comparaison avec l'état de choses actuel, exhaler une plainte légitime ?

Si ce reproche était mérité, l'occupation anglaise n'aurait aucune raison d'être. Le moins qu'on était en droit d'exiger d'elle était bien, pour chacun, la certitude de pouvoir aller, le long des rives du Nil, à une heure voulue, d'un pas tranquille, l'air insouciant, le cœur sans crainte.

Aux jours troubles qu'avait créés l'orgueil d'Arabi, à la période de désordre que quelques fanatiques avaient pu prolonger trop longtemps pour le malheur de l'indépendance égyptienne, devaient succéder des jours calmes réparateurs, une période d'ordre ramenant la quiétude dans les esprits, la prospérité dans les affaires. Ce peuple qui s'était laissé entraîner à la révolte dans un moment d'oubli pouvait peut-être se relever lui-même. Les Anglais ne l'en ont pas jugé capable; ils se sont substitués à lui dans cette œuvre de raffermissement et par cela même ils en portent la responsabilité. Peut-on dire que grâce à eux le pays a reconquis cette sécurité tant vantée des époques précédentes ?

Bien des fois cette question a été posée, bien des fois aussi elle a été résolue, mais toujours dans des sens différents.

Il est à remarquer que dans ces affaires d'Orient, dont les complexités hantent les chancelleries européennes, la diversité des vues sur l'ensemble d'une question n'a d'égale que la variété des opinions émises sur les choses secondaires qui en composent le détail. Il y a d'ailleurs en Égypte, comme sur tous les théâtres mêmes des événements, trop de parti pris, trop d'idées préconçues, trop de passions locales, pour que l'influence ne s'en fasse pas aussitôt sentir dans les raisonnements des intéressés. Il est vraiment difficile de les suivre dans le dédale de leurs contradictions et de démêler la vérité dans les récits exacts, exagérés ou fantaisistes, où la discussion les entraîne parfois.

L'observateur qui veut rester indépendant peut leur prêter une attention bienveillante, mais ne doit tirer d'eux aucune conclusion ; il risquerait d'émettre quelque jugement imprudent, trop facilement cassable.

C'est ainsi qu'un de nos compatriotes, leurré sans doute par quelque interlocuteur, sincère peut-être, mais doué d'une imagination singulièrement magnifique, put dernièrement assimiler l'Égypte d'aujourd'hui à la république de Venise d'autrefois, crier à la résurrection du système politique cher aux anciens doges, parler sérieusement d'espionnage porté à un degré excessif, de dénonciations, de menaces d'exil toujours prêtes pour ceux dont les opinions ne s'harmonisent que trop peu avec celles des gouvernants.

Les joies trop fortes engendrent la peur, répète-t-on souvent. On pourrait dire ici qu'il est de fortes peurs qui causent de douces joies.

Car — j'en appelle à tous ceux, Français ou autres, qui ont séjourné quelque temps en Égypte — il n'est pas de sbires traîtreusement cachés dans des coins, recoins ou embrasures, de disparitions mystérieuses jetant la terreur dans un quartier, de gens arrachés brutalement à leur famille et à leurs affaires, de craintes folles hantant perpétuellement les cerveaux. On peut même affirmer que le palais de lord Cromer ne possède aucune tête de lion en granit à la gueule largement ouverte, avide d'engloutir, comme celle de la place Saint-Marc, les épîtres anonymes dénonciatrices.

Grâce à Dieu, l'insécurité n'atteint point de pareilles hauteurs.

Sur ce point comme sur bien d'autres, les Anglais ne sont nullement à l'abri de la critique.

La sûreté publique n'est peut-être pas devenue entre leurs mains — et surtout dans les campagnes — ce qu'elle devrait être, mais de là à rappeler les mœurs vénitiennes, il y a loin. L'effroi ne règne point en ces lieux. L'atmosphère y est aussi calme que le ciel y est bleu. Le Caire, Alexandrie, Luxor, Assouan, sont sûres comme les plus sûres villes d'Europe et les sept mille touristes qui cet hiver ont parcouru l'Égypte ont dû s'étonner parfois de la douceur des physionomies comme de la tranquillité des ruelles arabes.

Certes il éclate bien parfois quelques rixes entre indigènes. J'en ai vu plus d'une. Mais que se passait-il ? Un groupe se formait rapidement autour des combattants, groupe composé d'Arabes désœuvrés, de femmes errantes, d'enfants vagabonds, suivant la lutte avec le plus vif intérêt, augmenté bientôt par les passants dont toujours un ou deux Européens. Quelques coups de bâton maladroitement donnés par les acteurs de la scène pleuvent vite sur les spectateurs. Le blanc est-il particulièrement visé dans cette distribution de coups inconsciente en apparence ? Non pas ! Il y a toujours dans la foule quelque vieillard à barbiche blanche, d'allure prophétique, qui patriarcalement se place à côté de lui, le protège d'abord, l'entraîne à une certaine distance ensuite, et lui fait comprendre par signes qu'il sera mieux loin de la bagarre.

Aussi quand j'entends parler de terrorisme planant sur la contrée ou de fanatisme toujours en ébullition dans les esprits, je me console en pensant aux promenades nocturnes, faites sous les grandes étoiles, au milieu d'indigènes assis ou couchés silencieusement, dans les méandres des quartiers arabes et à la sollicitude paternelle qu'ont pour nous ces vieux musulmans aux silhouettes d'ascète.

* *

Je crois qu'on s'est toujours fait en Europe une idée très fausse des sentiments nourris par les diverses classes de la population égyptienne à l'égard des peuples occidentaux. En vertu de cette loi que l'opprimé doit n'avoir pour l'oppresseur que haine et mépris, on a cru un peu trop à la légère que l'occupation anglaise ne trouvait ici qu'une unanime réprobation.

Je dois impartialement avouer qu'on a eu tort.

La présence d'une armée étrangère dans la vallée du Nil, l'intrusion d'une direction non indigène dans les grandes administrations et dans les conseils du gouvernement, ne sont pas honnies dans tous les milieux. Il est des Égyptiens qui sont partisans d'une occupation, d'une coopération autre pour assurer la marche des affaires.

Nul cependant ne demande que cette occupation ou cette coopération soit anglaise.

Le souvenir des folies du règne d'Ismaïl, de l'arbitraire des règnes précédents, pèse encore trop vivant à l'esprit de ceux qui les ont connus et vécus, pour ne pas leur faire désirer vivement et sincèrement la présence en Égypte d'un élément pondérateur, détenteur de la sécurité publique, gardien de la stabilité et du bon ordre dans les affaires.

Cet élément ne pouvait être qu'européen. Les événements ont voulu qu'il fût anglais.

Il serait faux de dire que cette ingérence britannique rencontre partout une résistance énergique et unanime. Il est juste d'affirmer qu'elle ne trouve personnellement aucune sympathie marquée, qu'elle n'a, même chez les plus conciliants, qu'une indéniable indifférence.

Cette situation, en apparence contradictoire, d'une Égypte réfractaire, mais en partie légèrement bienveillante à une participation étrangère, provient de plusieurs causes dont la principale peut se résumer dans cette déclaration que me fit un jour un haut personnage du pays : Nous avons mieux aimé ne pas être mangés à la sauce poivrade et nous entendre avec le vainqueur !

La force a pu affaiblir l'opposition intraitable, le sentiment n'est entré pour rien dans l'adoucissement des rancunes.

Ceux qui avaient en main les intérêts du pays, ceux qui devaient partager la direction des affaires avec les représentants de la nation occupante, ceux qui par leurs fonctions se trouvaient subordonnés dans toutes les administrations aux volontés de ceux qui disposaient de la puissance, ne pouvaient réellement pas faire autrement que d'observer au moins une neutralité apparente vis-à-vis de l'élément anglais. La sympathie n'était pas commandée, mais l'opposition ouverte était inadmissible. Les canons de la citadelle braqués sur le Caire, les bataillons anglais casernés dans les divers quartiers de la ville, les vaisseaux ancrés quelque part dans la Méditerranée, mais toujours prêts à renouveler le bombardement de 1882, sont des quantités que la ferme résolution d'arriver à une révolte armée peut seule faire considérer comme négligeables... et encore !

Les esprits sérieux non indépendants ont donc dû faire abstraction de leurs sentiments intimes, se sont composé une physionomie bienveillante.

Au fond, dans leur propre intérêt et dans celui de leur pays, ils ont eu raison. L'entêtement n'aurait servi de rien, aurait mené à une pression d'autant plus dure qu'elle aurait été plus combattue.

Le principe de l'occupation étant admis, le rôle des notabilités égyptiennes soucieuses du bien-être du peuple était de veiller à des empiétements trop grands, d'atténuer une omnipotence basée sur la force, d'obtenir le plus de concessions possibles, de représenter constamment le droit et la justice contre l'abus.

De là, cette non-unanimité dans l'inimitié égyptienne contre l'intrusion anglaise.

***

Le seul argument positif que l'Angleterre peut faire valoir à sa présence sur les bords du Nil est qu'elle a donné de la stabilité à toutes les réformes qui ont été faites avant elle ou sous elle. L'Égypte est devenue un pays calme, non soumis aux lois du désordre et du trouble.

Cet argument n'est cependant que d'une valeur mince.

L'Angleterre n'a rien fait là qui lui soit particulier, n'a pas imprimé au pays quelque chose de son génie propre. Toute autre nation en eût fait autant à sa place. Elle n'a pas déchaîné sur l'Égypte un vent de civilisation nouvelle, comme la France le fit sous Bonaparte, comme l'Égypte elle-même le fit sous Méhémet-Ali.

Les Égyptiens partisans d'une ingérence occidentale ne manifestent aucun attachement pour l'ingérence anglaise, l'auraient même désirée autre. La France avait su se concilier dans le courant du siècle des sympathies autrement grandes, avait eu et conserve encore une influence morale bien plus considérable.

Ceux qui en France ont regretté l'attitude de leur gouvernement lors des événements de 1882 peuvent se dire qu'ils sont en communion d'idées avec une grande majorité du peuple égyptien. Un Français de passage au Caire eut dernièrement une conversation avec l'un des cheiks les plus éminents de la fameuse université d'El Ahzar. Cette conversation roula sur la situation du pays. Elle se termina ainsi :

« Êtes-vous satisfait de l'occupation anglaise ?

— Non !

— Préféreriez-vous une occupation française ?

— Non ! — Notre loi musulmane nous interdit de subir librement le joug d'autrui. Nous ne pouvons nous soumettre à un puissance quelconque. Nous ne pouvons donc pas davantage désirer les Français.

— Vous révolteriez-vous au besoin ?

— Non ! — Nous avons subi une trop rude leçon avec Arabi.

— La France doit-elle faire quelque chose pour l'Égypte ?

— Oui ! elle le doit. C'est par sa faute que l'Angleterre occupe notre pays. Si les marins français avaient débarqué à Alexandrie parallèlement aux marins anglais, il se serait trouvé deux nations pour rétablir l'ordre. Les troubles terminés, il n'y aurait pas eu de domination, l'une obligeant forcément l'autre à se retirer. Les Français nous ont abandonnés ce jour-là. Ils nous doivent une réparation ».

Les cheiks d'El Ahzar, plus indépendants, vivent dans l'éloignement de toute intrusion européenne, ont foi dans leur civilisation orientale, n'approuvent pas la nôtre. Leur pensée va cependant derrière l'Égypte plutôt à la France qu'à tout autre peuple d'Occident. L'élément étranger déclaré indispensable et reconnu comme tel même par eux ne serait certes pas l'élément britannique. La France d'ailleurs n'a jamais parlé d'occupation ; elle ne prononce qu'un mot, celui d'indépendance, d'indépendance militaire tout au moins, sinon d'indépendance administrative.

*
* *

Nubar-pacha qui dirigea si longtemps l'Égypte a répété souvent qu'il n'y avait pas de gouvernement égyptien, mais une administration égyptienne.

L'Égypte n'a pas besoin en effet de politiciens ; il lui faut des administrateurs.

Après les rudes crises qu'elle a traversées, il lui est indispensable de jouir d'une tranquillité complète, de vivre dans le désintéressement des affaires qui se trament dans les cabinets, de consacrer ses ressources à ses richesses agricoles, de soulager le fellah vraiment trop surchargé d'impôts, de posséder enfin à sa tête des hommes qui s'occupent des choses intérieures, paraissent ignorer celles de l'extérieur. C'est dans cet ordre d'idées qu'une coopération européenne se comprend, est admise par les esprits sérieux. L'Occident apporte ainsi dans cet Orient un peu paresseux ses qualités d'énergie, de sang-froid, de méthode, de raisonnement, partage avec lui les avantages de sa civilisation non affaiblie, mais sans cesse croissante, le fait bénéficier de sa science, de son expérience, de sa soif de stabilité.

Cet élément étranger administratif est nécessaire ; l'élément militaire ne l'est pas.

Les Anglais avaient donc à faire de l'administration.

En premier lieu, ils avaient à calmer une populace agitée, à rétablir l'ordre dans un pays troublé par un révolutionnaire, à rassurer les villes et les campagnes, à rendre certaine la sécurité. Ils ont tâtonné treize ans. Il leur a fallu ce temps vraiment long pour arriver à la cessation du brigandage, au bon ordre dans les campagnes, au calme général.

Pourquoi ?

Slatin-pacha, cet officier autrichien, ancien gouverneur du Darfour, qui resta onze ans prisonnier chez le Mahdi et s'évada en février 1895 de Khartoum, parlant, dans ses mémoires, de la position des Européens au Soudan et développant les causes qui ont amené la révolution dans ces régions, dit :

« En ce qui nous concerne, nous étions peu nombreux.

Comme règle générale, nous étions aimés et respectés parce que les populations avaient confiance en notre parole, mais je ne doute pas que, nous aussi, nous leur avons donné des causes de mécontentement, de désaffection, probablement avec les meilleures intentions du monde, en faisant des lois et des règlements entièrement en contradiction avec leurs mœurs, leurs coutumes, leurs manières, leurs habitudes soudanaises. »

Ceci donne la raison de cela.

On ne gouverne un pays qu'en se conformant à ses mœurs traditionnelles.

Les Anglais n'ont pu venir à bout si tardivement de l'insécurité que parce qu'ils ont cru pendant treize ans à l'efficacité de leurs procédés, que parce qu'ils ont voulu transplanter chez des Orientaux, contre qui toute patience s'use, des coutumes occidentales, impossibles après des siècles d'un autre régime. Ils ont du moins un mérite, ils ont reconnu leurs torts. Ils sont revenus dernièrement aux moyens primitifs, seuls compatibles dans ces pays de traditions immuables où la légende joue un rôle.

*
* *

L'âge d'or de la sécurité, où l'on pouvait sans danger aller d'Alexandrie à Khartoum, disparut avec le khédive Ismaïl.

Ses rêves de grandeur furent néfastes à l'Égypte Ses prodigalités, sa mauvaise gestion des affaires, engendrèrent le désordre, jetèrent le trouble dans tout le pays. Sa défiance incessante rendit la sécurité individuelle nulle. Dans les dernières années de son règne, elle n'existait plus. Sans motif, sans jugement, sur une simple mauvaise humeur du souverain, un pacha était saisi dans sa demeure, embarqué sur une dahabieh, expédié dans la haute Égypte pour des destinations inconnues d'où il ne revenait jamais.

Les plus grands vivaient dans les transes. Tel était aujourd'hui à l'apogée de la faveur, qui demain s'en irait loin vers ce là-bas terrifiant.

On sait comment finit ce malheureux Muffettiche, dont la destinée et la vie rappellent celles du surintendant Fouquet, qui au sortir d'une promenade en voiture avec le vice-roi, en dépit de ses richesses, de sa puissance, de sa renommée, fut empoigné par quatre janissaires, porté sur un bateau et ne fut plus jamais revu. La Nubie ou le Nil eut ses restes.

L'arbitraire était immense.

Il s'étendit bientôt à la foule. Des proscriptions en masse avaient lieu. Nul ne savait pourquoi. Dans un groupe d'hommes ainsi expédiés vers les cataractes, le chef de la police découvrit un jour une femme. Il fit dire au vice-roi qu'il y avait erreur sur une victime, qu'un des noms inscrits sur la liste se trouvait être celui d'une femme. Il lui fut répondu : « Envoyez quand même, ça ne fait rien ! »

Le chef de la police alla trouver lui-même Ismaïl.

— Monseigneur, dit-il, un tel que vous m'avez désigné n'est pas un homme, mais une femme,

— Je ne vous ai pas dit de me dire qui il était. Vous avez à embarquer un tel. Peu m'importe qu'il soit d'un sexe ou d'un autre. Expédiez !

La pauvre femme, prise pour un homme, partit pour la Nubie, y mourut sans doute sans avoir jamais su pourquoi.

La sécurité n'était rien moins que relative. Si les voyageurs, les caravanes ou les vagabonds pouvaient toujours sans souci et librement se hasarder aussi loin sur les bords du Nil que cela leur convenait, la tranquillité ne régnait pas dans les esprits d'un grand nombre. Les solitudes, les bois de palmiers, le grand fleuve pouvaient n'inspirer aucune crainte; le palais ne cessait pas d'être menaçant.

On comprend dès lors la bienveillance montrée par de nombreux Égyptiens à ceux, quels qu'ils fussent, qui leur apportaient cette tranquillité tant désirée, cette sécurité de soi-même dont ils avaient tant besoin. La fermeté européenne dirigeant avec force, mais ne recourant jamais à un arbitraire pareil, semblait même douce à ces Orientaux qui alors avaient soif de repos, étaient las du trouble survenant sans cesse dans cette paresse et cette indifférence qui sont les défauts dominants de leur race.

Les vengeances de sérail ne pouvaient plus s'exercer. Les temps étaient finis où, comme je l'ai déjà dit, l'on pouvait voir un petit-fils de Méhémet-Ali faisant coudre les lèvres d'une femme de son harem qui avait parlé contre son ordre, où les tasses de café servies aux interlocuteurs des vice-rois jetaient parmi eux l'effroi de l'empoisonnement.

Avec l'Européen, l'insécurité individuelle était forcément abolie, la sécurité générale avait chance, après une courte période d'anarchie, d'être assurée comme aux époques passées où quiconque allait de hutte en hutte, de village en village, ne trouvant partout que des visages amis, que des paroles hospitalières.

Cette sécurité publique, les Anglais n'ont pas su la donner à l'Égypte.

Ils ne l'ont pas donnée, parce qu'ils ont cru pouvoir innover dans ce pays rebelle à l'innovation, parce qu'ils ont fait ce dont Slatin pacha parle dans son livre sur le Soudan. Ils ont voulu implanter leur système d'administration, ne pas tenir compte des coutumes séculaires et indéracinables suivies par les Égyptiens.

Cela n'avait pas d'importance pour les villes où il y a une population cosmopolite, où les mœurs sont plus policées, où l'ordre est plus facilement établi. Par le va-et-vient des étrangers, par la présence d'une forte armée, par le fait même des choses, le calme régna vite dans les grandes cités. Comme je l'ai dit, la sécurité est notoirement très grande. Elle l'est plus que dans n'importe quelle ville d'Europe.

C'est dans les provinces, dans le désert, au loin, qu'ils n'ont pas réussi, qu'ils ont obtenu un échec.

L'Égypte a conservé les mœurs patriarchales. Chaque village obéit à un cheik qui est respectable aux yeux de tous par son âge, par sa naissance, par sa richesse ou par sa situation. Le cheik est aimé, considéré, écouté. Il connaît tous ses administrés comme les membres de sa propre famille. Un délit peut être commis sur ses terres ; il saura rapidement le nom du coupable. Les gouvernements précédents rendant les moudirs responsables de tout crime commis dans leur province, ceux-ci agissant de même avec les cheiks placés sous leur autorité, il n'était guère de possibilité de désordre ou de brigandage. Le moudir et le cheik, incriminés aussitôt, avaient trop d'intérêt à faire éclater la vérité, à découvrir l'auteur du méfait. De cette responsabilité établie à tous les degrés de l'échelle administrative résulta pour l'Égypte pendant tout ce siècle cette sécurité absolue qui fut indiscutable et qui devint proverbiale.

Il n'y avait pas de véritables fonctionnaires, ni de lois. Il y avait seulement de très vieilles coutumes confiées aux mains de ceux que ces peuplades musulmanes ou coptes vénèrent et sont heureuses de respecter.

Les Anglais ont voulu greffer là-dessus quelques-uns de leurs règlements. La greffe a été mauvaise.

L'anarchie résultant de la révolte d'Arabi n'a fait que croître et embellir. Les inspecteurs de police anglais envoyés dans chaque village auprès des cheiks pour assumer la responsabilité de l'ordre se sont dépensés en efforts vains. Le cheik irresponsable désormais ne mit pas sa connaissance profonde des hommes et des choses au service de celui qui diminuait son autorité. L'agent du gouvernement britannique se trouva sans renseignements, sans appui dans sa circonscription, au milieu d'une population hostile, narquoise plutôt. Les deux autorités se contrecarraient plutôt qu'elles ne s'aidaient. L'Anglais abusait de sa force, faisait ressortir trop sa suprématie. L'indigène, par sa soumission apparente, était encore le vainqueur dans la lutte, jouait véritablement l'autre.

Au Caire, l'administration supérieure laissait ce dualisme s'accentuer, montrait une incapacité réelle. L'insécurité était hautement consacrée.

Le nombre des maraudeurs augmenta. L'impunité étant à peu près certaine, le brigandage s'opéra sur une vaste échelle. Des attaques à main armée eurent lieu contre les gens, contre les fermes, contre les villages même. Les caravanes n'étaient plus sûres. Les passants attardés n'avaient pas la tranquillité des anciens jours. Les touristes eux-mêmes n'étaient pas toujours libres de faire telle excursion intéressante à quelque temple fameux. De grands propriétaires en vinrent même à payer de leurs deniers des gardes armés pour protéger leurs terrains et leurs fermes.

L'âge d'or de la sécurité n'était plus qu'un rêve.

Cet état de choses a duré treize ans. Les Anglais n'ont pas fait preuve en cela d'un grand génie colonisateur. Il leur a fallu recourir cette année aux anciens procédés. Ils ont prononcé eux-mêmes ainsi la condamnation de ce qu'ils avaient fait jusqu'alors pour la sécurité, condition indispensable du bien-être d'un peuple.

Nubar pacha qui se complaît aux phrases courtes, mais incisives, disait : « L'Occidental est un destructeur tout autant que l'Oriental. Seulement l'un y met des formes, l'autre de la brutalité. » — Les Anglais — peuple occidental s'il en est un — n'ont guère mis des formes à accomplir cette partie de leur œuvre.

III

Ce qui se passe aux champs. — Un usurier. — La condition du fellah. — La poule aux œufs d'or. — La plaie du fonctionnarisme. — Misérables pour jamais. — Les impôts. — La péréquation. — La corvée et la courbache. — Le sac de farine. — La langue française. — Les méfaits du bagchich. — Les invasions de touristes. — Trop de mendiants. — La vieille hospitalité indigène. — Les procédés turcs. — Lord Cromer et les Égyptiens. — Le parti national. — La jeune Égypte. — L'énergie anglaise. — La fiction turque.

Un propriétaire, quelque peu usurier, ne pouvant malgré ses demandes réitérées toucher le prix de ses fermages, écrivit à ses fellahs l'an dernier que, sa patience étant à bout, il se rendrait dans ses terres lui-même à un jour et une heure déterminés, et que ce jour-là, à cette heure ainsi fixée, il ne leur accorderait plus aucun délai pour acquitter leur dette.

Au jour dit, il partit pour son village. Là, sur la route, il trouva avec leurs femmes, leurs enfants et leurs bestiaux, ses fermiers en costume de voyageur, un grand bâton de pèlerin à la main. Il s'arrêta, étonné.

Eux lui dirent aussitôt : « Nous n'avons rien ; nous sommes criblés d'impôts ; notre labeur ne rapporte plus de quoi te payer. Tu veux de l'argent ?.. Voilà nos bêtes. Prends-les. Quant à nous, nous nous en irons à l'aventure, au hasard des chemins, vivant de dattes sèches ou d'aumônes, confiants en Dieu, reposant sous les palmiers le long du fleuve ou dormant dans le désert par les nuits fraîches. »

Le propriétaire dut s'incliner devant la triste réalité et laisser ces malheureux vivre encore sur ses terres.

Ceci se passait dans l'une des provinces d'Égypte.

Il ne semble pas d'après ce simple tableau que l'état de bonheur du fellah ait atteint avec l'occupation anglaise son maximun de grandeur. Il ne faudrait cependant pas non plus croire que le paysan égyptien soit redevable de sa misère uniquement à l'administration étrangère qui le dirige.

Le fellah fut et est encore l'être humain pressuré par excellence.

Si l'Égypte est un pays merveilleux par la fécondité de son sol, elle ne l'est pas moins par les ressources budgétaires que tout gouvernement a su tirer des pauvres contribuables qui cultivent des champs dans le Delta ou le long de la vallée du Nil.

Les ressources paraissent inépuisables. Le fellah semble impossible à épuiser.

Du commencement à la fin de ce siècle, les charges ont pesé lourdement sur lui, les impôts se sont accumulés toujours plus considérables, toujours plus nombreux, servant au bon plaisir des souverains, payant les rêves de grandeur de l'un, les cruautés d'un autre, les folies d'un troisième, entretenant aujourd'hui des étrangers qu'il n'a pas désirés, venus pour réparer des désordres auxquels il n'a pas pris part.

Le fellah a toujours été la poule aux œufs d'or des gouvernants égyptiens. Il l'est encore.

Les dépenses sont-elles trop fortes, un nouvel impôt perçu dans les campagnes est là pour réparer une insuffisance de recettes, expression habile dont se sert l'un des plus hauts fonctionnaires qui ne veut pas prononcer le mot « déficit ».

Le fellah n'est pas un être heureux; il n'est pas fortuné. Du produit de son labeur, bien peu reste pour ses besoins propres; presque tout s'en va au loin dans les caisses des percepteurs d'impôts. Les piastres que lui procure son travail dans les plantations de coton, de canne à sucre, dans les champs de blé, de fèves, de maïs, n'arrivent dans ses mains que pour passer dans d'autres.

L'homme qui toute la journée pioche la terre, le corps nu, la peau brûlée par un soleil ardent, ou puise dans les canaux, à l'aide des chadoufs et des sakies, l'eau bienfaisante qu'il déverse sur la terre séchée, n'a pas ici cette jouissance du bien-être légitimement acquis, parce que la plus grande part de ce bien-être mérité lui est ravie par d'inflexibles mesures.

Cette jouissance, il ne l'a pas, ne l'a jamais eue, n'a guère chance de l'avoir un jour.

Pour qu'elle devînt possible, il faudrait qu'une administration indigène sérieuse, non despotique, bien conseillée et bien entourée, fût implantée dans le pays, que l'ingérence étrangère disparût, que les finances nationales ne servissent point à entretenir une armée de fonctionnaires, venus surtout d'Angleterre, mais de tous les pays d'Europe sans en excepter les plus petits, envoyés là sur cette terre féconde et inépuisable par leurs gouvernements respectifs pour y occuper, en vertu d'accords internationaux, des emplois trop largement rétribués.

L'Égypte connaît plus que tout autre la plaie du fonctionnarisme.

Le fellah est le premier qui en souffre. Il est destiné à rester misérable tant qu'un aussi grand nombre d'intérêts trouveront leur sécurité dans son labeur et dans sa peine.

*
* *

De tout temps, le fellah put maudire son sort, maudire ses chefs. Les ressources du pays purent changer de destination, l'impôt trouva toujours les mêmes têtes et les frappa.

Un cultivateur, irrité des extorsions incessantes du premier gouvernement vice-royal, s'écria un jour, désespéré, devant un gouverneur : « Méhémet-Ali est donc jaloux des poux qui rongent le fellah ? »

L'Égyptien d'aujourd'hui peut pousser le même cri.

S'il n'a pas un souverain amoureux du luxe ou de la guerre à satisfaire dans ses exigences, il a une légion de maîtres, d'autant plus terribles qu'ils ne sont pas nés sur le même sol que lui, dont les volontés sont inexorables, les appétits très étendus, les besoins nombreux et pressants. L'impôt fut toujours l'arme commune à tous les régimes. Il eût pu tenir aux Anglais de ne s'en servir que dans une juste mesure, d'apporter un soulagement aux maux du fellah, de travailler à une certaine réalisation du bien-être pour lui par une diminution des charges, un changement notable dans les coutumes antérieures, un désir sincère d'arriver au minimum d'exigences pécuniaires.

Leurs efforts n'ont pas porté de ce côté, l'agriculture n'a pas été favorisée.

Le pays avait été ruiné par des folies royales : le fellah a payé ces folies. L'ordre avait été troublé par des agitateurs, de l'anarchie était résulté la misère : le fellah a réparé ces désordres. Une intervention étrangère s'est imposée en un jour néfaste : le fellah a payé et paie encore l'armée occupante, les administrateurs occupants.

L'impôt n'a fait que progresser.

Si le fellah, leurré par des promesses, a pu rêver d'adoucissements, sa désillusion est complète aujourd'hui. On a marché sans cesse vers le maximum de charges. Ce maximum, on l'a atteint, on veut le dépasser maintenant.

Les financiers anglais ont inventé un système de péréquation d'impôts qu'ils appliquent avec une inconscience qui devient de l'incapacité. Les propriétaires, les cultivateurs, les fellahs, sont dans la consternation. Avec le projet nouveau, certaines terres sont frappées d'impôts équivalant à 66 0/0 du revenu. Les transactions se sont de ce chef totalement arrêtées. Les ventes de terrains sont devenues impossibles. Les acheteurs sont introuvables. Les deux grandes administrations terriennes des Domaines et de la Daïra Sanieh ont ressenti là un coup rude. Nul ne veut se lancer dans une affaire où les deux tiers du rendement seront absorbés par le fisc.

Le grand peut à la rigueur supporter cela ; le petit ne le peut pas. Or le petit, c'est le fellah, l'éternelle et malheureuse proie de tous les détenteurs du pouvoir.

L'arbitraire vice-royal devait certes lui coûter encore moins cher que la liberté établie par l'élément britannique. On comprend sans peine la résolution des pauvres fermiers dont je contais l'histoire, abandonnant tout, champs, village, récoltes, préférant la vie nomade à la vie de labeur, laissant la hutte de terre pour la halte en plein air sous un dattier ou sous une roche, marchant vers l'inconnu, sans but, misérables, quêtant une hospitalité, mais libres, sans souci, pouvant désormais rêver paresseusement le long des routes selon ses mœurs de l'Orient.

* * *

Les Anglais ont fait deux bonnes choses : ils ont supprimé la corvée, ils ont supprimé la courbache.

Toutes deux étaient inhumaines.

La corvée razziait des populations entières pour les faire participer sans salaire à des travaux publics, quelquefois de première utilité. Les fellahs étaient arrachés à leurs champs et expédiés au loin, laissant leurs familles sans soutien, travaillant pour autrui sans compensation aucune à leur peine.

Les ingénieurs du canal de Suez durent beaucoup à ce système.

La courbache était la démonstration caractéristique du châtiment corporel. Son application était odieuse et cruelle. Toute nation civilisée devait rompre avec ces vestiges d'un régime autoritaire incompatible avec nos mœurs occidentales.

La destruction du mal n'exclut pas la recherche du bien. Le soulagement du peuple trop imposé devait attirer l'attention des administrateurs nouveaux. Ils eussent dû méditer sur ces paroles du malheureux Muffettiche qui mourut, l'on ne sait trop comment, victime du khédive Ismaïl : « L'Égypte est comme un sac de farine sur lequel on peut encore taper, même quand il est vide. Il en sort toujours quelque chose. »

Cette parole qui fut vraie jadis ne devrait plus l'être aujourd'hui. Hélas ! elle l'est.

* * *

Le français est, je l'ai dit souvent, la langue européenne dominante en Égypte. Les Anglais, depuis quelques années, ont essayé d'implanter la leur. Ils n'ont guère réussi. Tout au plus se maintient-elle dans la colonie britannique. Par contre l'anglais a pénétré dans certains lieux avec assez de rapidité et a pu même là éliminer peu à peu les autres langages. Je veux parler des lieux fréquentés par les touristes.

Il n'y a pas dans ce fait pour l'Angleterre de quoi être très satisfaite.

Les indigènes qui se livrent partout à une exploitation en règle des étrangers amateurs de voyage, d'archéologie ou d'histoire, ont dû, pour mieux exercer leur industrie, apprendre la langue de ceux sur lesquels ils ont des visées malignes. Les touristes anglais formant l'immense majorité, c'est donc l'anglais que l'on entend le plus baragouiner aux Pyramides, à Luxor, à Philæ, à Kéneh ou à Sakkarah.

L'anglais s'est introduit ainsi par le besoin du bagchich, cette autre plaie moderne de l'Égypte.

Les étrangers en général, les Anglais en particulier, ont encouru là une grave responsabilité en encourageant parmi les indigènes ce sentiment de rapacité qui les pousse à faire la chasse au passant, au voyageur, au touriste, à le harceler partout, à quémander quelques paras ou quelques piastres, à chuchoter le long des chemins aux oreilles de chacun ce mot qui semble à la longue une agaçante mélopée : Bagchich..., bagchich...

Le peuple égyptien est un peuple d'enfants. Il a de nombreux défauts ; il est lent, paresseux, rêveur, nonchalant ; il aime le repos, la sieste, la rêverie ; il n'a pas cette ardeur au travail que seuls les peuples occidentaux possèdent, mais ses défauts ne sont pas méchants, n'ont pas d'influence perverse sur son caractère. L'Égyptien est bon, patient, serviable, hospitalier ; et comme il est essentiellement malléable, il n'est guère responsable de ses qualités et de ses défauts.

Ceux qui le façonnent, l'éduquent ou le gouvernent, doivent nécessairement porter le poids de sa manière d'être et d'agir. Or, depuis quelques années, l'Égyptien n'est plus le même. L'intrusion étrangère a apporté des mœurs nouvelles qui ont influé déplorablement sur lui.

L'indigène qui peut envisager les bons côtés de la civilisation européenne, développer son instruction et son intelligence à son contact, montre de sérieuses qualités de compréhension et d'activité. La populace qui vit loin des écoles, loin des centres, qui vit en plein air dans les avenues des villes ou dans les chemins tortueux qui sillonnent les campagnes, n'a pas les mêmes avantages. Sa paresse native, non plus combattue, est au contraire soigneusement entretenue par la présence de l'étranger duquel elle peut tirer, par supercherie ou par lassitude, une obole plus rémunératrice qu'un salaire. Elle tend aussi facilement vers le mal que vers le bien.

La plèbe des bazars et des champs, des lieux d'excursion et des abords des monuments antiques, s'est corrompue peu à peu. Elle a été pourrie par les largesses premières des touristes ; elle a perdu toute dignité, elle s'est vouée à la ruse dans la mendicité. Elle est devenue une plaie, parce qu'on l'a livrée ainsi aux étrangers, parce que ceux-ci n'ont eu nul souci d'elle, parce qu'elle n'a plus vécu que dans l'espoir de la piastre escamotée ou facilement conquise, parce qu'elle a fait du mot « bagchich » son seul mot familier.

L'Européen jadis, chez les grands comme chez les petits, était un hôte. Pour le peuple, il est aujourd'hui l'homme à argent qui donne ou distribue le bagchich.

Le respect qui était attaché à sa personne s'en est ainsi allé. Les mœurs patriarchales d'Orient ont reçu de ce fait une atteinte grave. L'âge d'or de la sécurité, quand on allait sans danger d'Alexandrie à Khartoum, fut seul témoin de ces scènes de paix et de concorde.

L'hospitalité large et sincère, chère aux Arabes, régnait. Elle ne règne plus.

Tout voyageur pouvait à n'importe quelle heure s'arrêter dans sa route devant une hutte. L'indigène le faisait entrer, lui offrait à boire et à manger. Le plus misérable partageait sa galette de doura, donnait la moitié de ses dattes. L'hôte devenait un ami. Il partait accompagné des vœux de celui dont il avait accepté le modeste repas. Depuis de longues années, le brigandage a détruit ces douces coutumes. Dans la rue, tous s'écartaient pour le laisser passer. Sur les routes, un Arabe monté sur son âne, apercevant un étranger, descendait de sa monture, le saluait, puis remontait sur sa bête et reprenait sa marche.

Aujourd'hui, l'indigène est quelque peu insolent. Les rues sont encombrées de Barbarins, de désœuvrés, de mendiants, qui ne se dérangent jamais devant un passant quelconque, sont extrêmement impolis, rient de tout, de celui qui va comme de celle qui vient, gênent la circulation, contribuent aux attroupements, se moquent de toute punition, la seule qui les touche, la courbache, étant supprimée. Dans les campagnes, il en est de même.

L'Européen n'est plus aussi libre. Il est de ces visages d'indigènes errant aux abords des hôtels qui respirent la ruse, l'hypocrisie, la fausseté, qui sont pénibles à voir tant ils ont un air narquois et gouailleur qui leur sied mal. Et pourtant, que de silhouettes gracieuses de femmes l'on aperçoit sous les grands arbres au bord des chemins, que de figures franches et sympathiques, que de visages vénérables l'on distingue dans les foules où l'on croit voir parfois des revenants d'un autre âge, des enfants directs de ces patriarches ou de ces nomades que nous montrent des illustrations bibliques, allant tranquillement à travers les contrées sur un pauvre âne étriqué...

La domination turque avait des procédés cruels. Elle était crainte, mais peu aimée. Le Turc, paraît-il, n'avait pas grande sympathie pour son vassal l'Égyptien. Sa dureté égalait sa fermeté. Son règne était celui de la courbache, sans laquelle il n'admettait pas de gouvernement possible. L'on filait doux de ce temps, répète-t-on souvent dans le pays. Un seul Turc suffisait pour maintenir l'ordre dans un village. C'est possible, mais la bastonnade marchait ferme.

En cela, les Anglais ont été humanitaires en n'adoptant pas les méthodes de leurs devanciers par trop rétrogrades. Ils ont apporté quelques principes de liberté qui sont un bienfait pour ce peuple, mais ils n'ont pas assez veillé à son éducation.

Si l'anarchie brutale est supprimée, l'anarchie morale existe bien un peu à l'état latent. Le désordre n'est peut-être pas évident, mais il est quand même.

Le reproche qu'on leur fait d'entretenir soigneusement dans la population un état d'esprit brouillon et agité pour justifier leur présence vient de ce manque d'harmonie dans les diverses classes indigènes, de ces sentiments d'insouciance mauvaise et perverse qu'ils n'ont pas essayé de détruire, de cette turbulence qui n'éclate pas furieuse, mais qui se maintient comme un léger bourdonnement... et une comparaison fâcheuse pour eux s'établit de ce calme passé, de ces mœurs simples, de cette tranquillité sinon réelle, du moins racontée et crue, évoqués à l'heure actuelle devant ce « je ne sais quoi » qui n'est certes pas du trouble, mais qui n'est pas de la quiétude parfaite.

* * *

Lord Cromer aurait dit un jour que les Égyptiens se divisaient en deux catégories : les hommes à turban et à robe, les vieux, qui formèrent jadis le parti national d'où sortit Arabi-pacha, et les hommes à tarbouch et à stambouline, les jeunes, plus instruits et plus remuants, connaissant l'Europe, succédant aux premiers dans leurs velléités de révolte et d'indépendance.

Cela ne veut pas dire que le patriotisme se soit déplacé, ait passé d'un parti à un autre. Certes, il est aussi ardent chez les premiers que chez les seconds. Mais les uns ont connu l'épreuve, les autres en sont seulement encore aux espérances vivement conçues. Les hommes à turban se sont assagis, car les heures de désillusion ont été cruelles pour eux. Ils pratiquent la politique du recueillement, la meilleure. Ils ont confiance dans l'avenir réparateur.

L'attente calme n'a jamais été synonyme d'effacement.

Les hommes à tarbouch, les jeunes, sont plus agités. Leur frottement aux mœurs occidentales leur a fait perdre un peu de leur impassibilité native, a nui à leur indolence et à leur patience. Leur sang est devenu plus vif. Ils ont puisé en France des idées de liberté. Ils expriment leurs désirs, leurs pensées, avec chaleur. Ils vont même quelquefois un peu loin. Les plus turbulents d'entre eux qui ont semblé à un moment vouloir accaparer le monopole du patriotisme ont fait plus de tort que de bien à leur cause.

Ils sont d'ailleurs fort peu nombreux, mais n'en ont pas fait moins de bruit pour cela.

Ils ont éloigné bien des concours par leurs extravagances. Ils ont parlé beaucoup pour n'arriver à rien. Les hommes à turban n'avaient pas obtenu un résultat meilleur, mais eux au moins ne s'étaient pas contentés de crier, ils avaient agi.

Il n'y a pas aujourd'hui à proprement parler de parti national. Celui qui a pris ce titre ne renferme pas assez d'éléments pour avoir voix prépondérante en cas de complications, n'a pas assez d'autorité pour élever la parole au nom d'une population.

Son heure peut venir.

Elle viendra plus sûrement si, à ces quelques membres, s'en ajoutent d'autres ayant plus d'empire sur leurs compatriotes, plus de sympathies dans le pays, si par conséquent les premiers modèrent leur ardeur, et aussi leur langage.

On les a accusés, en raison de leurs démonstrations, de n'exhaler ainsi leur fureur que parce que certains gros emplois ne leur étaient pas attribués, étaient réservés constamment à des Européens. En cela, ils ont moins tort que dans le reste. Car, entre les indigènes et les étrangers, c'est bien aux premiers qu'en droit devraient être dévolues les places. Les jeunes Égyptiens sortis des écoles européennes ne voient pas très bien de quelle utilité peuvent être leurs études si dans leur propre pays ils se voient préférer des Occidentaux. Les finances se dispersent un peu partout au profit des nationaux de tous les pays, ne vont guère vers les Égyptiens.

Leur plainte est juste. Si une coopération européenne est indispensable, elle ne doit pas aller jusqu'à l'abus. Or, impartialement, il faut reconnaître qu'il y a abus dans le fonctionnarisme, qu'il y a pléthore d'Européens de toute nationalité. Les grandes et les petites puissances participent toutes au budget égyptien. Cette terre fertile est une Colchide pour les étrangers détachés de leur ville ou de leur village vers une fonction quelconque d'une des nombreuses administrations.

On comprend que certains indigènes n'aient pas lieu d'être satisfaits d'un état de choses qui les frustre un peu. Leur plainte sera plus écoutée, si, au lieu de faire de l'agitation, ils s'appliquent à rendre injustifié le brevet d'insuffisance qui leur est décerné relativement à ces emplois, s'ils travaillent calmement, mais sûrement, en vue d'une indépendance plus facilement possible par la sagesse que par la violence.

Lord Cromer et tous les fonctionnaires anglais n'ont pas beaucoup de ménagements pour la population qu'ils gouvernent. Ils parlent durement et fermement, sachant bien que la force seule impose aux Orientaux. Ils se servent volontiers de l'intimidation.

Lord Cromer sait que l'opposition qui lui est faite n'est pas puissante. La masse qui est composée de fellahs ne dit rien. Les rigueurs qu'elle avait à redouter des pachas ne sont plus. Elle ne manifeste pas de mécontentements violents, elle s'anéantit dans son travail et dans sa misère, subissant l'impôt, mais ne sortant pas de son inertie presque invincible.

L'énergie dans les actes et la rapidité dans les décisions sont les deux grands moyens pratiqués par les gouvernants anglais.

On a pensé que la dernière campagne qui fut faite contre le khédive, ainsi que la résolution soudaine d'envoyer une expédition au Soudan étaient dues à deux choses : montrer à la France qui s'intéressait trop à l'Égypte que l'Angleterre n'abandonnait rien dans ce pays et ne reculait devant aucune mesure, et signifier aux Égyptiens que l'Angleterre n'avait aucune peur, et qu'en dépit de toutes les interventions, elle était toujours prête à affirmer sa domination.

Cette domination, hélas ! n'est que trop réelle.

La suzeraineté de la Porte existe bien, mais elle est un peu fictive. La force n'a cependant pas raison du droit dans toutes les circonstances. Les officiers et les fonctionnaires anglais donnent des ordres un peu partout, il est vrai. Mais c'est toujours une consolation — bien mince sans doute — de voir dans les grandes cérémonies le ghazi Mouktar-pacha, haut commissaire ottoman, représentant du Sultan en Égypte, prendre place aux côtés de S. A. le Khédive, vassal de l'Empire, et s'affirmer ainsi solennellement devant les représentants des autres puissances, sans en oublier celui de sa Gracieuse Majesté Britannique.

IV

L'ARMÉE

Les colonels d'Arabi. — Le fellah sous les armes. — Le régiment qui passe. — Les chansons de marche. — Les timbaliers. — L'armée d'occupation. — L'armée anglo-égyptienne. — Les bizarreries de la conscription. — Officiers anglais et officiers indigènes. — L'école militaire. — Les bataillons soudanais. — Le nègre. — L'enrôlement au Soudan. — Le mariage des noirs. — La vie au camp nègre. — La conquête du Soudan.

Un colonel de l'armée égyptienne qui, lors des événements de 1882, se rendait en chemin de fer du Caire à Alexandrie, disait à ses compagnons de route avec une belle assurance : « Nous n'avons nullement peur des vaisseaux anglais qui se tiennent menaçants au large devant nos côtes ; nous avons des plongeurs qui filent sous les vagues, vont avec des vrilles faire des trous aux navires et les coulent. »

Quelques jours après, le bombardement d'Alexandrie avait lieu.

Des hommes de cette trempe et de ce caractère n'ont heureusement pas laissé de successeurs en Égypte.

Ils étaient bien d'ailleurs les dignes auxiliaires de ce colonel révolté contre l'autorité khédiviale, de cet Arabi-pacha qui sut plonger son pays dans le désordre, lui faire connaître les pires calamités, mais qui fut incapable, après ses fanfaronnades, de le défendre contre l'invasion étrangère et fut la cause de cette occupation militaire anglaise qui devint une source de lourdes charges pour l'Égypte. On put les voir à l'œuvre à Tell-el-Kebir. Leurs capacités et leur courage n'aboutirent qu'à une honteuse débandade. Eux encore n'étaient que des orateurs, des beaux parleurs aux discours vains et creux, non des soldats.

L'armée égyptienne, organisée sous Méhémet-Ali par un Français de l'expédition de Bonaparte, le colonel Selves, devenu plus tard Soliman-pacha, a pu avoir des faiblesses dans une période de troubles et sous la direction de chefs incapables, il n'en est pas moins certain qu'elle a de beaux souvenirs, qu'elle eut un passé, qu'elle peut avoir un avenir, que le présent n'implique pas qu'il faille douter d'elle.

La marche d'Ibrahim-pacha à travers la Syrie, ses victoires de Konieh et de Nézib qui firent trembler le sultan à Constantinople forment des pages glorieuses dans une histoire militaire.

Le fellah n'est pas guerrier, n'a pas des sentiments aventureux ou fougueux très prononcés ; mais, une fois sous les armes, il se tient bien, il a de l'allure ; son attitude devient plus crâne. Il prend l'apparence d'un homme déjà fortement trempé, doué pour la résistance. Le fellah d'aspect craintif, timide et malingre dans les champs, donne une certaine impression de martialité quand il défile dans les rues du Caire, le fusil sur l'épaule, aux sons de fanfares éclatantes.

*
* *

Parfois, dans ces heures de calme et de paresse qui

sont si douces au Caire, on entend des appels de trompettes étranges, des éclats stridents d'instruments de cuivre accompagnés sourdement par des coups irréguliers de timbales. C'est un régiment indigène qui passe, qui rentre dans ses quartiers ou qui entreprend une marche sur des routes lointaines.

La cadence des pas s'harmonise avec la chanson de marche très vive, très alerte, très originale.

Nos airs d'Europe n'ont pas le même entrain, la même sonorité, la même stridence surtout. Ils sont plus classiques, plus réguliers. Ceux-là ont quelque chose d'aigu, de bizarre, de peu harmonieux, qui contribue à les rendre plus entraînants, plus enlevant, à produire une impression indéfinissable qui a son charme et son attirance. Dans ce pays de somnolence à outrance, de sieste invincible, il n'est pas d'engourdissement qui résiste à ce vacarme d'une musique militaire éclatant brusquement dans ce silence d'une ville endormie, faisant mouvoir des jambes fatiguées d'hommes naturellement mous et tranquilles.

Un régiment égyptien a belle allure.

Les hommes aux visages plus ou moins basanés défilent bien. Les tarbouchs rouges uniformément posés sur toutes les têtes, celles des fantassins comme celles des cavaliers, forment une surface joyeuse mouvante qui, dans le lointain, prend des perspectives éclatantes sous les rayons du soleil.

La démarche des troupes, très cadencée, est plus lente que celle des nôtres, malgré la vivacité des airs. La jambe se meut mécaniquement, comme si elle était en bois, se plie peu. Le pied est jeté en avant. L'allure semble un peu mécanique, mais produit une bonne impression, surtout si l'on assiste au passage des bataillons dont les hommes sont habillés de bleu clair, avec les pantalons courts traversés par une bande blanche.

Les lanciers ont une très fière prestance.

Les musiques à cheval, précédées du timbalier, ont un cachet très pittoresque. Le cavalier, seul à quelques mètres en avant, laisse son cheval sans guides marcher droit devant lui. Ses deux mains armées des deux tampons emmanchés à des baguettes frappent alternativement sur les deux grosses timbales placées devant ses jambes aux deux flancs de la monture. Le bruit sourd des timbales rend plus étrange la fanfare des instruments de cuivre. On évoque, malgré soi, à ce spectacle, le défilé des timbaliers chanté par Victor Hugo dans une ballade célèbre.

La tenue des troupes égyptiennes a quelque chose de rassurant actuellement pour ceux qui penseraient à cette époque où l'indiscipline régnait et produisait des hommes comme ceux dont je citais le langage quelque peu présomptueux.

Les Anglais dans cette œuvre de réorganisation ont rassemblé des bonnes volontés éparpillées, ont eu entre les mains des éléments essentiellemeut malléables. Ils ont fait certainement beaucoup. Ils auraient pu faire plus. S'ils se sont arrêtés à un point déterminé dans leur œuvre, il ne semble pas que ce soit par impossibilité de faire davantage, mais bien par le désir très ferme de ne pas dépasser ce point, de ne pas tendre à un perfectionnement plus étendu.

*
* *

L'Égypte possède deux armées, une armée anglaise et une armée anglo-égyptienne.

La première, commandée par un général anglais, forme l'armée d'occupation. La seconde, sous les ordres du sirdar, un Anglais également, comprend des soldats exclusivement égyptiens, encadrés d'officiers anglais et indigènes. Elle est l'armée nationale.

L'armée d'occupation n'est pas gênante. C'est une remarque faite par les étrangers de toutes nationalités que les soldats anglais — les habits rouges — se tiennent tranquilles, font peu de bruit, passent presque inaperçus dans les rues. On peut vivre plusieurs jours au Caire ou à Alexandrie sans en voir un.

Ils sortent généralement deux par deux, n'ayant d'autre arme qu'une petite baguette de bois à la main. Ils ne signalent pas leur présence par quelque vacarme ou quelques cris. Le soir, ils sont plus gais, mais leur gaieté n'est pas tapageuse. Comme dans la mère patrie, les boissons sont en honneur parmi eux sous ce ciel d'Égypte. Le whisky a aussi sa place à côté du gin et du pale-ale. Silencieusement, ils pratiquent quelques libations dans les bars, puis ils rentrent à la caserne, calmes, mais légèrement chancelants. Le tableau classique bien connu des touristes est, par une délicieuse soirée étoilée, le petit « habit rouge » perché sur un âne que fait trottiner un Arabe, penchant à droite et à gauche de sa monture sans notion bien précise de ce qui se passe, donnant l'impression d'un homme qui s'étalera dans la boue un certain nombre de fois avant d'avoir atteint la porte de sa caserne.

Le soldat anglais a l'ébriété inoffensive et flegmatique, mais continue. Qu'il soit en gaieté ou non, il ne gêne personne, il n'est pas encombrant,

Les Anglais n'ont pas plus de quatre mille hommes en Égypte, en y comprenant les états-majors et les divers services. Ils ont à Alexandrie un régiment d'infanterie ; au Caire, deux d'infanterie, un de cavalerie, un d'artillerie ; à Assouan et à Ouadi-Halfa, quelques postes.

Ils n'ont pas besoin de tenir garnison dans d'autres lieux. La garde de la capitale et des frontières de la Méditerranée et du Soudan suffit pour qu'ils soient maîtres sûrement du pays. Les Romains l'avaient bien compris en n'occupant autrefois qu'Alexandrie, Babylon (emplacement du Caire actuel) et Syène, à la première cataracte.

Toute cette armée est payée sur le budget égyptien ; elle n'est pas l'un des poids les moins lourds qui pèsent sur le pays, car les soldes atteignent des chiffres qui sont relativement élevés.

*
* *

L'armée égyptienne est répartie entre le Caire, Alexandrie, Souakim, Assouan et Ouadi-Halfa. Elle se compose de 12,000 hommes environ, 8,000 Égyptiens et 4,000 nègres. D'après les firmans, l'armée égyptienne ne peut dépasser un effectif de 18.000 hommes sans le consentement de la Porte. Les hommes appartiennent quatorze ans à l'autorité militaire. Ils doivent trois ans de service actif, passent ensuite pour quatre années dans la police, puis pour sept ans dans la réserve.

La conscription existe comme en France, mais n'a pas les mêmes rigueurs. Elle est même établie sur des bases d'une originalité extrême. Le gouvernement n'a pas besoin de 3,000 soldats par an et il a à sa disposition près de 100,000 conscrits. Cette abondance d'hommes lui permet d'avoir recours à des procédés curieux, d'agir un peu à sa guise, d'épuiser toutes les phases de la fantaisie. Jusqu'à l'année dernière, tout conscrit pouvait, avant le tirage au sort, jouir du bénéfice de l'exemption moyennant 20 livres. S'il dédaignait cette formalité, le droit s'élevait alors à 100 livres. Aussi un grand nombre de jeunes appelés n'attendaient-ils pas ce jour pour s'affranchir complètement de tout service. Le budget de la guerre s'enrichissait généralement par ce moyen d'une somme annuelle de 120,000 livres.

Depuis un an, cette taxe graduée a été remplacée par une taxe uniforme de 20 livres, étendue aux grandes villes qui étaient jusqu'alors restées exemptes de service militaire en vertu d'une tolérance qui s'expliquait par la difficulté de recouvrer la taxe, faute de rien à saisir, et par l'impossibilité d'incorporer des contingents, les plus mauvais du pays. Le fellah lui, paye et obéit. Le gouvernement n'a rien perdu dans cette mesure, car la taxe de 20 livres rentre mieux et s'applique à un plus grand nombre de conscrits.

L'administration militaire pour former les nouvelles recrues prend au hasard parmi ceux qui n'ont pas jugé bon de payer le droit d'affranchissement. Elle s'arrange toujours de façon à choisir ceux dont l'état de fortune permet aux caisses du gouvernement d'absorber encore quelques milliers de livres. Chaque conscrit qui se libère est remplacé par un autre qui souvent fait encore de même. On marche ainsi d'exemption en exemption jusqu'à ce qu'on se trouve en présence d'un contingent d'environ 2,500 hommes incapables de se racheter pour la somme fixé.

On a compté que, certaines années, l'administration pourrait arriver, grâce à ce système de libérations, à un bénéfice de 400,000 livres. Mais quand elle a atteint le chiffre fixé dans le budget des recettes, elle s'arrête dans sa rage de rachats et s'oppose alors à toute tentative d'exemption.

L'appel des hommes est donc chaque année une source de revenus pour le budget. Dans les pays d'Europe, il le grève. L'Occident ne connaît pas encore les bienfaits du militarisme comme les connaît ce peuple d'Orient.

Les Anglais seuls ont pu les apprécier.

L'éducation des troupes égyptiennes a permis à un grand nombre de jeunes officiers anglais d'être pourvus de postes agréables, de conquérir rapidement de l'avancement, de se faire une situation éminemment désirable. Leur paye, plus élevée que celle d'Europe, leur est assurée par les soins du gouvernement égyptien. Leur grade, dès leur entrée dans l'armée du pays, est surélevé d'un ou deux degrés. Tel qui n'est que lieutenant devient capitaine en un jour, n'ayant d'autre mérite qu'un changement de climat.

Ce traitement de faveur n'a pas été appliqué aux officiers indigènes.

Ils n'ont pas été mis sur le même pied d'égalité que ceux qui sont, en somme, leurs égaux. Leur avancement, loin d'être encouragé, a même été limité. L'accès des hauts grades leur a été interdit. Aucun Égyptien ne peut aller au delà du grade de lieutenant-colonel. De vieux officiers indigènes ont donc pu légitimement être froissés de se voir subitement placés au-dessous d'officiers qui leur étaient comparativement inférieurs. Si l'on réincorporait les officiers anglais de l'armée égyptienne dans les régiments auxquels ils appartenaient en Angleterre, ils redescendraient de grade.

On accuse plusieurs d'entre eux de traiter avec une

certaine morgue leurs égaux indigènes, de ne pas admettre que le même rang leur donne des droits correspondants aux leurs. Ils ont d'ailleurs de qui tenir. L'incident, dit de la frontière, est trop récent pour qu'on ait oublié ce cas extraordinaire d'un sirdar, le général Kitchener-pacha, n'admettant pas que le khédive ait pu formuler des reproches sur la tenue des troupes qui avaient manœuvré devant lui à Ouadi-Halfa.

* * *

L'École militaire, qui était en pleine prospérité sous Ismaïl-pacha avec des officiers français et américains comme professeurs, a perdu de son éclat. Les Anglais l'ont laissée tomber. L'instruction qui y est donnée n'est plus suffisante. Leur ligne de conduite dans la direction de cette école montre clairement qu'ils ne veulent pas former parmi les indigènes des officiers supérieurs.

De là le reproche qu'on leur fait de ne pas remplir en Égypte le rôle qu'ils ont défini eux-mêmes, celui de civilisateur et d'éducateur.

Certainement, leur œuvre militaire est réelle.

Ils ont apporté de l'ordre dans un corps que l'orgueil d'Arabi avait sérieusement désorganisé. Ils ont dressé d'excellentes troupes et les ont encadrées de bons officiers. Ils ont enfin rendu à l'Égypte une armée. Mais pourquoi s'arrêter dans cette voie, ne pas faire l'œuvre complète ?

Ils ont répété maintes fois qu'ils n'annexaient pas ce pays, mais qu'ils l'organisaient pour le rendre plus tard à lui-même. Or, leur but très apparent est de ne l'éduquer que jusqu'à une certaine limite, de lui former des chefs qui ne dépassent pas une certaine valeur.

Il semble que leur souci constant est de ne pas laisser occuper par des indigènes des rôles importants, de les maintenir dans les rôles secondaires. On se demande pourquoi ils n'envoient pas un certain nombre d'officiers égyptiens dans les grandes armées européennes pour y faire une période instructive, pour y acquérir les connaissances nécessaires aux hauts commandements.

La perfection n'apparaît pas comme leur objectif dans leurs efforts de rénovation. Leur pensée va à des choses plus futiles, plus simples, moins dangereuses. Ils se contentent d'envoyer quelques soldats s'instruire à Londres en vue de devenir moniteurs de boxe. Ce n'est pas suffisant comme éducation militaire.

Leurs visées pour le peuple qu'ils se sont donné mission de relever auraient pu être plus hautes. Elles justifient les refus constants, opposés par la France, aux demandes d'augmentation du budget de l'armée. Les garanties que lui offrait l'Angleterre n'étaient pas suffisantes pour lui prouver qu'il ne s'agissait que du bien de l'Égypte, car à chaque augmentation de l'effectif correspondait une augmentation du nombre des officiers anglais. Ce nombre n'a pas à être accru. L'armée égyptienne est amplement pourvue d'éléments étrangers. L'élément indigène seul a besoin de soins, de bienveillance, de perfectionnement.

*
* *

L'élément, qui est sans contredit l'élément sérieux sur lequel on puisse compter en cas de guerre, est l'élément nègre.

Les bataillons soudanais constituent ce qu'il y a de mieux dans l'armée égyptienne au point de vue de la bravoure, de la résistance, de l'endurance. Ils ont toujours été placés au premier rang dans toute expédition; ils le seront toujours. Leur ardeur au combat, leur opiniâtreté dans la lutte, leur calme inébranlable devant la consigne, les désignent pour subir les premiers chocs, pour former l'avant-garde.

Le nègre est naturellement brave.

Il ne connaît pas la peur. Son courage est même cause de son orgueil. Le nègre est fier de ce qu'il est, de ce qu'il vaut. Sa fierté exige qu'il ne travaille pas, qu'il ne soit esclave d'aucun labeur. Le métier des armes seul lui semble digne d'un homme. S'il n'est pas soldat, il n'est rien ; il flâne, il vit dans la paresse et dans l'inaction. Aussi affiche-t-il un mépris profond pour le fellah qui cultive la terre et s'occupe aux travaux des champs. Le fellah remplit un métier bas et vil selon lui. Le nègre n'obéirait pas à un indigène ; il faut donc des Européens pour le commander.

Le dédain qu'il a pour l'Égyptien moins noir que lui est basé uniquement sur cet orgueil qu'il ressent d'être nègre.

Le recrutement de ces nègres du Soudan est encore plus curieux que celui des conscrits ordinaires. Il se fait par l'engagement volontaire. Quelques-uns viennent d'eux-mêmes s'engager dans les postes frontières. La plupart sont amenés par des enrôleurs qui font des tournées dans certains villages du Soudan et font comprendre aux nègres qu'en les suivant ils auront un beau costume, une arme et quinze piastres par mois.

Ceux qui se laissent persuader vont au campement égyptien le plus proche, où on les équipe. Ils y arrivent généralement dans un costume primitif, le corps nu, ayant seulement autour des reins une ceinture faite de grosses perles et de coquilles. Dès qu'ils ont été vêtus de l'uniforme de leur régiment, on leur remet un fusil. Leur joie devient alors manifeste. Leurs premières heures sont employées à contempler l'arme qu'ils ont entre les mains. Ils la touchent, la palpent, la tournent et la retournent. Ils la serrent dans leurs bras avec frénésie, ne la quittent plus, et les premiers soirs s'endorment en la pressant sur leur poitrine.

Ils deviennent en très peu de temps d'excellents soldats, très disciplinés. Ils ont un respect rigoureux pour la consigne quelle qu'elle soit. Leur inflexibilité excessive après le mot d'ordre reçu provoque souvent des malentendus fâcheux. Il n'est pas bon d'avoir affaire à eux quand ils sont de garde ou de faction.

Le nègre ne possède toutes ces qualités qu'à une condition qui est une condition *sine qua non*, c'est qu'il soit marié.

Il ne peut pas vivre dans un camp, s'il n'a pas un intérieur, une tente à lui, et dans cette tente une femme qui le soigne, fait la cuisine, chante et danse le soir devant lui. Seul, il devient triste, a le spleen et déserte.

Le premier soin de l'autorité militaire, après l'équipement et l'armement, est donc de marier le nègre.

Comme pour les hommes, des enrôleurs vont au Soudan et y recrutent des femmes. Quelquefois on s'empare de caravanes qui fournissent le nombre de femmes nécessaires. On place toutes ces futures épouses sur un rang. Les hommes sont appelés un à un, les gradés d'abord, les mieux notés ensuite. Chacun fait son choix, puis on fait venir un cadi qui scelle toutes ces unions en bloc. Les nègres sont désormais de parfaits soldats, sûrs et vaillants.

Ce genre de vie, peu en honneur dans nos casernes, nécessite une plus grande liberté. Les heures pendant lesquelles le Soudanais est indépendant sont plus nombreuses. Ses repas, il les prend dans sa tente avec sa femme et ses enfants, s'il en a. Ses nuits, il les emploie comme il l'entend; il est libre au coucher du soleil; la femme prend soin du ménage; le soir, elle chante les louanges de son époux et exécute diverses danses devant lui pour le charmer et le distraire. Les nègres tiennent par-dessus tout à ces mélopées étranges que savent les femmes, dans lesquelles l'épouse sait habilement introduire des stances élogieuses pour celui dont elle partage la tente.

La femme jouit d'une certaine considération parmi ces populations. Aussi un héros est-il appelé Akhi Banat, c'est-à-dire père des femmes, parce qu'il a fait assez d'actions d'éclat pour avoir son nom célébré dans tous les chants que disent le soir les femmes en s'accompagnant sur leurs guitares ou sur d'autres instruments.

Le nègre vit ainsi dans le bonheur le plus complet.

Chaque régiment de nègres comporte donc un régiment égal de femmes et d'enfants. Quand l'un se déplace, l'autre suit. Ils ne vont jamais l'un sans l'autre, même à la guerre. Dans les combats, les femmes marchent derrière les bataillons, crient, chantent, encouragent leurs hommes, insultent et frappent les fuyards.

Les frais sont inscrits au budget pour les femmes comme pour les hommes. Le régiment féminin a sa place dans le compte des dépenses militaires. Toute femme a droit à la demi-ration.

On s'imagine aisément quel spectacle curieux doit offrir un bataillon de nègres en marche, allant d'une garnison à une autre, traînant à sa suite, dans le sable du désert ou le long du Nil, toute cette foule désordonnée de femmes et d'enfants, chargés de bagages, d'ustensiles, de vêtements, vociférant sous le grand soleil ou chantant en chœur dans le calme du crépuscule.

⁂

Ce Soudan qui fournit à l'Égypte ses meilleurs soldats et ses lignes d'avant-garde fut longtemps propriété égyptienne. Ces deux provinces baignées par le même grand fleuve sont intimement liées par leurs intérêts. Le commerce de l'une a besoin de trouver ses débouchés dans l'autre. La dernière doit bénéficier des ressources de la première. Khartoum et Alexandrie n'étaient jadis séparées par aucune bande hostile de derviches ou de maraudeurs. Les caravanes suivaient les méandres du Nil des grands lacs au delta.

Les Anglais ont laissé le Soudan se fermer pour l'Égypte. Le Mahdi eut raison de toutes les troupes anglaises, de Gordon comme du général Hicks. Les deux provinces devinrent ennemies dès que les Anglais occupèrent l'une.

La question du Soudan librement ouvert au négoce et au commerce étant une question capitale pour l'Égypte, il importait à l'Angleterre de préparer l'Égypte à une reconquête du Soudan. Pendant quatorze ans, l'armée égyptienne campée aux premières cataractes est restée dans l'expectative, gardant les frontières de la Nubie, entrevoyant au delà des sables les plaines fertiles dérobées à la civilisation par un nouveau prophète, destinées à rester inconnues pour les Européens de par la volonté du khalife d'Omdourmam, successeur du Mahdi. Les Anglais jugeaient inutile ou dangereuse toute tentative d'expédition, toute entrée en campagne des troupes égyptiennes.

Brusquement, aujourd'hui, sans motif préalable, sans préparation aucune, sans études, sans certitude du succès, le sirdar a franchi la frontière, a entraîné à sa suite l'armée indigène sur les terres de l'émir de Dongola, vassal du khalife. La guerre est déchaînée en plein été, dans ces époques de chaleur torride où le mouvement devient impossible sous ces latitudes, où le soleil brûle tout ce qu'il atteint. Jamais expédition ne fut entreprise dans d'aussi mauvaises conditions.

La mission que l'Angleterre prétend avoir de gouverner l'Égypte au mieux de ses intérêts peut comporter la réorganisation de l'armée ; elle ne comporte pas la conquête du Soudan par des officiers à elle.

Ceux qui ont vécu dans ces pays d'Afrique où le fanatisme antichrétien acquiert des proportions considérables, savent que la lutte aurait une acuité moins vive, pourrait perdre en gravité et en durée, si le désir de vaincre ne mettait aux prises que des ennemis de même croyance, de même religion. L'opinion qui s'accrédite, que les troupes du khalife sont démoralisées et ne retrouveront leur vigueur et leur soif de résistance qu'en face du péril chrétien, se renforce de celle qu'une expédition exclusivement musulmane pourrait marcher à travers les provinces perdues du Soudan sans rencontrer une opposition sérieuse, entrer dans Khartoum et dans Omdourman avec plus de facilité et de certitude.

L'armée égyptienne, à défaut de chefs indigènes non formés pendant quatorze ans d'administration anglaise, peut avoir des officiers turcs. Il en est, comme le représentant du sultan en Égypte, le ghazi Mouktar-pacha, qui ont fait leurs preuves. Là où peuvent échouer des chrétiens, dit-on couramment au Caire, des musulmans pourraient réussir. Le drapeau du sultan, suzerain du khédive, flotterait plus aisément sur le palais du khalife que le drapeau britannique.

V

LA JUSTICE

L'arbitraire d'autrefois. — Les juridictions consulaires. — Le procès de la caisse de la Dette. — Nubar-pacha et la réforme judiciaire. — Les tribunaux mixtes. — Les tribunaux indigènes. — L'intérieur du tribunal. — Avocats et magistrats. — L'immixtion anglaise dans la justice. — La révolution causée par la réforme.

Le temps est loin où un malheureux Égyptien des provinces, maltraité par son gouverneur qui lui avait enlevé sa femme et qui le faisait assommer à coups de courbache, mourait sous la bastonnade, s'écriant : « Il n'y a de justice qu'au tribunal de Dieu ! »

Grâce au ciel, s'il y a des juges à Berlin, il y en a également aujourd'hui au Caire. Tous ceux qui se sentent lésés dans leurs droits, ont depuis quelques années espoir de voir leurs réclamations jugées avec impartialité autre part qu'au seul tribunal suprême de l'autre monde.

Le temps est loin aussi des juridictions consulaires, vestiges de ces capitulations qui rendirent et rendent encore tant de services aux sujets chrétiens des puissances européennes éparpillés dans les provinces de l'empire ottoman, mais qui n'étaient plus en harmonie, au point de vue judiciaire, avec les besoins de justice et d'égalité dont notre époque sentait l'absolue nécessité.

Ces organisations qui datent de François Ier furent utiles en d'autres temps, mais devinrent peu à peu des sources de conflits entre les représentants des divers pays et donnèrent lieu à des contestations et à des confusions telles qu'elles aboutissaient à une absence évidente et intolérable de toute justice.

Les indigènes n'étaient guère régis que par l'arbitraire. Les étrangers obéissaient à leurs législations respectives que leur appliquaient leurs consuls, mais échappaient la plupart du temps à toute poursuite par ce fait même de la multiplicité des tribunaux. Il était de toute nécessité qu'une réforme vînt mettre quelque ordre dans cette anarchie, dispersât les nombreux abus, soumît tout le monde à une loi uniforme, établît enfin une véritable justice.

Cette réforme fut lente à se produire.

Elle rencontra des résistances longues et opiniâtres pendant de nombreuses années. Elle aboutit enfin en 1876, grâce aux efforts persévérants de Nubar-pacha, et dota l'Égypte de ces tribunaux mixtes et indigènes qui lui assurèrent une juridiction équitable et la délivrèrent de toute iniquité.

Vingt ans d'existence ont affirmé ses bienfaits. Un procès récent, celui où les commissaires français et russe à la caisse de la Dette attaquèrent devant le tribunal mixte du Caire la décision, selon eux illégale, des commissaires anglais, allemand, autrichien et italien, tendant à allouer 500,000 livres au gouvernement égyptien pour les frais de l'expédition du Soudan, a prouvé l'indépendance des juges, a justifié l'utilité d'une réforme qui a arraché un peuple à l'arbitraire et à l'illégalité.

Il est un proverbe arménien qui dit : « Plante un arbre, il te servira ; plante un homme, il te déplantera ! » Certaines puissances doivent méditer sur la véracité de ce proverbe appliqué aux juges du Caire. Les tribunaux mixtes institués par accord international, reconnus unanimement indispensables à la bonne marche des affaires, fonctionnant sous la lointaine surveillance de l'Europe, ont, par le jugement rendu le 1er juin 1896, mis en mauvaise posture les gouvernements qui s'étaient hâtés d'appliquer à des préparatifs militaires les fonds de réserve qui constituent la garantie des porteurs de titres égyptiens. Les puissances ne peuvent pas ne pas s'incliner devant l'arrêt d'une juridiction qu'elles ont contribué à établir, à qui elles ont délégué les pouvoirs judiciaires qu'elles tenaient d'anciens traités. Nier son autorité serait se faire injure à elles-mêmes. Tout au plus certaines d'entre elles peuvent-elles regretter de s'être un jour dessaisies de certains privilèges en faveur d'une organisation qui les blesse si rudement aujourd'hui.

*
* *

La réforme judiciaire eut sa première application en 1876.

Ce fut l'une des meilleures œuvres faites au profit de l'Égypte. De là seulement date pour les Égyptiens une ère de réelle indépendance et d'affranchissement. Nubar-pacha portera dans l'histoire la gloire d'avoir mené à bien cette grande idée d'une justice égale pour tous, dans un pays où elle ne l'était pour personne. Si l'Égypte l'appelle le père de la réforme, c'est qu'à juste titre son nom doit être évoqué quand il est question des institutions judiciaires.

Il était difficile jadis, souvent impossible même, à un indigène, d'avoir raison d'un Européen avec lequel il était en discussion. Celui-ci n'était responsable que devant son consul, jouissait de toutes sortes d'immunités inscrites au livre des capitulations. Il lui était loisible même de changer de nationalité, d'invoquer tel consul après tel autre, de traîner indéfiniment son adversaire de tribunal consulaire en tribunal consulaire, de lasser la patience du malheureux Égyptien. Celui-ci, désarmé pour ainsi dire vis-à-vis de l'étranger, ne l'était pas moins vis-à-vis des autorités locales. Là, les abus les plus violents se commettaient. Les exemples d'arbitraire variaient à l'infini.

Un pays essentiellement cosmopolite comme l'Égypte, où le mouvement des allants et venants tendait à s'accroître de jour en jour, ne pouvait pas rester sous des règles pareilles. Il lui fallait une loi unique, des tribunaux de même espèce, succédant aux dix-sept tribunaux consulaires appliquant les dix-sept lois de leurs pays respectifs. Tout individu devait avoir la certitude de rencontrer une justice impartiale et égale. Cette justice sûre, la réforme de Nubar-pacha la donna à l'Égypte.

Les tribunaux sont de deux espèces : il y a les tribunaux mixtes et les tribunaux indigènes.

Les premiers ont remplacé les juridictions consulaires. Ils jugent en matière civile et commerciale dans toutes les affaires pendantes entre indigènes et étrangers ou entre étrangers de nationalités différentes, même entre gens de même nationalité, mais seulement pour les questions immobilières. Ils sont au nombre de trois, l'un au Caire, l'autre à Alexandrie, le troisième à Zagazig.

Ils se composent chacun de sept juges, quatre étrangers et trois indigènes, mais cinq seulement rendent les sentences, trois étrangers et deux indigènes. Les sept juges nomment l'un d'entre eux comme président. Celui du tribunal du Caire est actuellement un Français.

Quatorze puissances ont droit d'être représentées dans ces tribunaux.

Les juges sont nommés par le khédive sur la proposition des gouvernements étrangers intéressés. La France compte deux juges, plus deux conseillers à la cour d'appel mixte qui siège à Alexandrie.

La cour est composée de onze magistrats, sept étrangers et quatre indigènes. Huit seulement rendent les sentences, cinq étrangers, trois indigènes. Le président est également un Français.

Tous les juges sont nommés à vie, mais les tribunaux mixtes ne sont institués que pour cinq ans et doivent être prorogés chaque fois pour une période égale. Les deux langues officielles en matière judiciaire sont le français et l'italien, le français surtout.

Il y a deux sortes de tribunaux indigènes : les tribunaux religieux qui connaissent de toutes les questions relatives au statut personnel, soit le mariage, les successions, l'état et la capacité des personnes, et les tribunaux civils, qui sont les tribunaux indigènes proprement dits et qui jugent toutes les questions civiles, commerciales et pénales.

Il y en a un partout, dans toutes les villes importantes. La cour d'appel indigène est au Caire. Les juges sont nommés par le gouvernement égyptien, qui les choisit à son gré; il y a naturellement surtout des indigènes, et aussi des Européens, mais pas un Français.

Ces tribunaux indigènes, comme les tribunaux mixtes, ont une organisation semblable à celles des tribunaux français. Ils furent établis en 1883 par Nubar-pacha. Le ministère public est recruté parmi les jeunes Égyptiens ayant fait leurs études en France. Cette juridiction indigène complète heureusement le système judiciaire établi par la réforme.

*
* *

Une chambre du tribunal ne diffère pas beaucoup d'une chambre française. C'est la même table en hémicycle derrière laquelle s'asseoient les juges, les deux mêmes sièges où se tiennent d'un côté le procureur général, de l'autre le greffier. Seul, un grand tableau sur lequel est tracé en lettres arabes un verset du Koran remplace au-dessus du président le Christ légendaire de nos salles des palais de justice.

La tenue des magistrats ne ressemble en rien à celle des nôtres. La robe et le bonnet n'existent pas. Le tarbouch rouge et la stambouline noire qui constituent la tenue officielle en Égypte sont de même de rigueur dans les tribunaux. Une écharpe aux couleurs verte et rouge, portée en sautoir, est le seul signe distinctif de la magistrature assise et debout. Les avocats portent la robe noire et le bonnet noir comme les avocats français. Quelques-uns, à l'exemple des avocats italiens, remplacent le bonnet par un béret noir ayant quelque analogie avec un béret de marin.

*
* *

Cette organisation judiciaire fonctionne admirablement. Les services qu'elle rend au pays sont immenses. Chacun sait qu'il y a maintenaut en Égypte des juges entièrement indépendants, insouciants de la faveur ou de la colère gouvernementale. Les Anglais ont trouvé en Égypte la réforme toute faite. Elle a continué d'exister sous leur occupation, mais on ne peut pas dire qu'ils soient pour quelque chose dans son bon fonctionnement.

Les tribunaux mixtes leurs plaisaient médiocrement. Ils sentaient qu'en eux résiderait la résistance à toute mesure vexatoire, à tout empiétement de leur part, qu'en cas d'abus, c'est à eux que l'on aurait recours contre leurs prétentions. Ils ne se trompaient pas. L'affaire récente de la caisse de la Dette en est la preuve évidente. Aussi ont-ils cherché par tous les moyens à restreindre leur juridiction. Pour cela, ils ont aidé puissamment à l'organisation des tribunaux indigènes, pensant que le bon fonctionnement de ceux-ci pourrait peut-être un jour convaincre l'Europe de l'inutilité des premiers et favoriser leur suppression. Leurs efforts ont été vains. Il n'est personne qui ne se rende compte des dangers que la liberté courrait le jour où les tribunaux mixtes céderaient la place à des tribunaux indigènes sur lesquels l'Angleterre a forcément la main.

Un jour, le tribunal mixte eut à juger une action immobilière intentée par un indigène contre un autre indigène. La cour d'appel déclara qu'il était incompétent. Le tribunal ne cessa de proclamer sa compétence. Sur l'instigation de l'Angleterre, le gouvernement égyptien demanda aux puissances de consacrer officiellement l'incompétence admise par la cour dans cette matière. La France s'y opposa. Elle savait bien que plus on laissait aux tribunaux mixtes et plus on enlevait aux tribunaux indigènes, plus on enlevait de pouvoir à l'Angleterre qui tenait un peu ceux-ci sous sa tutelle, plus on internationalisait l'Égypte. Les puissances ne purent sur cette question faire un accord unanime et le *statu quo* fut maintenu.

Les Anglais, voyant qu'il leur serait impossible d'arriver à leurs fins contre les tribunaux mixtes, les laissèrent tranquilles et s'appliquèrent à absorber les tribunaux indigènes. Ils y firent nommer le plus de créatures à eux, beaucoup d'Anglais, et pas mal de Belges qui avaient l'avantage de connaître le droit français, qui est le droit en vigueur. Par suite, ils se refusèrent à consacrer l'inamovibilité des magistrats indigènes, et ils viennent de tenter de subordonner le ministère public à la police, qui est anglaise.

Ils ne veulent pas d'un parquet indépendant. Ils veulent avoir les enquêteurs dans la main, et, pour cela, ils veulent essayer de remettre certaines des attributions du parquet à leurs agents de police.

Cette volonté de donner la première place à la police est manifeste. Le parquet d'Alexandrie s'aperçut un jour que les bureaux de police ne lui envoyaient pas les dossiers de certaines affaires. Il écrivit au chef de la police, qui répondit par un refus. Le parquet, fort de la loi, porta l'affaire au Caire, où une commission décida que les dossiers devaient, en effet, être communiqués. Mais le chef du parquet fut déplacé.

Cette tendance à absorber de plus en plus la justice s'est clairement dévoilée dans cette institution récente d'un tribunal spécial pour juger les crimes et les délits commis par des indigènes contre des soldats anglais. Cette institution a soulevé les plus justes récriminations.

On comprend difficilement comment l'Angleterre qui

est le pays où les juges ont le plus de pouvoir se laisse aller à ces abus de force.

Ceux qui ont charge de ses intérêts en Égypte ont certes quelquefois des heures d'oubli. Un haut fonctionnaire de l'administration judiciaire n'adressa-t-il pas un jour à un juge une note dans laquelle il déclarait ne pas admettre sa manière de voir dans un jugement qu'il avait rendu ? Le juge, un indigène, docteur en droit de la Faculté de Paris, s'arma de livres et de documents et s'efforça de convaincre son chef qu'il avait bien jugé. Le lendemain, une circulaire fut envoyée du ministère à tous les juges, leur enjoignant de ne pas faire d'observations quand une note leur était adressée.

L'Angleterre base un peu trop le droit sur ses intérêts. En France, on en a certes une plus haute idée.

On comprend sans peine que les indigènes préfèrent souvent la juridiction des tribunaux mixtes à celle des leurs et la choisissent. Ils entrevoient chez eux une indépendance que le procès de la caisse de la Dette a rendue manifeste encore.

C'est ainsi que les étudiants de l'Université d'El Azhar, qui sont les plus fanatiques conservateurs des anciennes coutumes du pays, n'ont pas hésité, après leur collision avec la police du Caire au sujet des mesures anti cholériques qu'on voulait leur imposer, à poursuivre l'officier anglais de police au lieu du gouverneur du Caire, afin que l'immixtion d'un Européen dans leur affaire la fasse relever des tribunaux mixtes et non des tribunaux indigènes. Ce fait est la caractéristique de la révolution profonde que Nubar-pacha opéra par sa réforme dans les mœurs musulmanes.

Les tribunaux mixtes sont la ressource de tous ceux

qui se croient lésés. Ils ont véritablement la garde de la justice.

S'il est bon d'avoir une très grande reconnaissance pour ceux qui les ont institués et les ont maintenus, il est permis de n'avoir qu'une admiration médiocre pour cette administration occupante qui proposa à l'emploi d'inspecteur des tribunaux un ancien sergent d'armes à l'armée des Indes, et qui eut un jour cette idée de génie de supprimer, par mesure d'économie, l'un des trois juges à chaque tribunal indigène et de n'en laisser que deux avec voix prépondérante pour celui d'entre eux qui serait le président.

VI

Lord Palmerston. — Flaubert. — Rechid-pacha. — Baroche. — Histoire d'un condottiere de Sienne. — Le jugement de l'histoire.

Lord Palmerston à qui on voulait démontrer de quel avantage la possession de l'Égypte, placée sur la route des Indes, serait pour l'Angleterre, répondit ceci : « Qu'avons-nous besoin de l'Égypte !... Quand je vais en Irlande dans mes propriétés, ai-je besoin que toutes les villes, tous les hôtels, se trouvant sur la route, m'appartiennent !... Pourvu que les relais soient garnis de chevaux, que les hôtels soient confortables, que la route soit sûre et bonne, c'est tout ce que je demande. »
Les successeurs du ministre anglais ont changé quelque peu d'avis. Le péril britannique ne naquit pas cependant du jour au lendemain. Pour beaucoup d'esprits avisés, il était évident depuis longtemps. On sait qu'en 1850 notre grand romancier Flaubert, parcourant la vallée du Nil, prédisait la main-mise certaine de l'Angleterre sur l'Égypte pour un jour qui ne pouvait être très éloigné. De même, quand il fut question de construire un chemin de fer d'Alexandrie à Suez pour relier les deux mers, Rechid-pacha qui était grand vizir et l'ambassadeur de France à Constantinople déclarèrent que c'était livrer l'Égypte à l'Angleterre.

« Ce chemin de fer, dit alors Baroche à Nubar-pacha, est une épée flamboyante dans le sein de la France. Chaque station de cantonniers se changera peu à peu en colonie anglaise. »

Tous avaient raison. L'indifférence de Lord Palmerston ne devait pas être partagée par ses compatriotes. Elle ne fut partagée que par nous — par le gouvernement français d'alors, du moins — au moment du trop fameux bombardement d'Alexandrie par l'amiral Seymour. Ce jour-là, nous commîmes la faute que les années successives rendent de plus en plus évidente, et malheureusement peut-être, irréparable.

La solution de la question d'Égypte apparaît de jour en jour comme offrant plus de difficultés. D'autant plus que notre temps recule devant les mesures énergiques que d'autres époques adoptaient cependant avec enthousiasme. Il me revient à ce propos une anecdote caractéristique.

Les citoyens d'une ville italienne du moyen âge avaient engagé pour une guerre qu'ils soutenaient contre une ville rivale un condottiere fameux. Ce condottiere s'était couvert de gloire, avait illustré le nom de ceux pour lesquels il combattait. Le moment venu de lui décerner une récompense proportionnelle aux services qu'il avait rendus, l'assemblée des citoyens reconnut unanimement que rien, même l'autorité suprême sur leur territoire, ne pourrait être une récompense suffisante. L'assemblée était dans le plus profond embarras. Un citoyen la sauva par une proposition qui rallia tous les suffrages. « Tuons-le, dit-il, puis nous lui décernerons le titre de patron de la cité. »

Cet hommage, digne des temps mythologiques, fut rendu au condottiere.

Les Égyptiens devraient s'inspirer de cet exemple. En récompense d'une évacuation, pourquoi ne décerneraient-ils pas aux Anglais le titre de bienfaiteurs de l'Égypte ?

L'histoire saurait rétablir la vérité.

FIN

TABLE DES MATIÈRES

PREMIÈRE PARTIE

I. — LES PREMIÈRES IMPRESSIONS.

Pantagruel et l'Afrique. — L'ahurissement du début. — Terre familière. — Le débarquement. — Le troisième acte de *l'Africaine*. — Portefaix et cochers. — Les Alexandrines — Le mal de terre. — A travers le delta. — La poussière. — Les ennemis de la rue. — Un peuple de désœuvrés. — Le communisme en Égypte. — Le règne de la somnolence. — Un carnaval perpétuel. — Les fâcheux. — Les maux nécessaires. — Angleterre et France. — Les nuits étoilées. 3

II. — TOUT LE LONG DES RUELLES ARABES.

Le Caire. — Flânerie au quartier arabe. — Un labyrinthe inextricable. — Les mouches. — Ville morte et ville en effervescence. — La foire des races. — Ruines et décombres. — Le règne de la vétusté. — Les bons baudets. — Don Quichotte et Sancho Pança. — Échoppes et bazars. — La populace marchande. — Apathie générale. — La lutte contre le soleil. — La pluie inconnue. — Le jeu et les joueurs. — Le dieu Thoth. — Les cafés. — La foule qui passe. — Arroseurs et vendeurs de boissons. — Saïs et aveugles. — Ce que pense le santon. — Le Caire à la nuit tombante. — Le drapeau de la citadelle. . 16

III. — LES PYRAMIDES ET LE SPHINX.

Un Anglais sceptique. — L'œuvre de Dieu. — Déception première. — La route des Pyramides. — Le charme du paysage. — Le khédive Ismaïl et l'impératrice Eugénie. — Les quémandeurs de bagchich. — Les guides. — L'évocation du passé. — De Chéops à Napoléon. — Une idée de Méhémet-Ali. — Loin de la verdure. — Mena-house. — Un funiculaire. — La terrasse de l'hôtel. — L'ascension de la Grande Pyramide. — Une improvisation. — Victime des Bédouins. — La plate-forme. — Un panorama splendide. — La descente. — Une fantastique smala. — L'intérieur de la pyramide. — La chambre de Chéops. — Le sphinx. — L'heure féerique. 31

IV. — LE CHARMEUR DE SERPENTS.

La verge d'Aaron. — Les psylles. — Maxime du Camp et Geoffroy Saint-Hilaire. — La chasse aux reptiles. — Un charmeur. — L'incantation. — Fascination réelle ou supercherie. . . . 50

V. — UN MARIAGE PRINCIER.

L'évocation des *Mille et une Nuits*. — Comment la fête devrait être. — L'imagination européenne. — Le rôle de la fable en Orient. — Le respect des traditions. — Comment la fête est. — Le palais du khédive. — Les jardins de Koubbeh. — Lampions, tentes et chanteurs arabes. — Les mœurs d'Orient. — La séparation des sexes. — Réception des hommes. — Réception des femmes. — Les appartements nuptiaux. — Le cortège féminin. — La chasse aux sequins. — Les soupers en plein air. — La reconstitution des couples. — Le départ. — Mélancolie. — Une fantaisie de khalife. 55

VI. — LE COUVENT DES BECTASCHITES.

La vie de Bectasch. — Gens de couvent. — La Thébaïde. — Derrière la citadelle. — Un chaos. — Sur les flancs du Mokattam. — Le tombeau du cheik. — Les moines. — Saint Spiridion. — Les trois prophètes. — Un thé dans une caverne. — Violettes du désert. — La légende de la colombe. — Le pavillon rose. — La plaine du Nil. — Le cataclysme final. 67

VII. — DU CAIRE A LA PREMIÈRE CATARACTE.

I. — Le *Nefertari*. — L'agence Cook et Son. — Le fleuve sacré. — Les crues du Nil. — Le défilé des barques aux voiles blanches. — Les esprits familiers du vieux Nil. — Malech. — Sacrifices de vierges. — Les compagnons de voyage. — Les enlèvements. — Le voyage en zig-zags. — La litanie du bagchich. — Les nomades de la rive. 85

II. — La statue de Ramsès. — Les bois de palmiers. — L'archéologie et la nature. — Les pyramides de Sakkarah et de

TABLE DES MATIÈRES

Dachour. — La lutte avec les âniers. — Trop de baudets. — Comme des hallebardiers. — Les caravanes. — Arrêts dans les villages. — Les hurlements de la populace. — Coucher de soleil et lever de lune. — Une marche nocturne dans la campagne. — Scènes macabres.   98

III. — Les légendes du Nil. — La montagne de l'Oiseau. — Ce qui reste des villes antiques. — Antinoüs. — Les couvents coptes. — Le couvent de la Poulie. — Le ciel d'Égypte. — Rêverie à bord. — Embarquement et débarquement d'indigènes. — Mêlée indescriptible. — L'agent de police et sa courbache. — Les sucreries de Cheik-Fadl. — Les îles du Nil. — Les vols d'oiseaux. — Les marchands d'étoffes. — D'un étage de bateau à l'autre. — Assiout. — L'ermite de la cité des Loups 111

IV. — Abydos. — La fente sacrée. — L'amenti. — Le temple d'Osiris. — Pourquoi il est si difficile d'aller aux ruines d'Abydos. — Les brigands fictifs. — Un complot contre touristes. — En route pour le temple. — Immense sécurité. — L'intelligence des drogmans. — Comment il fut parlé de Madagascar dans le désert. — Les oiselets des ruines. — Le temple de Séti. — Le retour à Bellianah. — Tartarin. 126

V. — L'approche de la Thébaïde. — Les anachorètes d'autrefois. — La grande obscurité. — *Fantasia*. — Les almées. — Une halte à Farchout — Danses sinistres. — Dendérah. — Le temple d'Hathor. — La salle hypostyle. — Les dîners Cook. — Les ânes aux noms historiques. — Nus comme Adam et Ève. — *Antique !* — Le grincement des sakiehs. — Les chadoufs. — L'éternelle plainte. 137

VI. — Thèbes. — La nuit au milieu des ruines de Karnak. — Une hallucination. — Éboulement de colosses. — Les chiens lugubres. — La grande salle aux colonnes géantes. — Le temple de Luxor. — Une mosquée perdue. — Les agents consulaires. — France et Allemagne. — Les lauriers d'un drogman. — Les deux rivaux. — L'hôtel de Luxor. — La vallée des rois. — Les funérailles royales. — Les petites fellahines. — Histoire de Fatma. — Ruses féminines. — Les tombeaux des Ramessides. — Le temple de Deïr-el-Bahari. — Un rythme de chanson qui doit avoir plus de quarante siècles. — Les colosses de Memnon 151

VII. — Assouan. — La fin du Nil. — Une ville blanche. — Le commerce du Soudan. — Les bazars. — *Khartoum* — Les

30.

Bicharis. — Histoire d'une poudrière et d'une sentinelle. — L'île de Philae. — L'inscription des soldats de Desaix. — Le temple. — Le barrage. — Les Anglais et la destruction de Philae. — Égoïsme britannique. — La première cataracte. — A travers les brisants. — Les rameurs. — Les nègres plongeurs. — L'étoile du Sud 169

VIII. — Tristesse du retour. — La descente du Nil. — Une apothéose de sable. 184

VIII. — AU PAYS DU MAHDI.

L'arrivée de Slatin à Assouan. — Le dernier prisonnier des derviches. — L'agence d'Autriche. — A propos d'une contestation. — Boab et saïs. — Gordon. — Au Darfour. — La révolte du Mahdi. — Le nouveau prophète. — Devant Khartoum. — La prise de la ville sainte. — Omdourman. — La mort du Mahdi. — Le khalife Abdullah. — Les ruines de Khartoum. — Les derviches. — Les forces du khalife. — Une expédition au Soudan. — Les ressources des captifs. — Un ami inconnu. — L'oiseau providentiel. — Préparatifs de fuite. — Le chamelier libérateur. — Une fuite éperdue. — En Égypte. — Le Soudan à feu et à sang. — Slatin-pacha. . . 187

IX. — ALEXANDRIE.

La ville antique. — Les lettrés et les marchands. — Une ville d'affaires. — Le cosmopolitisme et l'indépendance d'Alexandrie. — La municipalité. — Une cité hospitalière. — La populace. — Centre d'émeutes. — La politesse alexandrine. — La liberté de la rue. — Pas de ruines. — Le triomphe de l'histoire. — Les voies et les maisons. — Les clubs. — Le *phare d'Alexandrie.* — Le canal Mahmoudieh. — Le jardin de Nubar-pacha. — Ramleh. — Le vieux port. — Un coin délicieux. — Les quais nécessaires. — Les cotons. — Ras-el-Tin, — L'hôpital du gouvernement. — La spéculation. — L'amertume du départ. — Les ennuis de la douane. — Fantaisie d'employés. — Mesures absurdes. — En mer. — La dernière pensée. 203

DEUXIÈME PARTIE

I. — LE KHÉDIVE ABBAS-HILMI.

L'avènement. — L'ordre de succession. — Le firman d'investiture. — Les mentors du vice-roi. — Un rêve légitime. — Sympathies égyptiennes. — Nécessités occidentales. — Les intrigues du palais. — La retraite au désert. — Les palais d'Abdin et de Koubbeh. — La journée du khédive. — Ses essais et ses créations. — Le théâtre. — Un mariage princier. — L'hospitalité orientale. — Nubar-pacha. — Une réception par le souverain. — Le tribut à la Turquie. — La vassalité à l'Angleterre. — Le vieillard d'Arcadie. 219

II. — L'INFLUENCE FRANÇAISE.

Le vaisseau fantôme. — Plus de Malte. — L'empreinte française. — Force morale. — Les ahurissements d'un voyageur français. — Un doyen de faculté. — Les impressions d'un flâneur. — La langue dominante. — Un mort bien vivant. — *Franghi* et *Inglisi*. — Le soulèvement d'Arabi. — Le départ de l'amiral Conrad. — Le rêve de Napoléon. — La commission de savants. — Une œuvre de régénération. — Méhémet-Ali et la France. — Le colonel Selves et l'armée. — Les écoles. — Les travaux des ingénieurs. — Les bienfaiteurs de l'Égypte. — Sennachérib. — L'eau du Nil. 230

III. — LES ÉCOLES FRANÇAISES.

L'influence de l'École. — Jules Simon. — L'appui constant de la France. — La prépondérance des établissements religieux. — Les jésuites. — Les frères des Écoles Chrétiennes. — Les missions africaines de Lyon. — L'Alliance française. — Les écoles coptes d'Égypte. — Les écoles de filles. — Les sœurs de Saint-Vincent-de-Paul, du Bon-Pasteur, de la Mère de Dieu, les Franciscaines, etc.. — Quelques statistiques de religions et de nationalités. — L'École française de droit. — L'École khédiviale de droit. — L'École normale. — L'École des Arts et Métiers. — L'École Kléber. — L'Orient silencieux. — Notre grande auxiliaire. — Une fête chez les jésuites. . . 242

IV. — QUESTIONS RELIGIEUSES.

La messe consulaire. — Une manifestation française. — L'église du Mouski. — Les honneurs rendus au ministre de France. — L'union religieuse en Orient. — *Dieu sauve la République française*. — La protectrice des intérêts catholiques. — Les capitulations. — Un protectorat exclusif. — De François Ier à nos jours. — La religion franque. — Un droit de préséance. — La question copte. — Les coptes schismatiques et les coptes rattachés à Rome. — Les droits de l'Autriche. — Venise et le traité de Campo-Formio. — Les Franciscains réformés. — La mission du Soudan. — Une faute. — Le ministre d'Autriche à la messe consulaire copte. — La fusion des Églises. — Le cardinal Langénieux au Caire. — Le monopole des protectorats. — Du haut d'une chaire 260

V. — CHOSES DE FRANCE.

La colonie française. — Les députés de la nation. — Le Cercle français. — Un dualisme. — Les locaux du Cercle. — Un peu d'intransigeance. — Les qualités françaises. — Une œuvre utile. — La presse. — « Le Bosphore égyptien. » — Le théâtre khédivial. — *Aïda*. — Les œuvres représentées. — Les loges de harem. — L'agence de France 273

VI. — L'ŒUVRE DE L'ANGLETERRE.

I. — Ce qui se passait 4500 ans avant notre ère. — La légende de Noverkara. — La légende de l'Égypte. — Les dominations étrangères à travers les siècles. — Les responsabilités de l'Angleterre. — Quatorze années de tutelle. — Une parabole de grand vizir. — Une impression générale. — Pas de traces de l'influence britannique. — Qui a éduqué l'autre ? — L'incertitude du lendemain. — Une colonie à fonctionnaires. — Comme un rêve 282

II. — Jadis. — D'Alexandrie à Khartoum. — La sécurité publique. — Les complexités des questions orientales. — Les imaginations trop vives. — Le Caire et Venise. — Danger nul. — Rixes d'indigènes. — Vieillards protecteurs. — L'erreur des Occidentaux. — L'élément pondérateur. — A la sauce poivrade. — Opposition inutile. — L'intrusion anglaise et l'inimitié égyptienne. — Le règne de la stabilité. — Ce qui se dit sur le rôle de la France. — Nécessité d'une administration solide. — Slatin et le Soudan. — L'âge d'or de la sécurité. —

L'arbitraire des grands. — La terreur des pachas et du peuple. — Mœurs patriarcales. — Les coutumes d'autrefois. — Changement de régime. — Pourquoi il y a eu faute. — La police. — La fin du brigandage. 291

III. — Ce qui se passe aux champs. — Un usurier. — La condition du fellah. — La poule aux œufs d'or. — La plaie du fonctionnarisme. — Misérable pour jamais. — Les impôts. — La péréquation. — La corvée et la courbache. — Le sac de farine. — La langue française. — Les méfaits du bagchich. — Les invasions des touristes. — Trop de mendiants. — La vieille hospitalité indigène. — Les procédés turcs. — Lord Cromer et les Égyptiens. — Le parti national. — La jeune Égypte. — L'énergie anglaise. — La fiction turque. 307

IV. — L'ARMÉE.

Les colonels d'Arabi. — Le fellah sous les armes. — Le régiment qui passe. — Les chansons de marche. — Les timbaliers. — L'armée d'occupation. — L'armée anglo-égyptienne. — Les bizarreries de la conscription. — Officiers anglais et officiers indigènes. — L'école militaire. — Les bataillons soudanais. — Le nègre. — L'enrôlement au Soudan. — Le mariage des noirs. — La vie au camp nègre. — La conquête du Soudan 321

V. — LA JUSTICE.

L'arbitraire d'autrefois. — Les juridictions consulaires. — Le procès de la Caisse de la Dette. — Nubar-Pacha et la réforme judiciaire. — Les tribunaux mixtes et les tribunaux indigènes. — L'intérieur du tribunal. — Avocats et magistrats. — L'immixtion anglaise dans la justice. — La révolution causée par la réforme. 337

VI. — Lord Palmerston. — Flaubert. — Rechid-Pacha. — Baroche. — Histoire d'un condottière de Sienne. — Le jugement de l'histoire 347

PARIS. IMP. FERD. IMBERT, 7, RUE DES CANETTES.

 Armand Colin & Cie
ÉDITEURS
5, rue de Mézières, Paris.

PAGES CHOISIES DES GRANDS ÉCRIVAINS

Balzac (G. Lanson). 1 vol. in-18 jésus, broché, **3 fr. 50**; relié toile. . . . . **4** »

Ce volume contient des récits extraits des principaux romans de Balzac : *la Maison du chat qui pelote*, les *Mémoires de deux jeunes mariées*, *la Femme de Trente ans*, *Béatrix*, *Eugénie Grandet*, *Pierrette*, *le Curé de Tours*, *les Deux poètes*, *le Père Goriot*, *César Birotteau*, *la Cousine Bette*, *le Cousin Pons*, *les Paysans*, *la Recherche de l'absolu*. On a donné une grande partie du *Colonel Chabert*. Ces morceaux ont été très rigoureusement choisis pour pouvoir être lus de tout le monde. On a préféré en restreindre le nombre et en augmenter l'étendue : des récits un peu amples et suivis seront toujours plus intéressants. On a écarté certaines œuvres très connues et très innocentes, précisément parce que ce sont celles qu'on met aux mains de tous les jeunes gens et jeunes filles : il était donc inutile de les représenter ici. Ainsi *Ursule Mirouet*, *Modeste Mignon*. On a fait une place à *Eugénie Grandet* et à *la Recherche de l'absolu* pour leur exceptionnelle valeur. On a essayé de présenter Balzac par les meilleurs côtés de son génie : il est incomparable dans l'expression des types bourgeois et de la vie provinciale; c'est ce que l'on trouvera surtout ici; au contraire, le mauvais roman et le fantastique obscur ont été écartés. Ce volume pourra guider les jeunes esprits vers l'observation des caractères et la connaissance de la vie. Une étude composée d'après la correspondance de Balzac fait connaître l'homme, sa vie, son humeur, ses goûts, tout ce qui peut, dans l'homme, expliquer l'œuvre. Des notices précèdent les extraits, toutes les fois qu'il est nécessaire, pour mettre le lecteur au courant des données du roman et des faits antérieurs.

PAGES CHOISIES DES GRANDS ÉCRIVAINS

Chateaubriand (S. Rocheblave). 1 vol. in-18 jésus, broché, **3 fr. 50**; relié toile. . . . . . **4** »

On ne lit plus guère aujourd'hui Chateaubriand *in extenso*. Il a trop d'art pour nos façons expéditives; son verbe est trop ample pour notre goût étriqué; enfin, peut-être aussi n'accuse-t-on pas sans raison chez lui une certaine monotonie, des formes surannées et, chose plus grave, un assez petit nombre d'idées.

Mais ces idées sont grandes, voire grandioses. Idées et style éclatèrent comme une magnifique nouveauté au lendemain de la Révolution, et le branle qu'elles donnèrent aux esprits, irrésistible et général au début, contrarié par la suite, poursuit encore aujourd'hui sa marche. Chateaubriand a vraiment « sonné le chant du départ du xixe siècle ».

Si la nécessité ne nous excusait déjà de présenter en fragments l'œuvre de ce poète en prose, on pourrait encore alléguer qu'il se prête plus qu'un autre aux extraits, aux « morceaux choisis ». Il abonde en cadres, scènes, tableaux. Même quand il raisonne, il ne peut s'empêcher de peindre. Ce sont ces peintures brillantes, si propres à charmer les jeunes imaginations, que l'on a rassemblées ici sous quatre titres, qui offrent comme le quadruple aspect de Chateaubriand écrivain : *Chateaubriand apologiste du christianisme*; *Chateaubriand précurseur du romantisme*; *Chateaubriand inventeur du poème en prose*, et *Chateaubriand voyageur*.

L'œuvre politique de notre auteur, si remarquable, mais si dénuée de sérénité, a été systématiquement écartée de ce recueil. En revanche, on a raconté quelques chapitres de sa vie, en attendant ceux que la prochaine vulgarisation des *Mémoires d'outre-tombe* nous permettra d'ajouter.

PAGES CHOISIES DES GRANDS ÉCRIVAINS

Cicéron (Paul Monceaux). 1 vol. in-18 jésus, broché, 3 fr. 50; relié toile. . . . . **4 »**

On a réuni dans ce recueil les pages les plus célèbres et les plus belles de Cicéron, en y intercalant aussi d'autres morceaux moins connus qui aident à comprendre sa physionomie. Tous ses ouvrages importants sont ici représentés, et ces fragments sont liés entre eux par de courtes *notices*, grâce auxquelles on ne perd point de vue l'ensemble. On y étudie successivement l'avocat, l'orateur politique, le rhéteur, le philosophe, l'écrivain épistolaire. Une *Introduction*, complète et précise, permet d'embrasser d'un coup d'œil la carrière et l'œuvre de Cicéron.

On a donné un soin tout particulier à la traduction, qui est entièrement nouvelle. On a voulu, avant tout, être exact et satisfaire aux exigences de la philologie moderne. Mais on a voulu aussi être clair et lisible; et l'on n'a épargné aucun effort pour que ces *Pages*, fidèlement traduites du latin, fussent aussi de vraies pages de français.

Ainsi conçu, ce volume est à la fois un livre de lecture et un livre d'enseignement. Il s'adresse d'abord aux personnes qui, ne sachant pas le latin ou l'ayant oublié ou n'ayant pas le loisir de recourir au texte des œuvres complètes, désireraient cependant se faire une idée juste de Cicéron. Les gens du monde, les jeunes filles curieuses de littérature ancienne, les étudiants y trouveront un manuel commode et un livre d'une lecture agréable et élevée.

PAGES CHOISIES DES GRANDS ÉCRIVAINS

Flaubert (G. Lanson). 1 vol. in-18 jésus, broché, 3 fr. 50; relié toile. . . . . 4 »

Ce volume contient la *Légende de saint Julien l'Hospitalier* presque en entier (sauf deux pages), d'amples extraits de *Madame Bovary* et de *Salammbô*, une vaste scène de la *Tentation de saint Antoine*, quelques chapitres de l'*Education sentimentale* et de *Bouvard et Pécuchet*, enfin de belles pages descriptives prises dans les récits de voyage de Flaubert (*Par les champs et par les grèves*). Une étude appuyée surtout sur la *Correspondance* fait connaître l'homme, son caractère et ses doctrines. On a pris pour maxime très rigoureuse de ne rien donner dans ce volume qui ne pût passer sous tous les yeux et s'offrir à tous les esprits. On a exclu non seulement les parties de l'œuvre auxquelles nul ne pourrait songer, mais celles même qui dans le détail eussent exigé trop de ratures et de mutilations. On n'a donc pris que les scènes qui pouvaient se transporter dans leur intégrité, ou avec de légères suppressions. Il a semblé que Flaubert était un artiste qui ne pouvait supporter un autre traitement, et qu'il fallait avoir un respect absolu de sa forme. On espère que le caractère de son œuvre se dégagera bien dans ces extraits : *Saint Julien* et *Salammbô* feront sentir sa puissance de décoration pittoresque; les fragments de *Madame Bovary* montreront sa puissance d'analyse. De la *Tentation*, on lira la scène du défilé des déesses, une scène prodigieuse d'épopée philosophique. On a voulu que ceux qui liront ce volume y trouvent une expression fidèle du grand artiste et du fort esprit qu'était Flaubert — sans compter l'intense et délicat plaisir que donnent ces récits pathétiques et ces tableaux pittoresques, d'un art si net et si loyal, si dédaigneux de tous les moyens faciles et vulgaires.

PAGES CHOISIES DES GRANDS ÉCRIVAINS

Théophile Gautier (Paul Sirven). 1 vol. in-18 jésus, broché, **3 fr. 50**; relié toile. . . . . . **4** »

Théophile Gautier, qui s'était senti d'abord une vocation pour la peinture, est demeuré peintre durant toute sa vie d'écrivain.

On trouvera dans ce volume des fragments assez étendus du *Capitaine Fracasse*; ils sont reliés entre eux par de courtes analyses permettant de suivre l'action de ce roman d'aventures, qui reporte le lecteur au temps de Louis XIII. Puis avec *Militona*, nous voyons l'Espagne des *corridas* et des sérénades; le *Roman de la Momie* nous initie, en des pages pleines à la fois de charme et d'érudition, à la vie pompeuse et mystique des Pharaons. Le *Pavillon sur l'eau*, joli paysage chinois, l'*Enfant aux souliers de pain*, légende de la vieille Allemagne, et le *Nid de Rossignols*, touchante fantaisie, complètent les emprunts faits à Théophile Gautier romancier.

Le critique littéraire, le critique d'art est représenté par un heureux choix des meilleures études qu'il a consacrées aux écrivains de son époque, aux artistes de tous les temps, s'attachant moins à juger leurs œuvres qu'à rendre compte des idées qu'elles lui suggèrent et des sensations qu'elles lui font éprouver.

Au poète enfin appartient toute la fin du volume. On y lira avec plaisir les pièces les plus colorées, les plus artistement rythmées de l'auteur d'*Émaux et Camées*.

Toutes ces faces si variées du talent de Théophile Gautier sont exposées dans une intéressante introduction, qui fait revivre dans son milieu cette belle figure d'artiste.

PAGES CHOISIES DES GRANDS ÉCRIVAINS

J.-M. Guyau (ALFRED FOUILLÉE, membre de l'Institut). 1 vol. in-18 jésus, broché, **3 fr. 50**; relié toile . . . . **4** »

Nul écrivain de notre siècle n'a, avec plus d'éloquence que Guyau, exprimé ce qu'il y a de meilleur dans l'âme contemporaine, sa foi présente et sa divination de l'avenir.

On a divisé les extraits en quatre parties : — I, *Art et littérature*; II, *Morale et éducation*; III, *Philosophie et religion*; IV, *Poésie*. Toutes les grandes œuvres de Guyau ont été mises à contribution. Les *Problèmes de l'esthétique* et l'*Art au point de vue sociologique* ont fourni des fragments admirables sur la poésie, la littérature et les arts. La *Morale anglaise*, l'*Esquisse d'une morale*, *Éducation et Hérédité*, contiennent des morceaux de la plus haute inspiration sur la générosité comme principe de la morale, la charité et le sacrifice, la paternité, le rôle de la femme et de la mère, l'éducation, la patrie, le problème social, sur toutes les questions qui, aujourd'hui, nous attirent et nous passionnent. Au livre capital de Guyau sur la religion, souvent mal interprété, on a emprunté des pages sublimes sur le fondement indestructible des religions et des philosophies, sur la destinée du monde et de l'homme.

Il n'y a pas une page, en ces extraits, qui puisse blesser aucune conviction, tant l'auteur a su mettre en pratique sa maxime d'universelle sympathie : Tout aimer pour tout comprendre. Grâce à l'intérêt actuel et à l'attrait pénétrant du style, ce livre est vraiment pour tous une sagesse condensée, quelque chose qui, pour notre époque, pourrait être ce que fut le *Manuel* d'Épictète dans l'antiquité. Avoir lu ces pages, c'est se trouver initié sans effort à ce qu'il y a de plus généreux dans l'esprit de notre temps et de notre pays.

PAGES CHOISIES DES GRANDS ÉCRIVAINS

Homère (Maurice Croiset, professeur au Collège de France). 1 vol. in-18 jésus, broché, 3 fr. 50 ; relié toile. . . . . 4 »

Homère est peut-être, entre les grands poètes de l'humanité, celui qu'il est le moins permis d'ignorer. D'ailleurs, il est également propre à intéresser de jeunes lecteurs par ses récits, tantôt héroïques, tantôt merveilleux, et à charmer des esprits déjà mûrs par la peinture, à la fois simple et profonde, des sentiments humains.

Ces *Pages choisies* contiennent une série de morceaux traduits, encadrés dans une analyse continue. On s'est efforcé, dans cette analyse, de resserrer toutes les parties du récit dont l'intérêt a diminué par l'effet du temps, par exemple les longues narrations de batailles ; et toutefois, en les abrégeant, il a paru bon d'en conserver autant que possible la couleur générale, les traits connus, les expressions souvent citées, ne fût-ce que pour mettre le lecteur en état de comprendre les allusions au texte d'Homère, si fréquentes chez les auteurs classiques. Quant aux morceaux traduits — et la traduction en est entièrement nouvelle, — ce sont d'abord les plus beaux, et ensuite un certain nombre de ceux qui caractérisent le mieux cette antique poésie. Il y en a d'étendus, tels que l'altercation d'Achille et d'Agamemnon, les adieux d'Hector et d'Andromaque. Il y en a aussi de fort courts : car, dans les récits même qui ont été abrégés, il arrive souvent qu'une comparaison de quelques vers ou un passage descriptif offrent des beautés de premier ordre.

Tel qu'il est, ce volume s'adresse en premier lieu à la jeunesse, même aux jeunes filles. Il s'adresse ensuite aux personnes qui, voulant relire Homère, y trouveront ce qu'il y a de plus admirable dans le grand poète, tout ce qu'il importe de ne pas oublier.

PAGES CHOISIES DES GRANDS ÉCRIVAINS

Lesage (Paul Morillot). 1 vol. in-8 jésus, broché, **3 fr. 50**; relié toile. . . . . **4 »**

Lesage a été le père du roman en France. Ces pages montrent son talent de romancier sous ses aspects divers.

Le *Diable boiteux* est encore à peine un roman : c'est un piquant défilé d'ombres chinoises. On a conservé les plus caractéristiques, pour donner une idée du livre, qui n'est autre chose que la chronique parisienne de 1707.

Gil Blas a une bien autre portée : c'est le chef-d'œuvre du roman moderne, celui d'où sont venus tous les autres. On pourrait l'intituler simplement : *Histoire d'un homme*, d'un homme de condition et de vertu moyennes, longtemps ballotté par la destinée, et dont l'honnêteté, souvent trébuchante, se raffermit à la fin. On s'est efforcé de conserver intactes l'ordonnance et l'unité de l'œuvre, c'est-à-dire tout ce qui donne sa signification propre à cette ample comédie humaine, déjà digne de Balzac.

De *Guzman d'Alfarache*, d'*Estebanille Gonzalès* et du *Bachelier de Salamanque*, qui pâlissent à côté de *Gil Blas*, on a extrait seulement deux épisodes.

On a fait une large place à une œuvre à peu près inconnue du public et qui mérite de sortir de cet oubli, les *Aventures du chevalier Beauchêne*. Roman d'aventures, rempli d'héroïques faits d'armes; roman maritime, écrit avec amour par un fervent Breton; roman géographique, qui nous transporte successivement en Islande, aux Antilles, au Canada; enfin, roman historique et patriotique, car ce sont les authentiques mémoires (arrangés par Lesage) d'un vieux flibustier qui a fait toutes les guerres de Louis XIV. Ces pages ne sont pas celles qui plairont le moins aux jeunes lecteurs de ce livre.

PAGES CHOISIES DES GRANDS ÉCRIVAINS

Michelet (Ch. Seignobos, sous la direction de Mme Michelet). 1 vol. in-18 jésus, broché, 4 fr. ; relié toile **4 50**

Les *Pages choisies de Michelet* ne font nullement double emploi avec les *Extraits historiques* que M. Seignobos a publiés pour répondre aux programmes de l'enseignement secondaire ; mais on pense bien que l'historien se trouve tout de même représenté dans ces pages choisies.

Empruntées aux divers ouvrages de Michelet, elles ont été disposées dans un ordre qui répond au triple caractère de l'œuvre du maître : *Observation et glorification de la nature, Études sur le développement de l'humanité et les questions sociales, Travaux historiques.*

La *Nature* a inspiré à Michelet ces chefs-d'œuvre qui ont pour titre *l'Oiseau, l'Insecte, la Mer, la Montagne.*

A l'*Humanité* se rattachent *la Femme, l'Amour, Nos Fils* et tant d'autres études pleines de hautes pensées, où se révèle tout entière la personnalité de l'écrivain : des fragments des notes posthumes publiées sous les titres de *Ma Jeunesse* et de *Mon Journal* la font plus intimement connaître.

L'*Histoire* enfin, celle de notre France surtout, vient fermer le volume. Ici les extraits empruntés à l'œuvre capitale de Michelet ont surtout un intérêt littéraire et artistique et le plus souvent un caractère pittoresque et anecdotique.

Extraits historiques de J. Michelet, choisis et annotés par M. Seignobos, maître de conférences à la Faculté des lettres de Paris, seule édition autorisée, publiée sous la direction de madame Michelet. 1 vol. in-18 jésus, broché . . . . **3 »**

PAGES CHOISIES DES GRANDS ÉCRIVAINS

Mignet (G. Weill). 1 vol. in-18 jésus, broché, 3 fr.; relié toile. **3 50**

La justice des jugements, la justesse des réflexions, courtes, raisonnables, profondes, telles sont les qualités dominantes de l'historien consciencieux que fut Mignet. On sait que, l'un des premiers, il vit s'ouvrir pour lui le trésor de nos archives diplomatiques. Il en sut tirer bon parti.

Son histoire, documentée, est en même temps « un spectacle plein d'émotions, une science féconde en enseignements, le drame et la leçon de la vie humaine ». C'est ainsi que lui-même définissait le but idéal de l'historien.

Les grands faits qui ont marqué le xvie siècle en Europe, la Réforme, la puissance de Charles-Quint, rival heureux de notre François Ier, la vie et la mort de Marie Stuart sont, avec l'histoire de la Révolution française, le domaine préféré de Mignet.

Mais à côté des grandes figures et des scènes dramatiques de ces temps troublés, on trouvera mainte belle page sur notre xviie siècle, sur Franklin, dont Mignet avait entrepris de populariser chez nous le simple et grand caractère, et sur quelques personnalités remarquables de la période révolutionnaire et impériale. Secrétaire perpétuel de l'Académie des sciences morales et politiques, il consacra à ces hommes d'État, à ces savants, à ces philosophes qu'il avait personnellement connus, moins des éloges académiques que des notices historiques; on en a détaché des portraits aux touches discrètes et précises; une courte introduction retracé la digne existence du fidèle ami, compatriote et compagnon de lutte d'Adolphe Thiers.

PAGES CHOISIES DES GRANDS ÉCRIVAINS

Rabelais (E. Huguet). 1 vol. in-18 jésus, broché, 3 fr. 50; relié toile. . . . . 4 »

Rabelais est à la fois l'un des plus populaires et l'un des moins lus de nos grands écrivains. Certaines pages, certains chapitres même, détournent très justement de lui la plus grande partie du public, et font tort au reste de l'ouvrage. D'autres passages, franchement ennuyeux, rebutent le lecteur plus hardi. Enfin beaucoup des mots employés ne sont plus compris aujourd'hui.

Cependant rien n'est plus regrettable que cet isolement auquel Rabelais s'est lui-même condamné, et que le temps, en vieillissant sa langue, a rendu plus complet encore. Rabelais est un des meilleurs maîtres qui puissent former de jeunes esprits. Il fait aimer à tous ce qu'il a tant aimé lui-même, la justice, la vérité, la science. Les leçons portent d'autant mieux que sa sagesse est toujours souriante et douce. Il ne se contente pas toujours de sourire; jamais personne n'a ri plus franchement, plus bruyamment que lui, n'a montré une gaîté plus saine et plus communicative.

Ces *Pages choisies de Rabelais* n'offrent au public que ce qui peut être lu par tous. Les extraits sont placés dans leur ordre naturel et reliés entre eux par de courtes analyses. Les notes, aussi brèves que possible, se bornent le plus souvent à traduire le mot embarrassant. Enfin, tout en conservant à l'orthographe son caractère archaïque, on l'a souvent simplifiée, en supprimant certaines lettres parasites qui auraient pu sinon dérouter, au moins fatiguer le lecteur.

Rabelais, sa personne, son génie, son œuvre, par M. Paul Stapfer, doyen de la Faculté des lettres de Bordeaux. 1 vol. in-18 jésus, broché. . . . . . 4 »

PAGES CHOISIES DES GRANDS ÉCRIVAINS

Ernest Renan. 1 vol. in-18 jésus, broché, 3 fr. 50; relié toile. . . . . 4 »

On n'a pas prétendu résumer en ce volume de pages choisies l'œuvre considérable et si multiple d'Ernest Renan. Outre qu'un volume n'eût pas suffi à donner une idée même incomplète des vastes travaux du philologue, de l'historien, du philosophe, du moraliste, il fallait écarter, dès le principe, tout ce qui ressortissait au domaine de l'érudition pure comme aussi tout ce qui présentait un caractère plus ou moins marqué de polémique. On a donc rangé sous quelques rubriques très générales : *Morale et philosophie, Histoire et religion, Littérature et critique, Souvenirs d'enfance et de jeunesse,* un certain nombre de morceaux soigneusement choisis pour mettre en lumière les principales faces d'une pensée qui a si fortement imprimé son empreinte à l'esprit moderne.

C'est ainsi qu'on a mis à contribution, pour la première de ces rubriques : l'*Avenir de la Science*, les *Drames philosophiques*, les *Questions contemporaines*; — pour la seconde : la *Vie de Jésus*, l'*Histoire d'Israël*, l'*Antechrist*, *Marc-Aurèle*, etc.; pour la troisième et la quatrième : les *Souvenirs d'enfance et de jeunesse*, les *Mélanges d'histoire et de voyages*, les *Essais de morale et de critique*, les *Discours et conférences*, etc.

Tel quel, ce choix a de quoi provoquer dans des esprits généreux une aspiration féconde vers la recherche du vrai et du bien. Il doit contribuer surtout à mettre les jeunes générations en commerce intime avec une haute intelligence, aussi séduisante que puissante, profondément religieuse et à qui rien n'a été étranger des plus nobles préoccupations de l'âme humaine. On y goûtera par surcroît la saveur unique de pages dès à présent classiques et d'autant plus dignes d'admiration que la beauté de la forme ne s'y sépare jamais de la sincérité du fond.

PAGES CHOISIES DES GRANDS ÉCRIVAINS

J.-J. Rousseau (S. Rocheblave). 1 vol. in-18 jésus, broché, **3 fr.**; relié toile. **3 50**

Peu d'écrivains, parmi les auteurs réputés dangereux, ont écrit des pages aussi saines, aussi substantielles, aussi variées et attachantes que J.-J. Rousseau. L'excellent est chez lui de premier ordre, il n'y a qu'à le cueillir et à l'isoler de ce qui le gâte. C'est ainsi que, à l'aide d'un bon choix, Rousseau peut figurer au premier plan parmi les auteurs « nourriciers » de la jeunesse.

Sa vie, racontée et embellie par lui-même, offre une succession de tableaux d'une fraîcheur ingénue et savante; on a tâché d'en composer ici comme une petite galerie, où l'œil pût admirer en toute sécurité. Peintre de lui-même, Rousseau est aussi peintre des autres : et, s'il flatte moins ses semblables qu'il ne se flatte, quand il se décrit, la malice du lecteur trouve son compte à constater l'antithèse. Il était bon de mettre en regard le portrait du peintre et celui de ses modèles. Mais ce n'est point par ses tableaux de mœurs que Jean-Jacques a fait révolution en son temps. Ses attaques contre la civilisation et les belles-lettres, son système nouveau d'éducation, son déisme fervent et lyrique, son amour passionné de la nature, voilà les grandes nouveautés qui lui firent une place à part dans son siècle. C'est aussi sur quoi portent les plus nombreuses pages de ces extraits, destinés à mettre en lumière non pas ce qui fut l'excès ou le paradoxe éphémère, mais ce qui devait être la vérité du lendemain. Dégager d'une œuvre puissante, mais étrangement mêlée, ce qui a duré, ce qui durera, tel est l'esprit dans lequel a été composé ce petit livre, qui n'exclut aucune catégorie de lecteurs.

PAGES CHOISIES DES GRANDS ÉCRIVAINS

George Sand (S. Rocheblave). 1 vol. in-18 jésus, broché, 3 fr. 50; relié toile. . . . . . . 4 »

Vingt ans se sont à peine écoulés depuis la mort de George Sand, et nous voyons déjà en elle un classique. Elle l'est, en effet, dans la littérature d'imagination, par la merveilleuse abondance de son style, par la richesse de son invention, par ce goût toujours pur qui passa de son âme à ses livres, et qui la défendit toujours de ce qui est bassement pensé comme de ce qui est bassement écrit.

Il est donc temps de lui faire sa place parmi nos écrivains de chevet. Mais comment choisir dans cette œuvre touffue qui embrasse une centaine de volumes, dont vingt-cinq ou trente sont excellents? On a pris ici le parti le plus simple, celui de représenter les divers aspects du talent de George Sand par un groupement de pages empruntées de préférence à ses romans les plus connus, ou encore à ceux qui peuvent être mis en entier sous les yeux des plus jeunes lecteurs. On ne pouvait oublier dans ce choix la peinture si attrayante que George Sand nous a faite de sa famille et de sa jeunesse; quelques *Portraits contemporains* nous montreront aussi, chez la créatrice de tant de fictions, une observatrice pénétrante. Mais, sans doute, nos lecteurs se complairont surtout aux chapitres sur la *Nature*, les *Scènes rustiques*, les *Scènes romanesques*. Là, George Sand déploie tout son beau génie, soit qu'elle décrive les Pyrénées, Gargilesse ou Majorque; soit qu'elle fasse dialoguer ses paysans berrichons; soit enfin que, en des scènes attendrissantes ou chastement passionnées, elle nous conte la mélancolie de Jean de la Roche, les rêves de Jeanne la pastoure, ou l'extase artistique d'une élève du Porpora.

PAGES CHOISIES DES GRANDS ÉCRIVAINS

Adolphe Thiers (G. ROBERTET). 1 vol. in-18 jésus, broché, 3 fr.; relié toile. **3 50**

En tête de ce volume destiné à faire connaître et apprécier l'œuvre de Thiers historien et orateur on a placé la préface qu'il écrivit en 1855 pour son *Histoire du Consulat et de l'Empire*, qu'il venait de terminer. Ces considérations sur l'Histoire en général et sur la manière de l'écrire sont l'exposé plein de bon sens et d'honnêteté de la conception qu'il avait du rôle et des devoirs de l'historien, des principes qui le guidèrent au cours de sa vie, qui ne fut, dit-il, qu'une longue étude historique.

Puis viennent, éclairés et comme mis en scène par de courts arguments, les épisodes les plus intéressants des préludes de la Révolution française, de ses journées, des victoires de ses armées improvisées comme ses généraux. Au milieu de ces hommes nouveaux qui étonnent la vieille Europe, on voit grandir le dictateur qui bientôt devient seul maître de la France, consul, puis empereur. Et nous voyons passer sous nos yeux les scènes rapides de cette prodigieuse épopée dont les derniers chants, si tristes, et si grands, sont la campagne de France, les Adieux de Fontainebleau, Waterloo et Sainte-Hélène. Un jugement de Thiers sur Napoléon Ier couronne l'Histoire de la Révolution française et celle du Consulat et de l'Empire. Le reste du volume contient des chapitres empruntés à l'*Histoire de Law*, à une étude sur la *Propriété*, et enfin des fragments des plus célèbres discours parlementaires prononcés par Adolphe Thiers.

Histoire de la Langue et de la Littérature française,

des Origines à 1900, ornée de planches hors texte en noir et en couleur, publiée sous la direction de M. L. PETIT DE JULLEVILLE, professeur à la Faculté des lettres de Paris.

MODE DE PUBLICATION ET CONDITIONS DE VENTE :

L'Histoire de la Langue et de la Littérature française formera **8 volumes** grand in-8 raisin, illustrés de **reproductions** et de **fac-similés** en noir et en couleur. — Cet ouvrage paraît par fascicules grand in-8 raisin, comme l'*Histoire générale* de MM. LAVISSE et RAMBAUD, à raison de un fascicule par quinzaine (le **5** et le **20** de chaque mois).

Le prix des fascicules des TOMES I et II, qui contiendront une ou plusieurs planches hors texte **en couleur**, — donnant des fac-similés de miniatures empruntées aux manuscrits de la Bibliothèque nationale, de l'Arsenal, du British Museum, etc., — est fixé à **2 francs**.

Le prix des fascicules des TOMES III à VIII, qui contiendront une ou plusieurs planches hors texte **en noir**, est fixé à **1 fr. 50**.

Le prix de **chaque volume**, broché, sera porté à **16 francs**; — soit, pour l'ouvrage complet, **128 francs**.

Prix de l'ouvrage en souscription : On peut souscrire dès maintenant à l'ouvrage entier en adressant à MM. ARMAND COLIN et Cie, éditeurs, 5, rue de Mézières, Paris, la somme de **110 francs**. — *On peut souscrire également chez tous les Libraires.*

*Les souscripteurs qui auront versé la somme de **110 francs** recevront les fascicules au fur et à mesure de leur apparition, même si le nombre des fascicules venait à être augmenté.*

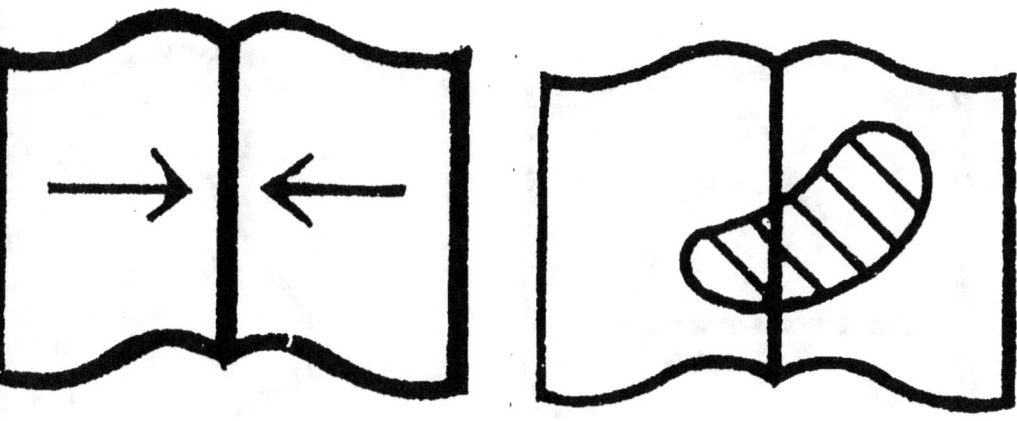

RELIURE SERREE
Absence de marges
intérieures

Illisibilité partielle

VALABLE POUR TOUT OU PARTIE DU
DOCUMENT REPRODUIT

LES COUVERTURES SUPERIEURES ET INFERIEURES
SONT EN TYPOGRAPHIE COULEUR.

Couverture inférieure manquante

LES COUV. SUP. ET INF. SONT RELIEES
A LA FIN DU VOLUME

DU N° .1.

DU N° .?..
AU N° .5.

ANDRÉ THEURIET

DE L'ACADÉMIE FRANÇAISE

PATERNITÉ

PARIS

FAYARD FRÈRES, ÉDITEURS

78, BOULEVARD SAINT-MICHEL, 78

PATERNITÉ

PREMIÈRE PARTIE

I

LE rapide de Paris à Belfort file à toute vapeur à travers la banlieue. Bien qu'on soit en mai, la matinée est maussade. De gros nuages chassés par un vent du nord-ouest crèvent en brusques giboulées sur les champs de blé, de colza et de luzerne qui couvrent de leurs cultures bariolées les monotones plaines de la Brie. L'ondée strie de hachures ruisselantes les glaces fermées d'un coupé où s'est installé un seul voyageur, qui ne paraît guère se soucier du mauvais temps. Les

Un pince-nez sur les yeux, il est absorbé par la lecture de pièces et de plans. (P. 4.)

jambes enveloppées dans un plaid, un pince-nez sur les yeux, il est absorbé par la lecture de pièces et de plans qu'il extrait à mesure d'un volumineux dossier étalé sur les coussins, et dont la chemise de papier jaune porte cette annotation : *Forêt du Val-Clavin. — Demande de cantonnement par les usagers.* Le paysage aperçu à travers la pluie n'a rien de particulièrement intéressant; mais le ciel fût-il gaîment ensoleillé et le pays plus pittoresque, on devine à la tension des muscles du visage, à la préoccupation du liseur, qu'il n'en resterait pas moins indifférent aux choses du dehors.

C'est un homme de cinquante ans environ. Néanmoins il a les mouvements aisés et désinvoltes; sa tenue soignée, correctement élégante, lui conserve une tournure jeune et une apparence de verdeur. Ses traits sont fins, sa barbe taillée en pointe, et ses cheveux bruns sont mélangés de fils blancs : le ferme modelé de la bouche et du nez aquilin, les deux plis verticaux que creuse sur le front le rapprochement des sourcils indiquent une volonté tenace. Lorsqu'il enlève son pince-nez pour essuyer les verres embués d'humidité, on voit à plein deux yeux dont la douceur bleue et l'affable regard corrigent l'expression un peu fermée et froide de l'ensemble du visage. La boutonnière de la jaquette noire est ornée d'une minuscule rosette rouge. Une grande distinction de manières jointes à une attitude réservée, à une gravité étudiée, révèlent un personnage appartenant au monde administratif, et, quand le dossier qu'il compulse ne trahirait pas sa profession, on devine en lui le fonctionnaire arrivé à un grade supérieur et pénétré de l'importance de ses fonctions.

En effet, « Delaberge (Amable-Francisque), officier de la Légion d'honneur », comme porte l'annuaire, est inspecteur général des Forêts. Sorti de l'école de Nancy à vingt-deux ans, il a eu un avancement rapide et mérité. Non seulement il possède des connaissances étendues en matière de sylviculture, mais il s'est montré un administrateur remarquable. Ayant l'amour du métier, doué d'une merveilleuse puissance de travail, il unit à l'esprit d'organisation l'habileté pratique de l'homme d'affaires. Aussi parle-t-on de lui comme d'un futur directeur général. La

dînant au restaurant ou à quelque table officielle, et ne rentrant chez lui que pour y dormir. Ainsi sa vie s'est écoulée de la trentaine à la cinquantaine, méthodique, correcte, digne et laborieuse, mais sans une chaude intimité, sans une douce halte dans le rêve ou la fantaisie.

Pourtant, aujourd'hui que l'aisance est venue, que son ambition est plus qu'à demi-satisfaite et que sa fortune administrative a grandi, il fait parfois de mélancoliques retours en arrière; il constate avec effroi combien son passé est vide de souvenirs réchauffants, et il a conscience de son isolement. Quand, au sortir de la maison d'un collègue où il a entendu des voix d'enfants et des rires de jeunes filles, il regagne son appartement de garçon, il est secoué par un frisson de regret et d'inquiétude, en songeant à la rapidité des années, à l'époque plus prochaine de la retraite, aux prosaïques misères, aux asservissantes compromissions qui troublent le soir de la vie d'un célibataire.

Sur ce plateau de la cinquantaine, il ressemble à un voyageur mal renseigné, qui a gravi la montagne par d'abrupts et rocailleux sentiers, et qui parvenu, à la cime, reconnaît qu'il s'est trompé de route. De là-haut il aperçoit maintenant le vrai chemin, s'élevant en pente douce à travers d'heureux villages, des bois arrosés de sources vives, des prairies en fleurs dont il ne retrouvera plus jamais l'enchantement...

Quand ces regrets lui reviennent, Delaberge se demande s'il n'a pas lâché sottement la proie pour l'ombre. Alors des idées de mariage le hantent comme une obsession. Il se regarde dans la glace, constate qu'il est encore vert et murmure, ainsi que Jean de La Fontaine : « Ai-je passé le temps d'aimer? » Même durant ces crises d'amertume le vieil égoïsme coutumier reparaît. Il songe moins à aimer qu'à être aimé. Dans le mariage, ce qu'il considère, c'est surtout une compagnie qui le récréera, un enfant en qui il revivra. Au milieu de ces réveils de jeunesse, de ces désirs de rompre avec une existence casanière, c'est toujours la préoccupation de lui-même qui domine. Il veut donner de l'air à son cœur, connaître la joie de l'imprévu, les émotions rares et inéprouvées.

semés de rouges coquelicots. Elle se communique aux bruyères des friches où les insectes se remettent à bourdonner, aux bouquets d'arbres où les merles recommencent à siffler. Elle pénètre jusqu'au cerveau de Delaberge, qu'elle repose et distrait de ses laborieuses méditations juridiques.

Après une halte de quelques minutes à Clairvaux, le train roule entre des collines boisées où, çà et là, miroitent parmi les prés les eaux claires de l'Aube. Le soleil a décidément triomphé des nuées et le ciel redevient d'un bleu soyeux. Une pacifiante sérénité émane des bois mouillés que coupent de profondes tranchées herbeuses, où le regard se rafraîchit dans un bain de verdure. L'inspecteur général a bouclé la courroie de son dossier et l'a renfermé dans l'un des compartiments de sa valise. Maintenant il revient s'accouder à la portière et respire avidement l'odeur salubre des futaies. Son cœur de forestier se réjouit à la vue des arbres. A vrai dire, la forêt a été le seul fervent amour de sa vie, et il se sent attendri en retrouvant les grands massifs où il a passé sa jeunesse.

Cet attendrissement ramène son esprit vers les pensées mélancoliques et troublantes qui le sollicitent depuis quelque temps. Une coupe de bois où des bûcherons font la sieste après avoir mangé la soupe; un village où tintent les cloches matinales et où des fumées nimbent les toits de tuile; un logis campagnard au revers du coteau, avec ses fenêtres ouvertes où flottent des rideaux blancs, son linge de lessive séchant sur la haie, son verger et sa vigne, l'induisent en des rêves de vie rustique.

Il se demande si l'existence d'un honnête bourgeois, entre sa femme qui le choie et ses enfants qui grandissent, ne présente pas une somme de satisfactions plus réelles que ces factices plaisirs parisiens dont il jouit si peu. Lui, Delaberge, attaché à sa chaîne bureaucratique, affairé du matin au soir à tourner la meule administrative, ne reste-t-il pas cent fois plus étranger aux choses du cœur et de l'intelligence que ce propriétaire retiré en son village? Et dans dix ans, dans quinze ans au plus, quand il aura cessé d'être un des rouages importants de l'administration, quelle perspective aura-t-il? La vieillesse désorientée et solitaire d'un fonctionnaire en retraite, qui

parmi les prés. Des profils de clochers, de dômes et de toits de tuile apparaissent à l'horizon mêlés à des massifs d'arbres, et la marche du convoi se ralentit.

« Chaumont! Dix minutes d'arrêt, buffet! »

C'est ici que Delaberge doit descendre. Il rassemble ses bagages et se penche à la portière, cherchant à reconnaître, sur le trottoir, le conservateur des forêts, son ancien camarade d'école, qu'il a averti de son arrivée et chez lequel il doit descendre.

Le conservateur est là, en effet, plongeant un regard investigateur dans chaque compartiment. C'est un petit homme replet, trottinant sur des jambes courtes, serré dans une redingote, coiffé d'un chapeau mou et ganté de noir. Cette tenue moitié cérémonieuse et moitié négligée accentue encore sa tournure provinciale.

Delaberge est descendu, et les deux camarades se serrent la main.

— Mon cher inspecteur général, commence le conservateur, heureux de vous revoir... Avez-vous fait un bon voyage?

— Très bon, mon cher Voinchet... Ah çà! tu me dis « vous » maintenant, toi mon ancien?

— Mon Dieu, bredouille Voinchet, je pensais que les convenances hiérarchiques...

— Tu plaisantes!... Entre nous les convenances hiérarchiques n'ont rien à faire... Dis-moi vite « tu », ou sinon je vais loger à l'auberge!

— Je t'obéis, répond le conservateur, qui se sent visiblement plus à l'aise.

Pendant un bon quart d'heure, en attendant le train, il s'est demandé anxieusement s'il tutoierait Delaberge comme jadis ou si, par déférence pour son grade, il lui donnerait du « vous ». Maintenant il s'est allégé et s'épanouit. Pendant qu'on charge les bagages, il regarde son camarade et sourit aimablement:

— Sais-tu que tu n'as presque pas changé!... Tu es aussi vert et robuste qu'au sortir de l'école.

— Flatteur! réplique Delaberge : la vérité est que nous grisonnons tous deux et que nous avons vingt-huit ans de plus sur les épaules.

Au fond, néanmoins, le compliment ne lui déplaît pas;

une ombre claustrale. Et dans la froide austérité de ce quartier solitaire, la perspective d'un dîner officiel avec les notables qui habitent cette ville morte, lui donne un frisson de malaise et d'ennui.

III

Vers six heures et demie, Delaberge, qu'une moelleuse sieste avait rafraîchi et reposé, songea que le moment du dîner approchait et procéda minutieusement à sa toilette, non point par coquetterie, mais par principe. Il estimait qu'une tenue irréprochable s'impose aux fonctionnaires qui représentent l'administration.

En nouant sa cravate, il songeait à la corvée de ce dîner officiel où il serait toute une soirée en représentation devant les convives du conservateur, et où le devoir professionnel l'obligerait à discuter avec la principale usagère des bois du Val-Clavin. A en juger par Mme Voinchet, excellente femme d'intérieur, mais quadragénaire insignifiante à la figure moutonne, Mme Liénard, son amie, devait être une personne mûre et peu attrayante. Delaberge se voyait déjà aux prises avec une plaideuse campagnarde, et cette maussade perspective le rendait soucieux.

Lorsqu'il descendit dans le salon vert et or, encombré de meubles et décoré de bibelots d'un goût douteux, la plupart des convives étaient arrivés.

On les lui présenta à la file : le président du tribunal, un petit homme s'exprimant avec une prétention fleurie,

robe marron brodée de jais, se tenait assise sur un canapé en compagnie de Mme Voinchet et l'entretenait longuement de la difficulté qu'on a maintenant à se procurer de bons domestiques, Delaberge accaparait l'inspecteur et l'entraînait à l'écart pour se renseigner d'une façon complète sur la situation actuelle de l'affaire du cantonnement. Le forestier, flatté d'absorber l'attention de son supérieur, lui prodigua les détails techniques. Il pérorait depuis un grand quart d'heure, quand Delaberge, à travers les phrases prolixes de son subordonné, entendit Mme Voinchet s'écrier :

— Ah! enfin!... je commençais à être inquiète... Comme vous êtes en retard, chère amie!

A quoi une voix gaie, bien détachée des lèvres, répondait avec un léger accent langrois :

— Excusez-moi, j'ai voulu mettre une robe neuve en votre honneur, et la couturière me l'a apportée à la dernière minute... Je me faisais un mauvais sang!

Au même moment, la porte de la salle à manger s'ouvrait à deux battants, et un domestique en gants de coton blanc et en redingote noire, annonçait : « Madame est servie! »

— Monsieur l'inspecteur général, dit Mme Voinchet en s'approchant de Delaberge, votre bras, s'il vous plaît!...

Celui-ci arrondissait déjà son bras pour l'offrir à son hôtesse, quand Mme Voinchet, s'interrompant d'un air consterné, se retournait vers la nouvelle venue et, lui prenant la main, murmurait :

— Que je suis distraite!... Il faut d'abord que je vous présente ma petite amie... Mme Camille Liénard, propriétaire de la Roselière, au Val-Clavin... M. Delaberge, inspecteur général des forêts.

Bien qu'il fût d'ordinaire très maître de lui, Delaberge ne parvint pas à dissimuler une expression de surprise. Au lieu de la vieille plaideuse qu'il imaginait, il voyait une jeune femme de vingt-six ans environ, svelte, fraîche, accorte, avec de souriants yeux bruns qui lui plurent tout d'abord. Il salua, un peu ébaubi.

Sa mine étonnée n'eût certainement pas échappé aux grands yeux ouverts de Mme Liénard, si elle-même n'eût été préoccupée par une égale surprise. Ses claires pru-

Delaberge reporta avec plus de complaisance ses yeux sur la jeune femme. Elle discutait à mi-voix avec l'inspecteur son voisin, et, tout en conservant son air enjoué, le harcelait de malicieuses récriminations. L'autre se hérissait et regimbait d'un ton bourru.

— Ah! vous n'êtes pas tendre pour le pauvre monde! se récriait-elle.

A ce moment elle releva la tête et surprit le regard attentif et curieux de son vis-à-vis. Loin de s'en offenser, elle sourit en rencontrant les yeux de Delaberge, et poursuivit :

— Tenez, décidément, il vaut mieux s'adresser au bon Dieu qu'à ses saints... J'en appelle à M. l inspecteur général !

Ainsi pris à partie, celui-ci demanda de son air gravement affable :

— De quoi s'agit-il, madame ?

— Du cantonnement que l'administration forestière veut nous imposer. Sous prétexte qu'il est impossible d'évaluer séparément les droits des usagers, M. l'inspecteur ici présent nous offre comme compensation un canton de forêt qui est à une lieue du Val-Clavin... Je soutiens, moi, que c'est inique et barbare !

— Voilà des mots bien durs, objecta Delaberge en riant.

— Durs, mais exacts... Voyons : j'ai, moi, un droit d'*affouage*; les gens du Val-Clavin ont un droit de *pacage*... On nous offre un canton impropre à la pâture et très éloigné de chez nous... Vous appelez cela de la justice ?...

— Madame, interrompit plaisamment l'inspecteur général, tous mes compliments; vous traitez la question comme un jurisconsulte.

— Oh! dit le conservateur, tu auras affaire à forte partie... Mme Liénard est ferrée sur ses droits.

— Sur les miens et sur ceux des autres, cher monsieur Voinchet! reprit la jeune femme en s'animant; les habitants du Val-Clavin méritent encore plus que moi qu'on ait égard à leurs réclamations : ce sont de pauvres gens, et pour conduire leurs bêtes au pacage, il leur faudra faire plus d'une lieue à travers champs, puisque la

IV

Justement elle venait à lui, tenant en main la cafetière et une tasse qu'elle lui offrit. Quand elle eut achevé son service d'échanson, elle retourna s'asseoir sur le canapé, non loin de Delaberge, qui, debout, achevait de boire son café.

— Monsieur, dit-elle, vous seriez beaucoup plus à l'aise si vous vous asseyiez.

En même temps elle se reculait pour lui ménager une place sur le canapé. L'inspecteur général ne demandait qu'à obéir à cette engageante invitation ; mais, comme sa tasse l'embarrassait, il fit d'abord le geste d'aller la déposer sur un guéridon. Mme Liénard le prévint, s'empara de la tasse et courut vers le domestique qui passait avec un plateau. Cette bonne grâce familière, cette prévenante déférence, donnèrent le change à Delaberge.

Bien qu'il fût peu enclin à la fatuité, il s'imagina que la jeune femme se mettait en frais pour lui plaire, et il éprouva un chatouillement de satisfaction, — sans réfléchir qu'un homme de cinquante ans paraît déjà un peu un vieillard à une femme qui en a vingt-six. Mais Delaberge, ainsi que la plupart d'entre nous, ne se voyait pas vieillir.

Il raisonnait comme un homme persuadé qu'il peut encore inspirer de la tendresse; il ne se disait pas que les prévenances de Mme Liénard pouvaient provenir tout simplement de la spontanéité d'une âme naturellement affec-

dans une vieille berline conduite par un cocher aussi excentrique que son maître...

— Cet original était mon grand-oncle, interrompit-elle en riant.

— Ah !... pardon !

— Ne vous excusez pas, répliqua-t-elle : c'était un être bizarre, et si vous me poussiez, je vous avouerais que je l'avais pris en grippe... Il existait encore quand je me suis mariée ; il m'avait dotée, à condition que mon mari et moi nous habiterions avec lui... Ce qu'il nous a rendu la vie insupportable, on ne se l'imagine pas !... Enfin il est mort, et je confesse que je l'ai pleuré... Il a failli me faire haïr la Roselière.

— Est-ce que vous y demeurez toute l'année ?

— Parfaitement, c'est à peine si je fais deux ou trois fugues par an à Dijon ou à Chaumont, pour des affaires d'intérêts. Quand j'ai passé une semaine en ville, je n'ai qu'un désir, regagner ma maison au plus vite.

— Vraiment, à votre âge, ne trouvez-vous pas cette solitude assez austère ? Vous ne vous y ennuyez jamais ?

— Rarement... D'abord il faut que vous sachiez que j'ai un tempérament de paysanne. Dès que la belle saison commence, je vis constamment dehors... Je m'occupe de mes bêtes, de mes fleurs, de mes arbres ; je surveille mes coupes de bois. Je vous assure que j'ignore quasiment ce que c'est que l'ennui.

— Mais l'hiver ?

— L'hiver, j'allume de belles flambées de hêtre et je m'installe au coin de ma cheminée avec un livre... Il y a à la Roselière une bibliothèque assez bien garnie et que j'augmente encore en me tenant au courant de ce qui paraît... Je suis une enragée liseuse... Quand j'ai un livre intéressant et, à portée, un sac de pralines à grignoter, je passe des heures délicieuses près de mon feu...

Tandis qu'ils causaient à l'écart, le conservateur organisait une table de whist, et, sur le refus de Delaberge et de Mme Liénard, s'y installait avec l'inspectrice, le président et le secrétaire général. Mme Voinchet et l'inspecteur examinaient le jeu des partners, en attendant qu'ils prissent la place de l'un d'eux ; de sorte que la jeune veuve et son interlocuteur, grâce à la préoccupation des

bientôt au Val-Clavin !... Je rentre dès demain matin à la Roselière, et, bien que nous soyons ennemis, administrativement parlant, j'espère que j'aurai le plaisir de vous y voir pendant votre séjour dans nos bois.

Elle lui fit une rapide révérence, courut embrasser Mme Voinchet, salua à la ronde et, comme Cendrillon au coup de minuit, s'esquiva précipitamment, sans permettre au conservateur de l'accompagner.

V

Francisque Delaberge se réveilla avec une sensation de joie confuse, comme il arrive lorsque au petit matin on conserve encore l'impression d'un joli rêve évanoui; puis, les derniers brouillards du sommeil s'étant dissipés, il s'aperçut que sa joie était causée par le souvenir de son entretien avec Mme Liénard. Il se rappela également que, ce matin même, la jeune veuve devait repartir pour la Roselière, et du coup sa sourde allégresse se trouva gâtée par la perspective d'une prolongation de séjour à Chaumont. La petite ville lui apparut plus frigidement morose que la veille. L'ombre portée de l'église Saint-Jean, obscurcissant la cour humide du logis Voinchet, semblait s'étendre jusqu'au fond de l'âme de l'inspecteur général. Aussi prit-il la résolution de brusquer son départ.

Dès qu'il fut habillé, il employa sa matinée à compulser les dossiers de la conservation et à recueillir des notes ; puis, immédiatement après le déjeuner et malgré

rant; pendant les intervalles de silence, on percevait comme des sons de fifres invisibles la chanson des alouettes. Peu à peu ces bruits rustiques réveillèrent en l'âme de l'inspecteur général des souvenances depuis bien longtemps endormies...

Il se revit grimpant cette même rampe, à vingt-quatre ans, en automne, par une après-midi toute pareille. Il s'en allait alors léger d'argent et riche d'espérances, prendre possession de son poste de garde général au Val-Clavin. Plus ingambe, mais moins philosophe qu'aujourd'hui, il sondait d'un œil inquiet l'âpre solitude du plateau de Langres et se rassérénait un peu en pénétrant dans les bois accidentés qui entourent le village.

La voiture tourna à droite et s'engagea dans le chemin vicinal. (P. 25.)

Delaberge se souvenait de la sensation d'isolement qu'il avait éprouvée en arrivant un soir dans ce petit bourg de trois cents feux, situé au confluent des deux ruisseaux dont la réunion forme la rivière de l'Aube. Tombant sans transition en ce pays sauvage, au sortir de l'Ecole de Nancy, il s'y était trouvé tout d'abord esseulé et désorienté. L'hiver y était rude, les distractions nulles. La société se composait de deux ou trois employés; de quelques propriétaires campagnards, tous mariés et peu disposés à recevoir chez eux le nouveau venu.

en arrivait peu à peu à une déprimante veulerie morale, née de ce féroce ennui.

Il logeait à l'auberge du *Soleil d'Or* et y prenait pension. Cette auberge, fréquentée par des rouliers et des marchands de bois, résonnait du matin au soir de discordants tapages. Il mangeait seul ou en compagnie de son maître d'hôtel, M. Princetot, un gros Bourguignon au teint fleuri, à l'œil endormi et finaud, dont la conversation roulait invariablement sur les vins qu'il emmagasinait dans sa cave pour les revendre le plus cher possible aux petits débitants de la montagne. Dans cette grisâtre et morne symphonie de l'ennui, la seule note colorée et réveillante était donnée par son hôtesse Mme Princetot.

Micheline Princetot courait alors sur ses vingt-huit ans. Assez grande, bien faite, avec un teint mat et langoureux, yeux gris, elle avait d'engageantes façons et le sourire de ses lèvres charnues creusait de chaque côté des joues ces affriolantes fossettes que le peuple appelle des « nids d'amour ». Intelligente et très fine, elle menait par le nez le gros Princetot, qui, tout affairé à son commerce de vins, lui laissait gouverner l'auberge à son gré. Elle s'y entendait à merveille. Proprette, attirante et, de plus, excellente cuisinière, elle savait aguicher les clients. Grâce à elle, les notables du canton descendaient fréquemment au *Soleil d'Or*. On prétendait, à la vérité, qu'elle poussait la coquetterie un peu loin et n'était pas aussi fidèle épouse que diligente ménagère ; toutefois les méchants propos colportés par des envieux ne réussissaient pas à ébranler la confiance de Princetot.

Au commencement, Francisque, ayant encore dans les yeux les provinciales élégances des grisettes et des belles dames de Nancy, n'accordait qu'une attention distraite aux grâces campagnardes de son hôtelière. Mais, dans une solitude comme celle du Val-Clavin, une jeune femme près de laquelle on vit matin et soir finit par exercer un attrait lent et sûr. Après avoir regardé la dame avec indifférence, Delaberge arrivait graduellement à découvrir en elle des charmes d'abord inaperçus.

L'isolement aidant, elle lui paraissait de jour en jour plus désirable. Souvent, quand le forestier dînait seul,

qui les trahit. Le secret de leur liaison s'évapora insensiblement à travers les rues du Val-Clavin, et les langues commencèrent à jaser. Princetot seul ne se douta de rien.

Cette intrigue dura dix-huit mois : Delaberge sentait déjà la satiété venir, quand brusquement il reçut la notification d'un changement de résidence. En apprenant cette fâcheuse nouvelle, Mme Micheline fondit en larmes. Mais quoi ? Delaberge devait obéir aux injonctions administratives ; l'hôtesse ne s'était jamais dissimulé qu'il la quitterait un jour ou l'autre ; et, tout en soupirant elle se résigna.

Une semaine plus tard, après un dernier rendez-vous d'amour, le garde général partait pour Paris, non sans éprouver un vague soulagement.

Ils s'étaient promis de s'écrire : ni l'un ni l'autre ne tinrent leur promesse. Un silence absolu tomba entre eux. Delaberge, dont les sens seuls avaient été occupés, ne s'en inquiéta point. Il supposait que Mme Micheline s'était rapidement consolée et lui avait donné tout naturellement un successeur. Peu à peu son amourette campagnarde lui apparut comme ces brèves étoiles filantes qui naissent dans un ciel d'août, le traversent et s'éteignent.

Les préoccupations du métier et de l'avancement avaient vite étouffé en lui le souvenir de cette aventure juvénile. Des années et des années avaient passé, emportant comme un torrent ses désirs et son énergie vers de bien autres rives que celles du Tendre. S'il repensait parfois aux épisodes de son début au Val-Clavin, c'était avec le souriant dédain de l'homme mûr pour les enfantillages de la première jeunesse. Et voilà que les hasards administratifs le ramenaient dans ce village perdu au fond des bois ; voilà que les détails du paysage, l'air ambiant, la physionomie de la route jadis tant de fois parcourue, évoquaient Mme Micheline, qu'il croyait ensevelie sous une profonde couche d'oubli...

Mais la mort seule apporte avec elle le véritable et total oubli. Tant que nous cheminons dans la vie, nous risquons de nous retrouver face à face avec les personnes et les

— Quel Prince? s'exclama Delaberge désorienté.

Le conducteur éclata de rire :

— M. Princetot, pardi!... C'est un sobriquet qu'on lui donne, rapport à ce qu'il est riche, puissant... On l'appelle « le Prince » et sa femme « la Princesse »... Et je vous réponds qu'ils en ont, des champs au soleil!... La moitié du finage à eux... Le père Princetot a ajouté à son auberge une distillerie où il gagne de l'argent gros comme lui, et ce n'est pas peu dire... Ils n'en sont pas plus fiers pour ça et continuent de tenir leur hôtel, comme s'ils en avaient besoin... Que voulez-vous? l'habitude!..

VI

ELABERGE était redevenu taciturne. Tandis que la voiture filait entre deux lisières de bois, parfois interrompues par les cultures d'une ferme, il songeait, non sans ennui, à cette rencontre inévitable avec Mme Princetot. Quelle figure lui ferait-elle et comment s'aborderaient-ils? Bah! ils avaient changé tous deux en vingt-six ans, et peut-être ne le reconnaîtrait-elle pas? Oui, mais le lendemain il lui faudrait décliner ses qualités, et adieu l'incognito! De plus, sa réserve en ce cas paraîtrait étrange au bonhomme Princetot.

En dépit de son expérience et de son esprit délié, l'inspecteur général était pétri du même limon que le reste de l'humanité. Il ne s'étonnait pas d'avoir oublié les gens, mais il s'imaginait mal que les autres eussent pu oublier sa propre personne.

Pendant qu'il ruminait toutes ces hypothèses, le che-

ment, avait résolu d'aller bravement au-devant des questions. Il gravit donc les marches, et suivant le maître d'hôtel dans la cuisine toute flamboyante de casseroles de cuivre, il l'interpella le premier :

— Bonsoir, monsieur Princetot... Je vois que vous ne me reconnaissez pas?

Le Prince cligna de nouveau ses petits yeux, passa une main dans ses cheveux devenus blancs, et, tout perplexe, se gratta l'oreille :

— Ma foi, non, monsieur, je n'ai pas le plaisir de vous remettre.

— Je suis pourtant un de vos anciens pensionnaires... Monsieur Delaberge.

Une femme qu'il n'avait pas remarquée d'abord et qui se tenait sur ses fourneaux, au fond de la cuisine, se retourna brusquement, et, rien qu'à la visible émotion de la dame, l'inspecteur général devina qu'il avait devant lui Micheline Princetot. Elle respirait péniblement, baissait les yeux, roulait machinalement autour de ses doigts les cordons de son tablier et saluait sans desserrer les lèvres.

Hélas ! elle ne ressemblait guère à la séduisante Micheline du temps passé ! Sa taille s'était épaissie, son visage s'était empâté, un bonnet de linge avançant jusque sur le front cachait presque ses cheveux grisonnants. Sa robe foncée, à plis droits, ses yeux mi-clos, son visage de cire, l'expression réservée et doucereuse de sa physionomie, lui donnaient des airs de béguine.

— Monsieur Delaberge ! murmura-t-elle avec plus de surprise que de joie.

Puis elle ajouta en pinçant les lèvres et sans lever les yeux :

— On ne pensait guère vous revoir au Val-Clavin.

— M. Delaberge? reprenait le Prince, attendez donc... Je me rappelle !... Vous étiez ici comme garde général à l'époque où on rebâtissait l'église... Excusez-moi de ne pas vous avoir reconnu, mais nous avons vu passer tant de monde depuis ce temps-là !...

Tout en parlant, il dévisageait de nouveau son voyageur, reluquait la rosette de sa boutonnière, et soupçon-

tion de cantonnement, et elle craignait que son mari n'eût la langue trop longue.

— Une méchante affaire, qu'en sais-tu? riposta ce dernier avec un mystérieux clignement d'œil; Simon a de l'esprit et du flair, et il est assez grand garçon pour marcher tout seul.

— Enfin, soupira Mme Micheline, il est à souhaiter que tout ce micmac ne lui donne pas plus de chagrin que de profit !

Puis, pour couper court à cette conversation, elle demanda au voyageur s'il dînerait à table d'hôte.

— Non, répondit Delaberge, veuillez me servir chez moi, et ayez la bonté de prévenir le garde général de mon arrivée... J'ai besoin de causer avec lui dès ce soir...

Quelques minutes après, il était installé dans la « chambre rouge », réservée d'ordinaire aux hôtes d'importance. Cette pièce, au parquet ciré et au grand lit tendu de damas groseille, était percée de deux fenêtres, l'une ouvrant sur la rue, l'autre sur le jardin, qui montait en pente douce vers les bois.

Delaberge, après s'être lavé de la poussière de la route, vidait sa valise, quand on frappa discrètement. Ce fut avec un petit mouvement d'anxiété qu'il cria d'entrer. Il croyait voir apparaître Mme Micheline, désireuse sans doute de l'entretenir seule à seul; mais il fut rapidement détrompé. Une maigre et alerte fille, pénétrant dans la chambre avec un panier à bouteilles et une pile d'assiettes, se mit en devoir de dresser le couvert. Quand tout fut prêt, elle s'esquiva, puis remonta avec la soupière.

En se faisant servir chez lui, l'inspecteur général avait un peu espéré qu'il pourrait ainsi s'expliquer amicalement et une fois pour toutes avec Mme Princetot. Il se trouva déçu. Il devenait évident que Mme Micheline ne se souciait pas de provoquer une explication rétrospective. Etait-ce indifférence? ou plutôt désirait-elle, dès le début, faire comprendre à son hôte qu'il fallait éviter toute allusion au passé? « Comme elle voudra ! se dit Delaberge : peut-être d'ailleurs vaut-il mieux qu'il en soit ainsi. »

www.ingramcontent.com/pod-product-compliance
Lightning Source LLC
Chambersburg PA
CBHW052136230426
43671CB00009B/1271